金融法学文库

刘志云 主编

本书得到教育部人文社会科学研究青年基金项目“比例原则在经济法中的适用研究”（21YJC820033）、国家社科基金重大研究专项“社会主义核心价值观融入行业规章体系建设的法治路径研究”（20VHJ007）、厦门大学法学院出版资助。

上市公司敌意收购的法律规制

史欣媛 著

FINANCIAL LAW

法律出版社 | 北京

图书在版编目(CIP)数据

上市公司敌意收购的法律规制 / 史欣媛著. -- 北京 : 法律出版社, 2022
(金融法学文库)
ISBN 978 - 7 - 5197 - 6833 - 1

Ⅰ. ①上… Ⅱ. ①史… Ⅲ. ①上市公司 - 收购 - 法律 - 研究 - 中国 Ⅳ. ①D922.291.914

中国版本图书馆 CIP 数据核字(2022)第 107711 号

上市公司敌意收购的法律规制
SHANGSHI GONGSI DIYI SHOUGOU DE FALÜ GUIZHI

史欣媛 著

责任编辑 屈 瑶 刘梦瑀
装帧设计 臧晓飞

出版发行 法律出版社
编辑统筹 学术·对外出版分社
责任校对 晁明慧
责任印制 陶 松
经　　销 新华书店

开本 710 毫米 × 1000 毫米 1/16
印张 18 **字数** 263 千
版本 2022 年 10 月第 1 版
印次 2022 年 10 月第 1 次印刷
印刷 三河市龙大印装有限公司

地址:北京市丰台区莲花池西里 7 号(100073)
网址:www. lawpress. com. cn
投稿邮箱:info@ lawpress. com. cn
举报盗版邮箱:jbwq@ lawpress. com. cn
销售电话:010 - 83938349
客服电话:010 - 83938350
咨询电话:010 - 63939796

书号:ISBN 978 - 7 - 5197 - 6833 - 1
定价:76.00 元
凡购买本社图书,如有印装错误,我社负责退换。电话:010 - 83938349

总 序

金融作为现代经济的核心,具有优化资源配置、调节经济运行之功效,其资本运作的良善甚至关乎社会稳定的实现。基于此,金融业的发展成为各国政府关注的重中之重,而通过制度供给促进金融业的良好发展也成为普遍并可行的路径。在此背景下,金融法研究趁势而起,成为“近世之显学”。其兴起虽晚,却生机勃勃,在深入汲取相关部门法的理论积淀的同时,也广泛容纳各种跨学科知识与方法,并探求自身内省之品格,最终成就了如今这个底蕴深厚、逻辑自洽的新兴学科体系。

我国金融法的产生和发展伴随着改革开放的推进,经济体制的转型,以及中国金融法治变迁之现实。虽然西方先验逻辑提供的立法技术素不匮乏,但我们真正要面对的,是如何让成熟的技术契合本国的现实国情,发挥其应有的功效。内生金融交易秩序的制度根基的缺乏,曾使中国金融法治在本土化复归的路途中一再迷失。同时,全球化的推进,又要求我国必须及时完成经济转型,早日实现我国金融市场与国际金融市场的有效对接,这更加剧了国内金融法制的发展困境。对于从事金融法研究的学者而言,任重而道远。当然,恰逢这一转型之历史路口的吾辈,能直面历史之转折,兢兢业业,矢志科研;鉴前世之兴衰,考当今之得失;博观而约取,厚积而薄发。从另一个视角观之,这也是一种幸运。

"千淘万漉虽辛苦,吹尽狂沙始到金。"厦门大学法学院是全国较早开展金融法教学和科研的单位之一。早在2005年,厦门大学法学院便开始挂靠其他专业博士点招收"金融法"方向的博士研究生;2006年,厦门大学在获得法学一级学科硕士、博士学位授予权的基础上,设立经济法博士点,金融法学研究方向成为主要招生方向之一;2010年12月,厦门大学法学院正式成立金融法研究中心。近年来,厦门大学金融法研究中心的学术团队承担了大量国家级与省部级科研项目,并相继出版与发表了大量学术专著与专业论文,在国内开始产生一定的影响力。而今,厦门大学金融法研究中心日益壮大,已经形成一支"老中青结合"的优秀学术团队,并成为我国金融法高层次专门人才的重要培养基地之一。

"非学无以广才,非志无以成学。"为进一步推动厦门大学金融法研究中心的学科建设以及促进国内金融法研究的繁荣发展,2014年,我们决定编辑出版连续性的"厦门大学金融法学文库",期以"前沿意识、精品理念"为指导,以系列学术专著、译著的形式,集中展现我国金融法领域的专题研究成果,促进学术繁荣和理论争鸣。"盖文章,经国之大业,不朽之盛事。年寿有时而尽,荣乐止乎其身,二者必至之常期,未若文章之无穷。是以古之作者,寄身于翰墨,见意于篇籍,不假良史之名,不托飞驰之势,而声名自传于后。"诚如斯言,我们期以本文库作为思想传播之媒介,学术交流之平台,博学审问,慎思笃行,自由争辩,自察自省,通过严肃认真的学术讨论和学术批评,推动金融法研究的不断创新。

在法律出版社的支持下,2016年伊始,"厦门大学金融法学文库"正式更名为包容性更大的"金融法学文库"。本文库稿件来源不限于厦门大学金融法研究中心的学者、校友,而以最大的诚意广泛征集海内外金融法专著、译著。当然,我们亦知,就整个金融法学研究而言,本文库仅为沧海一粟。庙廊之才,非一木之枝,希望能与学界同人相濡相闻,砥砺共进。

是为序。

刘志云

2016年7月22日

目录

绪　论

一、选题背景和研究价值

近年来,中国人民银行不断降息降准,货币政策越发宽松,资产回报率持续走低,导致投资端“资产荒”严重。同时,我国金融混业经营愈演愈烈,银行理财资金不断“借道”投入股市,保险企业也开始在股市“大展拳脚”。在上述因素推动下,资金开始脱实向虚,投资对象逐步从实体企业转向资本市场。2015 年至今,我国股市暴跌,上市公司控制权市场的套利空间凸显,资金雄厚的企业开始对那些具有发展前景但股价被低估的上市公司“虎视眈眈”,第二轮上市公司敌意收购浪潮席卷而来。其中,“宝万之争”可谓我国上市公司敌意收购的标志性事件,宝能与万科之间跌宕起伏的竞争角逐和精彩绝伦的运作手法必将作为经典载入历史。无独有偶,宝银系收购新华百货(600785)、京基集团收购康达尔(000048)、李勤收购成都路桥(002628)、开南系收购 ST 新梅(600732)等一系列上市公司敌意收购事件接踵而至,不断将此轮上市公司敌意收购推向高潮。

如此,中国公司治理进入一个新的时代,上市公司从内部人士尽情挥洒的“伊甸园”,转型成了资本市场上群雄竞夺的“生死地”。在此期间,敌意收购方与目标公司的针锋相对引发了如下重大社会效应:一方面,由上市公司敌意收购引发的控制权争夺诉讼迭起,如“新梅诉开南上市公司敌意收购案”、[①]“京基诉康达尔上市公司敌意收购案”[②]等,这些案件的争议焦点大多集中在立法规范模糊、存在解释分歧的地带,主要包括“否定股东权利之争”、“阻击举牌收购措施之争”、“章程设置反收购条款之争”以及“新型金融工具使用之争”4种类型。[③] 另一方面,面对顷刻袭来的强敌,目标公司管理层为维系控制权而全力备战,伊利股份(600887)、雅化集团(002497)、廊坊发展(600149)等众多上市公司接连掀起修改公司章程、增添反收购条款的热潮。

本轮上市公司敌意收购浪潮影响深远,绝非仅关涉某一上市公司控制权争夺的成败,更在于引发了资本市场各界关于上市公司敌意收购法律规制的思辨,这也暴露出一系列必须予以回应的现实困惑:为何我国“证监会监管,辅之以司法介入”的上市公司敌意收购法律规制模式表现失灵?缘何收购方违规披露事件层出不穷,且社会对其法律后果争议不断?资管计划、保险资金等新型杠杆融资工具涉入上市公司敌意收购,究竟应如何定位其角色及功能?我国当下融合了美国、英国和澳大利亚经验的“双层结构”反收购权力配置模式是否为最优模式?我国目标公司董事信义义务的判定标准应如何选择并予以本土化调试?为何我国目标公司反收购条款琳琅满目,不断挑战与冲破法律的权威和底线?等等。

以上新背景为我们全面认识和思考公司治理和金融监管的原理、规则提供了新契机,提出了新要求。无疑,理顺相关制度和规则,探究上市公司敌意收购法律规制的重点和难点问题,将有助于催生更为积极而富有活力的资本市场竞争态势,充分调动上市公司作为国民经济发展基本组织体的潜力。此为本书写作的重要旨趣。具体而言,本选题主要蕴含如下价值。

第一,学术价值。一方面,目前学界对局部内容如“目标公司反收购的法律问题”的探讨较多,但未能从上市公司敌意收购更宏大的视角反思收

---

① 上海市第一中级人民法院民事判决书,(2015)沪一中民六(商)初字第66号。

② 广东省深圳市中级人民法院民事判决书,(2016)粤03民终13834号。

③ 参见孙秀振:《完善上市公司控制权之争的纠纷解决机制——基于实践的检视与建议》,载《证券法苑》2017年第3期。

购方与目标公司法律规制整体理论和制度的联动性。由此,本选题的学术价值凸显。另一方面,我国既有研究大多聚焦上市公司敌意收购法律规制的应然层面,而结合我国近些年涌现的实际问题加以反思与探讨的研究付之阙如。无疑,本选题研究有助于弥补以往上市公司敌意收购法律规制学术研究的薄弱之处。

第二,应用价值。由于过去我国上市公司敌意收购的案例鲜少,故而既有研究主要站在"预防"视角检视我国法律的缺陷,难以覆盖当下我国浮现的真正难点问题。而本选题实现了研究内容与实践问题的紧密结合,针对我国上市公司敌意收购过程中涌现的实际问题进行"回应"式反思。如此,将有助于提升上市公司敌意收购当事人的法律预期,以及明晰立法、执法、司法部门应对上市公司敌意收购的理路,这正是本选题的应用价值所在。

二、研究现状述评

(一)国外研究现状

迄今为止,国外尚未出现直接以"上市公司敌意收购的法律规制"为标题的文章或著作,绝大多数研究成果仅探讨局部内容。整体而言,国外研究呈现如下特征:第一,相关成果的密集度与上市公司敌意收购浪潮紧密相关。比如,在1897~1904年、1916~1929年、1965~1969年、1984~1989年和1992~2000年5次上市公司敌意收购浪潮期间及随后几年,域外(尤其是美国)涌现出大量的相关研究成果。第二,1980年以前的研究侧重于阐释"上市公司敌意收购的功能利弊",而后续研究则进一步深入探讨上市公司敌意收购的具体法律问题,如"目标公司董事信义义务判定标准""收购方权益披露的法律规制"等。第三,站在法律视角研究的问题主要集中在"目标公司董事信义义务判定标准""收购方权益披露的法律规制"等领域,而对"目标公司反收购条款""上市公司敌意收购的功能利弊"等问题的探究则主要从经济学、管理学等视角切入。国外具体研究现状如下。

1. 国外有关"上市公司敌意收购法律规制的基础性问题"的研究现状

针对上市公司敌意收购的现象本身,国外绝大多数学者从经济学、管理学视角出发,聚焦上市公司敌意收购的功能利弊和可供采取的反收购措施两个问题,进而展开分析。

一方面,关于上市公司敌意收购的功能利弊,国外主要发展出了"价值肯定说"和"价值否定说"两种主流学说。有关价值肯定说,亨利·曼恩(Henry G. Manne)从惩戒目标公司管理层角度出发,指出上市公司敌意收购是一种对不尽职管理层进行处罚的重要机制;[①]高根(Gaughan)则从协同论的视角出发,认为上市公司敌意收购有助于收购方与目标公司的资源和资产整合,产生的协同价值将远高于收购前的分离价值。[②] 有关价值否定说,安德鲁·施莱弗(Andrei Shleifer)和劳伦斯·萨默斯(Lawrence H. Summers)认为,在上市公司敌意收购中,目标公司的股东获得溢价是以剥削利益相关者为代价的;[③]马汀·利普顿(Matin Lipton)指出,收购方的低价收购对目标公司股东理应获取的价格补偿进行了实质性掠夺。[④]

另一方面,关于抵御上市公司敌意收购的反收购措施研究主要集中于以下几类问题:一是目标公司反收购的正当性。理查德·肖(Richard A. Shaw)指出,公司在面临上市公司敌意收购时,成功的防御策略可以使公司股东的价值最大化。[⑤] 二是基于本土制度背景下的目标公司反收购措施之选择。费力普·罗杰斯(Philip Rogers)和克里斯丁·奥特瓦特(Christian Altvater)指出,在德国,"毒丸计划"是被法律禁止的。而德国公司的股东忠诚度(尤其是来自银行的股东)历来很强,因此,与忠诚股东提前沟通乃避免被收购的恰当途径。[⑥] 三是目标公司反收购措施的组合应用。哈比尔·安德拉斯(Habil Andras)和文德尔·哈拉斯(Vendel Halasz)认为,在采取反收购措施时,应当合理评估各种反收购措施组合适用的最大价值,如交错董

---

① See Manne, Henry G., *Mergers and the Market for Corporate Control*, Journal of Political Economy, Vol. 73, No. 2, 1965, p. 113.

② See Gaughan, Patrick, *Mergers, Acquisitions and Corporate Restructurings*, Hoboken: Wiley Publisher, 2014, p. 212 – 216.

③ See Shleifer, Andrei & Summers, Lawrence H., *Breach of Trust in Hostile Takeovers*, Chicago: The University of Chicago Press, 1988, p. 33 – 56.

④ See Lipton, Matin, *Corporate Governance in the Age of Finance Corporation*, University of Pennsylvania Law Review, Vol. 136, No. 1, 1852, p. 18.

⑤ See Shaw, Richard A., *Hostile Takeover Bids: Defensive Strategies*, Alberta Law Review, Vol. 38, No. 2, 2000, p. 113.

⑥ See Rogers, Philip & Altvater, Christian, *How to Defend a Hostile Takeover Bid in Germany*, International Financial Law Review, Vol. 17, No. 2, 1998, p. 25.

事会和“毒丸计划”结合使用的效益就远高于分离价值。[①]

2. 国外有关“上市公司敌意收购的法律规制模式”的研究现状

上市公司敌意收购的法律规制模式曾一度成为域外研究的焦点问题，其中牛津大学法学院学者约翰·阿默(John Armour)的相关成果首屈一指。美国、英国、澳大利亚、日本等国家的诸多学者大多基于约翰·阿默的研究展开进一步探索。

第一，对于以英国为代表的自律型法律规制模式和以美国为代表的司法型法律规制模式，约翰·阿默和大卫·斯凯尔(David A. Skeel Jr.)进行了深入的对比与分析。[②] 他们指出，英国和美国上市公司敌意收购法律制度的不同归根结底源于法律规制模式的差异。在此基础上，他们对比了各种法律规制模式的优劣，认为并无一种最完美的放之四海而皆准的标准模式。此外，他们从深层次剖析了美国和英国有关上市公司敌意收购法律规制模式存在分歧的原因，指出前者模式的形成源于美国公司治理实务的司法管辖传统、完备的司法体系等因素，后者模式的形成则基于强大的机构投资者力量。

第二，对于以日本为代表的混合型法律规制模式，约翰·阿默、杰克·雅各布斯(Jack B. Jacobs)和柯蒂斯·米尔霍普特(Curtis J. Milhaupt)进行了重点阐述。他们认为，日本主要融合了英国的自律型法律规制模式和美国的司法型法律规制模式。其中，企业价值研究小组(Corporate Value Study Group, CVSG)、东京交易所(Tokyo Stock Exchange, TSE)作为自律型规制机构，主要负责上市公司敌意收购的事前规制，法院则主要负责上市公司敌意收购的事后规制。在此期间，政府和立法机关并未参与其中：一是由于日本政府和立法机关普遍认为上市公司敌意收购规则的制定关乎技术层面，而无关政治；二是 CVSG 和 TSE 抢先主导制定规则后，可以避免因立法

---

① See Kecskes, Andras Habil & Halasz, Vendel, *Escaping from the Bears' Hug: Defensive Measures against Hostile Takeover Bids*, Law Series of the Annals of the West University of Timisoara, Vol. 5, No. 1, 2015, p. 282.

② See Armour, John & Skeel, David A. J. R., *Who Writes the Rules for Hostile Takeovers, and Why? – The Peculiar Divergence of U. S. and U. K. Takeover Regulation*, Georgetown Law Journal, Vol. 95, No. 6, 2007, p. 1744.

机关介入而导致的利益冲突,从而更好地维护其自身的利益倾向。[①]

第三,对于以澳大利亚为代表的不完全自律型法律规制模式,澳大利亚学者艾玛·阿姆森(Emma Armson)在其博士毕业论文和后续发表的诸多文章中展开了纵深式研究。其代表性观点包括:一是上市公司敌意收购自律型规制模式呈现效率性、灵活性和确定性三大优势;[②]二是澳大利亚对英国完全自律型法律规制模式的借鉴并非原样拷贝,而是作出了本土化调整。因为澳大利亚没有力量强大的机构投资者,政府又对并购小组充满了不信任。[③] 此外,有学者指出,澳大利亚之所以未借鉴美国司法型法律规制模式,是因为认识到了美国模式近些年的弱化趋势。[④]

3. 国外有关"上市公司敌意收购之收购方的法律规制"的研究现状

"上市公司敌意收购之收购方的法律规制"内含"收购方权益披露的法律规制"和"收购方适用杠杆融资工具的法律规制"两方面内容。相应地,笔者对国外研究现状的梳理也重点集中于这两方面。

一方面,国外学者对"收购方权益披露的法律规制"的研究主要聚焦在"制度功能"、"规制立场"和"具体细则"三个向度。具体而言,第一,在制度功能维度,国外研究主要包括两个主流观点:一是提升市场效率论。迈克尔·斯波特(Michael C. Schouten)指出,收购方权益披露可以通过投票结构、资本流动等透明度的实现来提升市场效率。[⑤] 二是改善公司治理论。莱纳·克拉克曼(Reinier Kraakman)认为,信息披露使管理层因受到敌意收购威胁而约束自己的行为,进而致力于公司的良好经营。[⑥] 第二,在规制立

① See Armour, John & Jacobs, Jack & Milhaupt, Curtis J., *The Evolution of Hostile Takeover Regimes in Developed and Emerging Markets*, Harvard International Law Journal, Vol. 52, No. 1, 2011, p. 261.

② See Armson, Emma, *The Australian Takeovers Panel: An Effective Forum for Dispute Resolution*? Melbourne: University of Melbourne, 2017, p. 18 – 20.

③ See Armson, Emma, *Models for Takeover Dispute Resolution: Australia and the UK*, Journal of Corporate Law Studies, Vol. 5, No. 2, 2005, p. 407.

④ See Solomon, Steven Davidoff & Thomas, Randall S., *The Rise and Fall of Delaware's Takeover Standards*, Working Paper, 2016, p. 2.

⑤ See Schouten, Michael, *The Case for Mandatory Ownership Disclosure*, Stanford Journal of Law, Business and Finance, Vol. 15, No. 1, 2009, p. 134.

⑥ See Kraakman, Reinier, *Disclosure and Corporate Governance: An Overview Essay*, Reforming Company and Takeover Law in Europe, Vol. 96, No. 2, 2004, p. 3.

场维度,国外学界分为两大阵营:一是从宽立场。詹森·迈克尔(Michael C. Jensen)通过实证研究表明,控制权市场将有利于股东、社会和公司。[①] 二是收紧立场。罗纳德·基尔森(Ronald Gilson)和杰弗里·戈尔丁(Jeffrey Gordon)指出,短期主义的最大危害在于,持股股东仅看重短期利益而忽视公司的长期治理,不但不能降低上市公司的代理成本,公众反而会因此产生严重的估值错误,导致股票定价误差而使其他中小股东遭受损失。[②] 第三,在具体细则维度,约书亚·米特(Joshua Mitts)指出对收购方权益披露期限应实行私人规制。法律强制规定权益披露期限的结果未必理想,因为只有收购方自身清楚自己利益最大化和付出披露成本的临界点。[③]

另一方面,国外对于"收购方适用杠杆融资工具的法律规制"的研究两极分化:对"收购方适用传统杠杆融资工具的法律规制"的研究较为成熟,例如,对债券、优先股领域的探讨众多,而鲜见对"收购方适用新型杠杆融资工具的法律规制"的探析。这主要是由于域外发达国家的收购方更多依赖传统杠杆融资工具,对新型杠杆融资工具的使用并不多见。

4. 国外有关"上市公司敌意收购之目标公司的法律规制"的研究现状

"上市公司敌意收购之目标公司的法律规制"内含"目标公司反收购权力配置模式"、"目标公司董事信义义务判定标准"和"目标公司反收购条款法律规制"三个层面。其中,国外研究大多集中于"目标公司董事信义义务判定标准"领域,尤其是英国和美国等判例法国家的学者,结合本土实践对"目标公司董事信义义务判定标准"的分析颇为成熟。美国多年发展的"商业判断规则"(business-judgment rule)标准乃"目标公司董事信义义务判定标准"研究的重点内容。具体研究情况如下。

第一,对于商业判断规则标准的正面价值,学界存在如下观点:一是商业判断规则标准赋予了董事足够的信任和自由裁量权,从而激励董事充分

---

① See Jensen, Michael C., *Takeovers: Their Causes and Consequences*, The Journal of Economic Perspectives, Vol. 2, No. 1, 1988, p. 21.

② See Gilson, Ronald J. & Gordon, Jeffrey N., *The Agency Costs of Agency Capitalism: Activist Investors and the Revaluation of Governance Rights*, Columbia Business Law Review, Vol. 113, No. 4, 2013, p. 898.

③ See Mitts, Joshua, *A Private Ordering Solution to Blockholder Disclosure*, North Carolina Central Law Review, Vol. 35, No. 1, 2013, p. 241.

发挥创新能力，为股东和公司谋取最大利益；①二是商业判断规则标准还可避免法官陷入对商业决策“地方性知识”的不专业和承担高昂的司法审查成本的困境。②

第二，对于商业判断规则标准是否具有运用于上市公司敌意收购场域的正当性，学术界和实务界观点不一。很多学者坚持认为，目标公司董事在上市公司敌意收购中难以避免利益冲突，故而商业判断规则标准没有适用的前提。③ 但是，在美国，绝大多数司法审判中的法官皆赞同将商业判断规则标准运用于上市公司敌意收购场域，并尝试对商业判断规则进行严格化改造，以平衡各方的利益冲突。④

第三，对于商业判断规则标准在上市公司敌意收购场域的具体适用，美国相关判例颇具代表性，如特拉华州法院发展了著名的“Unocal 标准”，⑤适用于目标公司董事采取反收购措施的案件。具体而言，目标公司董事必须经合理调研，证明上市公司敌意收购可以被合理地视为对公司价值和政策存在威胁，并且其采取的反收购措施和威胁是成比例的。在此基础上，目标公司董事采取的反收购措施则属于合理的商业判断。

（二）国内研究现状

截至2022年5月，我国直接以“上市公司敌意收购的法律规制”为篇名的文献仅有20篇，皆为期刊文章或硕士论文，尚未发现博士论文或学术专著。整体而言，我国有关上市公司敌意收购法律规制的既有研究呈现如下特征：第一，与上市公司敌意收购的法律规制相关的研究大都蕴藏在各类文献的具体内容之中，鲜见直接以“上市公司敌意收购的法律规制”为标题的文献。第二，在中国知网以“敌意收购”和“法律规制”为“主题”搜索出的

---

① See Devience, Alex J. R., *A Hindsight Review of the Business Judgment Rule in a Takeover Environment: The State of the Business Judgment Rule after the Fall*, DePaul Business Law Journal, Vol. 5, No. 1, 1992, p. 115.

② See Davis, Kenneth B., *Once More, the Business Judgment Rule*, Wisconsin Law Review, Vol. 3, No. 2, 2000, p. 573.

③ See Veasey, E. Norman, *The New Incarnation of the Business Judgment Rule in Takeover Defenses*, Delaware Journal of Corporate Law, Vol. 11, No. 2, 1986, p. 503.

④ See Gevurtz, Franklin A., *The Business Judgment Rule: Meaningless Verbiage of Misguided Notion?*, Southern California Law Review, Vol. 67, No. 1, 1994, p. 337.

⑤ See Unocal Corp. v. Mesa Petroleum Co., 493 A. 2d (Del. 1985).

相关研究逐年缓慢递增,而自 2016 年之后则呈爆发式增长趋势。例如,2016 年搜索出的文献仅为 6 篇,而 2017 年则一跃升至 31 篇,其中内容大多与“宝万之争”相关。无疑,“宝万之争”引发了我国学术界对上市公司敌意收购法律规制的密切关注。第三,在研究广度层面,我国学界从“反收购的权力配置模式”“上市公司敌意收购的功能利弊”等方面逐步扩展至“收购方适用杠杆融资工具的法律规制”“目标公司董事信义义务的制定标准”等层面。具体研究现状如下。

1. 国内有关“上市公司敌意收购法律规制的基础性问题”的研究现状

一方面,对于上市公司敌意收购的内涵,国内学者几乎达成共识,认为其乃“未经目标公司董事会同意的收购”。徐洪涛在其撰写的《公司反收购法律制度研究》课题报告中指出,敌意收购是未获得目标公司管理层配合的收购;①中国财富管理 50 人论坛和清华大学国家金融研究院联合课题组在其共同发布的《规范杠杆收购,促进经济结构调整》的报告中认为,敌意收购是指收购方不顾上市公司管理层(包括董事会与高级管理人员)的反对,通过购买上市公司股东的股份获取该公司控制权的行为。② 另一方面,国内研究普遍揭示了上市公司敌意收购的“中性”本质,承认其既有提升公司治理之正面价值,又有实施短期主义行为损害公司利益的潜在风险。但是,很多学者将上市公司“敌意收购”与“恶意收购”的概念混同,③尽管相关成果所表达内容的实质是“敌意收购”,却误用极具负面色彩的“恶意收购”,使成果的科学性存疑。此外,关于上市公司敌意收购的价值研判,国内学者的成果大多引用国外理论,故在此不予赘述。

2. 国内有关“上市公司敌意收购的法律规制模式”的研究现状

目前尚未发现直接以“上市公司敌意收购的法律规制模式”作为标题的类似文章。但是,上市公司敌意收购的法律规制模式作用于上市公司敌

---

① 参见徐洪涛:《公司反收购法律制度研究》,深圳证券交易所综合研究所 2006 年版,第 5 页。

② 参见中国财富管理 50 人论坛和清华大学国家金融研究院联合课题组:《规范杠杆收购,促进经济结构调整》,中国财富管理 50 人论坛和清华大学国家金融研究院 2016 年版,第 17 页。

③ 参见张娟、刘纪鹏:《比较法视角下恶意收购的内涵、兴起原因与正向功能分析》,载《现代经济探讨》2017 年第 7 期;黄亮:《上市公司反收购法律规制研究》,吉林大学 2010 年博士学位论文;张骞爻、黄豪:《上市公司成“惊弓之鸟”纷祭出“驱鲨”条款反收购》,载《证券时报》2016 年 8 月 4 日,第 A4 版。

意收购的规则制定、纠纷解决、监督执法等各个场域,因此理论上有关规则制定、纠纷解决、监督执法等的相关研究皆具有一定借鉴意义。经梳理发现,我国相关研究主要聚焦于上市公司敌意收购纠纷解决机制,并且大部分学者寄希望于司法,指出我国法院应当承担解决上市公司敌意收购纠纷争议的主要角色。例如,丁冬和陈冲指出,面对纷繁复杂的证券市场活动,法官适度地发挥其能动、积极司法的作用很有必要。① 当然,也有学者建议效仿英国模式,构建自律性纠纷解决机制。例如,孙秀振提到,就我国而言,可以借鉴英国的做法,建立以证券交易所、中小投资者服务中心等主导的自律性争议解决机制。② 然而,既有研究大多针对上市公司敌意收购的纠纷解决机制层面,并未将其上升至囊括规则制定、纠纷解决、监督执法等的法律规制模式层面,不失为一种缺憾。

3. 国内有关"上市公司敌意收购之收购方的法律规制"的研究现状

此部分包括"收购方权益披露的法律规制"和"收购方适用杠杆融资工具的法律规制"两方面内容。

一方面,我国学者针对"收购方权益披露的法律规制"提出了诸多完善建议:一是既有权益变动报告区分标准难以准确反映收购方权益变动的真实意图,未来应构建涵盖持股比例和控制权意图的双重标准。③ 二是披露触发线的设置不宜过低。因为如果收购方过早披露收购意图,随着其他投资者相继购买股份,目标公司的股价也会上涨。④ 三是关于收购方违反权益披露的法律后果,我国立法者应秉持客观公正的法律立场。⑤

另一方面,我国有关"收购方适用杠杆融资工具的法律规制"的研究多集中于传统杠杆融资工具领域。相较而言,对资管计划、保险资金等新型杠杆融资工具适用于上市公司敌意收购领域的研究较少,但也呈上升趋势。

---

① 参见丁冬、陈冲:《证券市场违规增持的司法规制:角色、策略与难题》,载《证券法苑》2017 年第 1 期。

② 参见孙秀振:《完善上市公司控制权之争的纠纷解决机制——基于实践的检视与建议》,载《证券法苑》2017 年第 3 期。

③ 参见项剑、丛怀挺、陈希:《股东权益变动规则重构:以控制意图和冷却权为核心》,载《证券法苑》2017 年第 2 期。

④ 参见解正山:《大额持股披露义务规制》,载《现代法学》2018 年第 3 期。

⑤ 参见傅穹:《敌意收购的法律立场》,载《中国法学》2017 年第 3 期。

面对收购方适用新型杠杆融资工具诱发的新难题，相关学者提出如下建议：一是对于资管计划涉入上市公司敌意收购应采用穿透式监管，穿透至实际控制人和一致行动人；①二是在资管计划表决权让渡的问题上，资管计划管理人虽然原则上应亲自行使表决权，但在所有委托人同意的情形下，其可以将表决权委托他人行使；②三是面对保险资金参与上市公司敌意收购的情形，应对“与非保险业务相关企业”和“与保险业务相关企业”实行差异性监管。③

4. 国内有关“上市公司敌意收购之目标公司的法律规制”的研究现状

此部分涵盖“目标公司反收购的权力配置模式”、“目标公司董事信义义务的判定标准”和“目标公司反收购条款的法律规制”三个层次的内容。

首先，我国既定反收购权力配置模式导致目标公司董事能够采取的反收购措施有限，他们更期盼证监会介入其中，从而引发各界对我国反收购权力配置模式的反思。④ 目前学界存在两种解决方案：一是转向“董事会中心主义”模式。随着我国上市公司股权的日益分散，走向董事会中心主义并将其法律化乃我国的应然选择。⑤ 二是走向“股东大会中心主义”模式。我国应明确规定上市公司反收购的决策权由股东享有，并在此基础上完善表决机制，确保中小股东的合法权益。⑥

其次，我国目标公司董事信义义务判定标准不甚明朗已成为学界共识，尽管有学者提出了相关完善思路，但其逻辑性和可操作性有待考量。有学者指出，对目标公司董事的忠实义务，在类型化的基础上应区别对待，采取以不当利益为中心的判断标准；对目标公司董事的注意义务，应采取以职能

---

① 参见刘燕、楼建波：《企业并购中的资管计划——以 SPV 为中心的法律分析框架》，载《清华法学》2016 年第 6 期。

② 参见叶名怡：《结构化资管计划的私法规制——以“宝万之争”为例》，载《法学》2018 年第 3 期。

③ 参见李伟群、胡鹏：《保险机构股票投资行为的法律规制——以“金融与商业分离原则”为视角》，载《法学》2018 年第 8 期。

④ 参见傅穹：《敌意收购的法律立场》，载《中国法学》2017 年第 3 期。

⑤ 参见彭冰：《宝能万科之争：敌意收购引发的立法思辨》，载《财经》2016 年第 1 期。

⑥ 参见李文莉、艾星星：《上市公司反收购的权利配置与制度构建》，载《证券法苑》2017 年第 4 期。

权责为中心的判断标准，再适时引进经营判断规则。[1] 该思路既未厘清注意义务和忠实义务在审判中的逻辑关系，也未阐明判定标准的具体适用步骤，而这正是本书重点讨论的议题之一。

最后，对于目标公司反收购条款的讨论，我国学者更多聚焦在目标公司反收购条款的微观构造上，缺乏对包括自治边界和制度安排等宏观设计层面的研究。对目标公司反收购条款的微观构造，诸多经济学学者分析了相关条款与管理层变更的相互关系。例如，袁天荣、徐明亮和潘临利用手工搜集的交错董事会条款样本数据，对交错董事会条款与目标公司管理层变更之间的关系进行了检测，结果显示，二者之间成正比。[2] 我国法学学者则主要通过规范分析方法评析相关反收购条款的合理性。例如，张舫指出，提高股东提出董事候选人提案的持股比例、附加提出董事候选人股东连续持股时间的要求、限制股东提名董事候选人人数、分类董事会等几类反收购条款已严重侵害了股东的基本权利，应该进行相应修改。[3]

（三）国内研究现状评析

加强上市公司敌意收购法律规制的研究迫在眉睫。具体而言，当下我国有关上市公司敌意收购法律规制的相关研究存在以下不足。

第一，相关研究碎片化，系统性研究缺失。尽管我国有关上市公司敌意收购法律规制的研究不断涌现，但大多仅涉及局部内容，如“目标公司反收购的权力配置模式”“目标公司反收购条款的法律规制”等。而从上市公司敌意收购更宏大的视角出发，系统反思收购方与目标公司法律规制整体理论和制度联动性的研究成果尚付阙如。如此碎片化研究难以呈现我国上市公司敌意收购法律规制的整体面貌和突出问题。

第二，存在研究盲点。随着我国上市公司敌意收购案件的频发，诸多法律争议也随之而来，例如，我国在实践中呈现的“证监会监管，辅之以司法介入”管制型敌意收购法律规制模式为何表现失灵？缘何收购方违规披露事件层出不穷，且社会对其法律后果争议不断？资管计划、保险资金等新型

① 参见郑佳宁：《目标公司董事信义义务客观标准之构建》，载《东方法学》2017 年第 4 期。

② 参见袁天荣、徐明亮、潘临：《反收购条款影响高管变更的机理研究——来自交错董事会条款的经验证据》，载《海南大学学报（人文社会科学版）》2018 年第 2 期。

③ 参见张舫：《上市公司章程中董事选任条款的有效性分析》，载《法学》2009 年第 1 期。

杠杆融资工具涉入上市公司敌意收购中,究竟应如何定位其角色及功能?等等。令人遗憾的是,目前我国学界对上述问题的关注还不够。

第三,实证分析缺失。以“目标公司反收购条款的法律规制”研究为例,既有法学成果大多是在缺乏实证分析的情形下空谈我国目标公司反收购条款存在的法律问题,此种研究无疑不具备科学性。尽管有些经济学学者采用经济学方法分析某种类型的反收购条款的设置对社会经济的影响,但也仅是从经济学视角考量,对法律问题分析提供的帮助有限。是故,我国学界对上市公司敌意收购法律问题的实证数据之观察与分析亟待加强。

第四,研究深度不够。早在1993年“宝延之争”发生伊始,我国有关上市公司敌意收购的研究便已展开。尽管成果丰富,但对相关问题的研究不够深入。比如,关于“目标公司反收购权力配置模式”的研究,我国多数学者将研究重心放置于“股东大会中心主义”模式和“董事会中心主义”模式的比较分析,鲜见对各模式下配套机制的构建与完善的探讨。事实上,各模式下的配套机制旨在平衡利益冲突,对其予以深入研究十分必要。

上述既有研究缺憾,更凸显了本选题研究的紧迫性和必要性。鉴于此,本书将从收购方和目标公司两端出发,综合运用实证分析、比较分析等多元科学方法,系统研究我国有关上市公司敌意收购法律规制的相关问题,重点探讨具有重大意义的盲点领域,深入挖掘细节问题,此乃本书写作的初衷与旨意。

三、研究思路与方法

本书在总体上遵循“基础性问题—法律规制模式—对收购方法律规制—对目标公司法律规制—我国相关法律制度的困境与完善”的逻辑进路展开。具体而言,本书首先分析上市公司敌意收购的本质内涵、法律对其规制的正当性和上市公司敌意收购的法律立场;其次探讨上市公司敌意收购法律规制的应然模式、类型化表现及其经验启示;再次从收购方和目标公司两端出发,研究法律规制的相关重点问题;最后遵循前述逻辑,反思我国在上市公司敌意收购法律规制模式、收购方和目标公司法律规制等方面存在的特殊问题并提出解决路径。

本书主要运用了实证分析、规范分析、比较分析、历史分析等研究方法。

第一,实证分析方法。该方法旨在通过对经验事实的观察和分析来建立和检验各种理论命题。本书通过收集与梳理上海证券交易所上市A股上海地区共计212家上市公司章程,观察目前上市公司设置反收购条款的类型、特征、违规情况等,发现我国目标公司反收购条款类型化法律规制的困境,进而提出完善路径。

第二,规范分析方法。实证分析方法和规范分析方法的运用往往是相互依存的。通过规范分析方法可以检视我国既有立法能否回应上市公司敌意收购引发的问题,反思我国当下法律规范的缺陷和困境,继而提出解决进路。可以说,规范分析方法乃贯穿本书始终的核心方法。

第三,比较分析方法。域外经验借鉴对于本国法律规制的优化至关重要。由于美国、英国、澳大利亚等国家上市公司敌意收购市场和相关法律规制较为成熟,故而比较分析上述国家对于上市公司敌意收购的法律规制经验必不可少。如"上市公司敌意收购法律规制模式""收购方权益披露具体制度""目标公司董事信义义务判定标准"等,皆需在比较分析域外经验的基础上对我国相关制度加以反思和改造。

第四,历史分析方法。任何制度的形成与发展总有其深刻的历史根源,本书研究同样需要借助该方法。例如,对于"上市公司敌意收购法律规制模式"的研究,可以从英国和美国法律规制模式的差异在两国上市公司敌意收购法律规制的历史背景下寻求答案,从而为我国上市公司敌意收购法律规制的选择提供可靠的理论依据。

四、可能实现的创新之处

第一,研究视角新颖。一方面,面对既有研究系统性缺失的困境,本书从上市公司敌意收购这一宏大的视角出发,对收购方与目标公司法律规制整体理论和制度的联动性予以系统性反思,呈现一定的新颖性。"上市公司敌意收购的法律规制模式"即是融合了规则制定、纠纷解决、监督执法等各个场域,关涉上市公司敌意收购规制者、收购方与目标公司等多方主体利益的问题凝缩。另一方面,随着我国控制权市场的日益活跃和高速发展,新的棘手问题产生了。由于过去我国上市公司敌意收购案例鲜少,相关研究大多针对上市公司敌意收购法律规制的应然层面,并站在"预防"视角来检视我国法律规制存在的不足。本书的研究旨在从实践反思理论,有针对性地对我国出现的实际问题进行“回应”式的框架设计和理论反思。比如,目前鲜见对“收购方适用杠杆融资工具的法律规制”“目标公司反收购条款的选择架构”等问题的研究,本书则重点从上述被忽略的视角出发进行剖析,在一定意义上实现了创新。

第二,研究观点创新。笔者对选题的研究充分秉持“辩证思维”和“批判性思维”,在做到对问题精准认识的基础上,力图提出个人的独到见解。比如,针对“我国上市公司敌意收购的法律规制模式”研究,本书结合域外经验和中国国情,提出未来构建一个不完全自律型法律规制模式乃可供选择的路径。进一步讲,该模式应以促进社会整体福利为共同利益诉求,一方面通过明确职能分配和决定守则关照实体正义,另一方面诉诸规则制定程序、争议决定程序、听证上诉程序、司法审查程序等多元程序体系的建立衡平效率与公平价值。目前尚未发现有关上市公司敌意收购法律规制模式的研究,故而该观点具有一定的创新性。又如,对于“收购方权益披露报告期限的法律规制”研究,本书建议实现向“私人规制”的转型。具体指立法规定一个披露期限的底线,授予公司可视自身情况设置在底线之上的其他期限的自由裁量权。针对超出的期限需要结合评估的社会损失征收备案费,并以此建立一个权益披露补偿基金,作为证券执法的公共补偿手段。此观点具有一定的新颖性。

第三,研究方法多样。由于我国过去缺乏上市公司敌意收购案例的支撑,相关成果鲜少采用实证分析方法进行研究论证。随着我国上市公司敌意收购市场日趋活跃,可用实证素材业已丰富,故而本书重点采用了实证分析方法。例如,通过收集与梳理上海证券交易所上市 A 股上海地区共计 212 家上市公司章程,观察目前上市公司设置反收购条款的类型、特征、违规情况等,从而发现我国目标公司反收购条款类型化法律规制的困境,进而提出完善路径。除实证分析方法外,本书还综合运用规范分析、比较分析、历史分析等研究方法对上市公司敌意收购法律规制加以阐释,在研究方法的运用上具有一定的创新性。

第一章　上市公司敌意收购法律规制的基础性问题

提及上市公司敌意收购，大众媒体常常将其渲染为“恶龙”“门口的野蛮人”“贪婪的掠夺者”等颇具负面色彩的形象，甚至将其视为“恶意收购”。但是，在严谨的法律话语体系中，以科学、中立、客观的态度对上市公司敌意收购的本质加以描述，方能准确把握上市公司敌意收购的法律规制理路，为合理的法律规制提供理论支撑。这亦是本书研究的逻辑起点。

第一节　上市公司敌意收购的本体解析

一、上市公司敌意收购的概念诠释

“上市公司”乃敌意收购发生的特定场域，[①]对其内涵无需赘述，“敌意收购”方为本书所应解读的重点内容。

---

① 因为封闭性有限公司或非上市股份公司缺乏公开交易的市场，非营利性事业单位不存在可交易的股权证券，所以只有上市公司拥有可流通的股份，投资者可以通过敌意收购来变更公司的控制权。参见傅穹：《敌意收购的法律立场》，载《中国法学》2017 年第 3 期。

事实上,“敌意收购”并非专业的法律术语,无论是域外立法,抑或我国的相关立法,皆未见“敌意收购”(hostile takeover)相关字眼。“敌意收购”的运用主要见于学术讨论与日常用语,以其描述相关争议发生的客观情形。作为本书研究的逻辑起点,勾勒出“敌意收购”内涵与外延的清晰面貌尤为重要。

(一)上市公司敌意收购的内涵思辨

根据《布莱克法律词典》,敌意收购是指被目标公司拒绝的收购。① 其中,《布莱克法律词典》还对收购的具体含义作出了阐释,即公司控制权或所有权的收购。② 其他学者对敌意收购的解释大同小异,例如,安迪·科什(Andy Cosh)和保罗·盖斯特(Paul Guest)认为敌意收购是“被目标公司董事不接受的收购”;③安德鲁·希克斯(Andrew Hicks)和顾思(Say H. Goo)指出敌意收购是“被目标公司直接拒绝的收购”;等等。④ 由于我国上市公司敌意收购市场发展起步相对较晚,国内学者对敌意收购的概念阐述多援引自国外研究,与上述国外定义基本一致。例如,深圳证券交易所综合研究所的徐洪涛在其撰写的《公司反收购法律制度研究》课题报告中指出,敌意收购是未获得目标公司管理层配合的收购;⑤中国财富管理50人论坛、清华大学国家金融研究院联合课题组共同发布的《规范杠杆收购,促进经济结构调整》报告中认为,敌意收购是指收购方不顾上市公司管理层(包括董事会与高级管理人员)的反对,通过购买上市公司股东的股份获取该公司控制权的行为。⑥ 综合上述国内外研究,笔者认为,上市公司敌意收购的内涵可被解构为如下两个要件。

第一,客观要件。具体包括两层含义,一是敌意收购未获得目标公司管理层的同意,二是收购方明知目标公司管理层的抗拒态度而继续施行收购。

---

① See Garner, Bryan A., *Black's Law Dictionary*, Eagan: Thomson West Publisher, 2014, p. 1755 - 1756.

② Ibid.

③ See Cosh, Andy & Guest, Paul, *The Long-Run Performance of Hostile Takeovers: UK Evidence*, University of Cambridge Working Paper, 2001, p. 6 - 7.

④ See Hicks, Andrew & Goo, Say H., *Cases & Materials on Company Law*, Oxford: Oxford University Press, 2008, p. 557 - 558.

⑤ 参见徐洪涛:《公司反收购法律制度研究》,深圳证券交易所综合研究所2006年版,第5页。

⑥ 参见中国财富管理50人论坛和清华大学国家金融研究院联合课题组:《规范杠杆收购,促进经济结构调整》,中国财富管理50人论坛和清华大学国家金融研究院2016年版,第17页。

第二,主观要件,即收购方具有争夺控制权的意图。该要件乃上市公司敌意收购争议纠纷产生的根源。在庞大的资本需求面前,上市公司无疑是相对稀缺的战略资源,而争夺控制权为获取稀缺资源的主要途径。[①] 正因如此,目标公司管理层为维护自己的控制权,确保自身地位的稳定性,往往对敌意收购表示强烈反对并寻求各种反收购策略以抑制敌意收购。

另外,“要约收购”与上市公司“敌意收购”息息相关,但前者是后者的下位概念和实现途径,二者内涵并不等同。要约收购是指收购方向目标公司全体股东发出收购要约,表示将按照其所发出的收购价格、收购期间等要求收购对方股东股票的收购方式。根据美国第九上诉法院的法官陈述,要约收购蕴含如下特征:[②](1)要约完全公开;(2)要约价格远高于市价;(3)要约收购的股份数量在全部发行股份中占多数比;(4)要约收购的期限通常很短;(5)收购方确定的要约收购各项条件固定,几乎没有商讨空间;(6)要约收购直至收购到约定的足够股份数量结束,超过约定数量的应当按照比例进行收购;(7)面临要约收购,目标公司股东往往感到很大压力;(8)要约收购一经发出,股份立即聚拢。事实上,除了要约收购方式以外,上市公司敌意收购还可采用私下协议转让和二级市场爬行收购等方式。但在实践中,后两种方式因实施成本较高而鲜被采用,故而要约收购为上市公司敌意收购的最常见形式。具体而言,在上市公司敌意收购实践中,收购方通常采取两步合并(two-tier acquisition)的交易方式,也即先以要约收购的方式购买目标公司的大比例股份,再启动代理权争夺,更换对方的既有管理层,直至实施合并,敌意收购结束。[③]

(二)上市公司敌意收购的外延厘定

1. 收购与敌意收购

公司收购包括广义的收购和狭义的收购两种。广义的收购涵盖合并和

---

① 参见[美]弗兰克·伊斯特布鲁克、[美]丹尼尔·费希尔:《公司法的经济结构》,罗培新、张建伟译,北京大学出版社 2014 年版,第 162 页。

② See SEC v. Carter Hawley Hale Stores, Inc. , F2d(9th Cir. 1985).

③ See Armour, Johnand & Skeel, David A. J. R. , *Who Writes the Rules for Hostile Takeovers, and Why? -The Peculiar Divergence of U. S. and U. K. Takeover Regulation*, Georgetown Law Journal, Vol. 95, No. 6, 2007, p. 1744.

狭义的收购,是公司并购(M&A)的简略用法。其中,公司合并包括吸收合并和新设合并两种形式,重要特征为合并结束后,公司一方或双方的独立实体资格消灭。不过在实践中,新设合并较为罕见,因为相较而言一方主体存续比双方主体资格消灭的优势更大。即使合并双方均无存在必要,也可以另行创立一个新公司,通过吸收合并的方式达到新设合并的效果。① 狭义的收购是指一方以购买另一方资产或股权的方式获取控制权的收购。与公司合并呈现的特征相反,狭义的收购表现为在交易结束后,目标公司仍作为独立的实体而存在。②

本书所分析的敌意收购属于狭义的收购范畴。具体而言,敌意收购的目标是争夺目标公司的控制权,收购的对象为已经上市的股份有限公司,收购的方式包括在二级市场上公开交易或向目标公司发出收购要约等。由于在上市公司敌意收购中,收购方在未与目标公司管理层沟通的情况下径直与股东交涉,同时在收购完成后通常更换目标公司管理层,故而对目标公司管理层而言,该类收购颇具"敌意"。③

与敌意收购相对的概念为友好收购(friendly takeover)。所谓友好收购,是指收购方与目标公司进行友好谈判,最终获得目标公司控制权的收购。④ 目标公司董事对收购的态度以及协商谈判的主导权是区别二者的重要标准。在上市公司敌意收购中,收购方只能通过购买目标公司股份的方式达成目的,因而其他股东为收购的主导者;而在友好收购中,收购方需要与公司管理层就公司收购事宜进行协商,谈判的主导权往往掌握在目标公司管理层手中。

2. 敌意收购与反收购

尽管从语义上分析,敌意收购主要描述的是收购方的态度和行为,但该行为往往引致目标公司董事的抵御与反抗,这会导致一系列收购方与反收

---

① 参见徐洪涛:《公司反收购法律制度研究》,深圳证券交易所综合研究所2006年版,第4页。

② 参见汤欣:《公司治理与上市公司收购》,中国人民大学出版社2001年版,第10页。

③ See Easterbrook, Frank H. & Fischel Daniel R., *The Economic Structure of Corporate Law*, Harvard: Harvard University Press, 1991, p. 171 – 174.

④ See Borrelli, Marc & Marr, M. Wayne & David, Young S., *A Level Playing Field: Regulating Tender-Offers in Friendly versus Hostile Takeovers*, Arkansas Law Review, Vol. 42, No. 4, 1989, p. 887.

购方的战略性反击。可以说,目标公司的反收购策略在极大程度上影响着收购方的策略,二者相互影响,相伴相依。在此层面上,敌意收购的概念与反收购的概念不可割裂,反收购亦应被纳入敌意收购的外延范畴。

反收购的概念有广义和狭义之分。二者的区别在于反收购发起的时间点不同。广义的反收购包括目标公司在收到收购报价前采取的预防措施以及收到收购报价后做出的抵抗措施。狭义的反收购仅指目标公司收到收购报价后所做出的抵抗措施。[①] 对此,笔者在本书中主要采取广义概念,因为目标公司预先采取的预防措施深刻影响着敌意收购的行为模式和后果,其理应成为法律规制的重要对象。是故,对反收购概念作广义理解更为妥当与周延。具有不同公司治理结构和股权结构的目标公司,其反收购主体也有差异。在股权较为集中的公司中,反收购方一般是控股股东及其控制的董事会;在股权较为分散的公司中,反收购方则为目标公司董事会。但是,无论对抗主体为何,双方对抗的最终目的皆为争夺目标公司的控制权。具体而言,收购方在上市公司收购中的意图非常明显,其主要希望通过购买对方公司的股票获得公司控制权。而目标公司采取反收购措施的目的就在于防御收购行为,抵抗收购方的收购,从而维系对目标公司的控制权。

二、上市公司敌意收购的本质透析

(一)内在属性:与"恶意收购"的比较分析

上市公司敌意收购的本质属性需要在概念比较中加以透析。对此,不得不提及与敌意收购字义相似的概念——"恶意收购"。很多学者认为两个概念互为等同关系,有学者指出,"恶意收购就是指收购方与目标公司管理层就收购事宜未达成一致共识,而以要约收购的形式执意获取控制权的收购";[②]黄亮博士在其毕业论文中阐述,"敌意收购,又称恶意收购,具体指在目标公司管理层尚未同意的情况下,收购方强行进行的收购"。[③] 而在实践中,我国上市公司章程也大多使用"恶意收购"这一较为主观的字眼来描

---

① 参见李劲松:《公司反收购与董事受信义务研究》,载《现代法学》2003 年第 4 期。

② 张娟、刘纪鹏:《比较法视角下恶意收购的内涵、兴起原因与正向功能分析》,载《现代经济探讨》2017 年第 7 期。

③ 黄亮:《上市公司反收购法律规制研究》,吉林大学 2010 年博士学位论文,第 15 页。

述客观的“敌意收购”行为。比如,为应对将来可能出现的收购行为,雅化集团(002497)在其公司章程中指出,“只要未获得目标公司董事会的同意,收购行为皆具有‘恶意’性质”;商赢环球(600146)、世联行(002285)以及广宇集团(002133)等公司在章程中皆作了类似规定,将敌意收购等同为恶意收购。①

需要澄清的是,“敌意收购”与“恶意收购”在内在属性上具有本质差异,社会各界对上述概念应当谨慎界分与使用。敌意收购中的“敌意”仅是一个中性词汇,其对收购本身的好坏并无评价。“敌意”不代表“恶意”,尽管收购方有夺取目标公司控制权的目的,但从深层次上看,“敌意收购”具有改善公司长期经营和实现短期利益的双重内涵。换言之,“恶意收购”为“敌意收购”的狭义理解。反观“恶意收购”,“恶意”在法律语境下是对行为作出的负面评价,会受到法律的制裁。是故,将“恶意”运用于客观上未得到目标公司管理层同意的正常收购语境并不合适。事实上,“恶意收购”在本质上只是收购方短期逐利的工具,是以炒作目标公司股权、分拆与变卖目标公司资产的途径牟取暴利的投机行为。在历史上,“恶意收购”主要滥觞于美国的第四次收购浪潮。此轮浪潮期间大量的杠杆收购涌现,收购方多通过杠杆收购的方式购买目标公司股份,进而炒作控制权以及拆分和变卖资产获取利益。② 质言之,恶意收购方并无经营与发展目标公司的正面意愿,获取短期利益乃其核心目标。

综上,“敌意收购”包括“恶意收购”。在属性上,前者为中性词汇,后者则为对收购行为作出负面评价的主观词汇。无论在学术研究抑或实践操作中,相关人员皆应避免带有主观色彩,而应采用更为严谨的法律话语去界定上市公司控制权之争。

(二)外在表现

因要约收购是以远高于市价的方式发起,对目标公司具有极大的吸引力,故而在实践中敌意收购通常采取要约收购的交易形式。要约收购大致

---

① 参见张謇爻、黄豪:《上市公司成“惊弓之鸟”纷祭出“驱鲨”条款反收购》,载《证券时报》2016年8月4日,第A4版。

② See Davidoff, Steven M., *The SEC and the Failure of Federal Takeover Regulation*, Florida State University Law Review, Vol. 34, No. 2, 2007, p. 220.

包括选择与确定目标、悄悄购买、确定价格与融资三个阶段。①

第一,选择与确定目标。由于收购方有着不同的收购需求,因此对目标公司的选择标准亦存在差异性。比如,有些收购方作为积极股东,主要寻找经营管理不善,但若管理改善则有发展潜力的公司作为目标公司,在其经营下提升公司业绩,获取股利;有些收购方看重某个目标公司被低估了的资产价值,以获取卖掉该资产的利润;另外,也有收购方意欲通过收购目标公司实现产供销一条龙,提高规模效益,等等。在此准备阶段,收购方在选择与确定目标公司的过程中需要收集大量资料和情报,进行可行性研究,不但需弄清目标公司是否具有收购的价值,还要确认其是否有被收购的可行性。

第二,悄悄购买。也即收购方在公开要约收购之前先在法律许可的范围内悄悄地在市场上购买尽可能多的股份。该阶段的出发点在于既不惊动目标公司的管理层,以免其采取防范措施;又不惊动市场,以免引起价格的上涨。速度和保密是该阶段的注意要点。因为市场一旦得到收购信息,目标公司的股票价格必然猛涨,从而抬高收购的成本。如果保密工作做得好,在不得不公开之前不让市场知悉,收购方便能够以较低的价格买进一些股票。当然,在达到披露触发线之后,有些收购方会先采取"熊的拥抱"(bear hug)的方式,即先礼后兵,在启动正式收购之前先和目标公司董事会进行沟通与交涉,声明一些有利于目标公司股东和管理层的条件,并警告如果遭拒绝,就在市场上发动收购。② 显然,此种事前协商看似友好,实际上是收购方在给目标公司施压,意欲取而代之。在"熊的拥抱"没有成功,即目标公司管理层反对收购的情况下,收购方有两种选择:一是实行代理权之争,即收购方凭借股东身份在召开股东大会前向其他不参加大会的股东征集投票代理权。若能够征集到足够数量的投票代理权,收购方便可以实现控制权转移目的,亦没必要出资购买更多的股份。二是征集投票代理权并非易事,收购方若继续购买股份,只有要约收购、私下协议转让和二级市场爬行收购三种方式。当然,如前所述,后两种方式由于实施成本较高,在实践中

① 参见朱锦清:《证券法学》,北京大学出版社2011年版,第246页。

② See Romano, Roberta, *A Guide to Takeovers, Theory, Evidence and Regulation*, Yale Journal on Regulation, Vol. 9, No. 1, 1992, p. 121.

鲜被采用,要约收购为惯用方式。

第三,确定价格与融资。要约收购中的价格一般远高于市场的价格,否则就对股东没有吸引力。从发达国家的收购实践来看,要约收购价一般都在市价的135%以上。有时要约收购亦会引来竞争,两家收购方像在拍卖场一样竞相加价。“这种竞价经常将要约价格抬到市价的1倍以上甚至更高。”在上市公司敌意收购中,收购方为达到扩大资金体量以及隐藏其争夺控制权的目的,往往借助多元化的杠杆融资工具分别增持,此种筹资方式即为杠杆收购。杠杆融资的渠道有很多,如商业银行贷款等,但最主要部分往往来自投资银行。投资银行具有广泛的客户网络和市场信息,可以帮助收购方寻找愿意承担高风险以换取高收益的客户。除现金支付外,还有其他对价形式。有的收购方将自己的股票与目标公司的股票交换,或者以自己的优先股、可转换优先股、债券或多种证券的组合作为支付手段。此时应注意的是,购买目标公司股票的行为也可以同时被认作出售自己证券的行为。是故,在一定条件下,非现金支付手段除了必须遵守法律有关收购要约的规定之外,还应当遵守有关发行证券的规定。正因如此,实践中收购方大多采取现金支付这种更为简易的方式进行收购。在公司组织形式上,收购方一般需要先成立一个壳公司,以该公司的名义收购目标股份,收购完毕后将该壳公司与目标公司合并。

在要约收购的期限届满后,可能出现各种不同结果。一是敌意收购计划如期实现,收购方可以按照自己的意愿改组目标公司,包括撤换其管理层,重新进行各种人事上和组织上的安排,改变经营方式和经营方向,等等。二是目标公司管理层通过签订静站协议(standstill agreement)[①]等方式挫败了收购计划,公司没有变化。三是目标公司管理层购买公众持股,令公司从上市公司转化为一般的有限公司。四是收购方的压力与目标公司的反抗势均力敌,最后双方达成某种妥协。比如,目标公司同意被收购,而收购方则同意加价并给予目标公司管理层一定的好处,皆大欢喜。五是目标公

---

① 所谓静站协议,是指目标公司管理层为维护控制地位,向收购方提议以更高的价格回购收购方已经持有的股票,以此换取收购方在一定时期内不再收购目标公司的允诺。See L. A., Bebchuk & Cohen, A. & Ferrell, A., *What Matters in Corporate Governance*?, Review of Financial Studies, Vol. 22, No. 1, 2009, p. 801.

司寻找了“白衣骑士”竞购,其收购条件与已有的要约收购相当。

三、上市公司敌意收购的价值研判

上市公司敌意收购导致的社会影响,不仅限于收购方与目标公司之间的利益得失,更会波及公司雇员、债权人等利益相关者之利益。正由于上市公司敌意收购所涉问题颇为复杂和宏大,故而迄今有关上市公司敌意收购的功能利弊仍是一个悬而待决的话题。目前,学界主要存在“价值肯定说”和“价值否定说”两种学说,相关争论和评析如下。

(一)价值肯定说

1. 惩戒论

亨利·曼恩(Henry G. Manne)于1965年首创惩戒论。他指出,上市公司敌意收购乃惩处不尽职的管理层的重要机制。该机制运行的逻辑为,与友好收购需要事前获得董事会同意不同,敌意收购无需事前经过董事同意,收购方与目标公司股东直接交涉,如此能够更好约束目标公司董事尽心工作。① 伊斯特布鲁克(Easterbrook)和费舍尔(Fischel)对惩戒理论展开了进一步研究。他们认为,若将公司比喻为一种合同,那么敌意收购有助于控制合同的运营成本(具体指监督和替换目标公司董事的成本)。当某一上市公司因管理层不尽职造成资产效率低下时,收购方发出收购要约即表明其有信心能够改善公司的经营管理,提升经营业绩。最终的结果是不但收购方获得差价收益,目标公司也因此提升其公司业绩并实现对先前管理层的惩戒,总体而言社会效益是提升的。②

2. 闲置现金流论

迈克尔·詹森(Michael C. Jensen)指出,公司收购的一个原因为,股东与公司董事有关闲置现金流分配事宜的差异性态度所导致的代理成本难

---

① See Manne, Henry G., *Mergers and the Market for Corporate Control*, Journal of Political Economy, Vol. 73, No. 2, 1965, p. 113.

② See Easterbrook, Frank H. & Fischel, Daniel R., *The Economic Structure of Corporate Law*, Harvard: Harvard University Press, 1991, p. 171 - 174.

题。[①] 闲置现金流(free cash flow),具体指将公司既有现金流减去再投资于公司其他项目所剩下的现金流。若企业享有公司盈利,且期盼股价能够最大化,那么将该现金流发放给股东则为最佳选择。[②] 发放闲置现金流,可以在一定程度上缩减目标公司董事的权力和资源,进而降低代理成本。在紧缺闲置现金流的情形下,董事只得在资本市场进行融资,从而受到资本市场的有力监督。[③] 然而,现实情况却是,董事往往不给股东分发闲置现金流,而是将其投资相关收购项目或回报率较高的项目,使代理成本提高,继而引发敌意收购。诚然,闲置现金流理论能够阐释敌意收购的诱因,但如迈克尔·詹森所承认的,成长型公司并不能采用该理论,因为该类型公司本就需要大量资金,即便有闲置现金流也不会分发给股东,而是会投入生产与科技研发。并且,将负债施加于董事以约束董事的方法不一定适用于所有行业。[④]

3. 协同论

协同理论认为,目标公司董事不尽职并非上市公司敌意收购的主要诱因,收购所获取的规模效应和协同力量方为关键的考量因素。换言之,收购方看重的是目标公司拥有的特定资产,其对收购方的公司运营具有重要功用,而收购目标公司将产生比单独运营更大的价值。高根(Gaughan)将该理论形象地以方程式来展现:Value(A + B) > Value A + Value B。[⑤] 具体来讲,该种协同作用的载体包括目标公司的特殊资源、产品、规模经济效应、贷款成本等。社会对协同理论予以了充分肯定,[⑥]但也指出,该理论存在三

---

① See Jensen, Michael C., *Agency Costs of Free Cash Flow, Corporate Finance, and Takeovers*, The American Economic Review, Vol. 76, No. 2, 1986, p. 328.

② See Mattinson, Jacob M., *Disclosure of Free Cash Flow Projections in a Merger or Tender Offer*, Penn State Law Review, Vol. 116, No. 2, 2011, p. 596.

③ [美]理查德·A. 波斯纳:《法律的经济分析》(下),蒋兆康译,中国大百科全书出版社1997年版,第529~537页。

④ See Jensen, Michael C., *Agency Costs of Free Cash Flow, Corporate Finance, and Takeovers*, The American Economic Review, 1986, 76(2): 325.

⑤ See Gaughan, Patrick A., *Mergers, Acquisitions, and Corporate Restructurings*, Hoboken: Wiley Publisher, 2014, p. 212 - 216.

⑥ 参见陈共等主编:《公司并购原理与案例》,中国人民大学出版社1996年版,第51~54页;北京思源兼并与破产咨询事务所主编:《中国企业兼并与破产手册》,经济管理出版社1993年版,第10~12页。

个不可避免的弊端:①一是该理论完全忽略了上市公司敌意收购市场具有惩处作用的客观事实;二是有实证数据显示,上市公司敌意收购并未给收购方带来明显的收益;三是友好收购同样能够实现协同效应,而该理论未能阐释敌意收购区别于友好收购的特性。换言之,该理论没有适用的特殊性与针对性。

(二)价值否定说

1. 剥削利益相关者论

从现代产业组织经济学的视角切入,剥削利益相关者理论的主张者认为,公司实质上为一个"系列合同",旨在对公司股东以及利益相关者之间的关系进行保护,每一个主体皆有遵守默示契约的义务。而公司股东往往会违背该默示契约义务,因为其以剥削其他利益相关者之利益获取财富。换言之,公司股东利益与利益相关者利益并不相同。是故,保护利益相关者利益理应成为法律重点规制的焦点问题,而非降低"代理成本"。20 世纪 80 年代,剥削利益相关者理论在美国颇为流行,其导致诸多州修订了公司法,规定公司董事应当重点保护利益相关者之利益。② 剥削利益相关者论主要涵盖如下几个子内容。

第一,剥削目标公司雇员论。安德鲁·施莱弗(Andrei Shleifer)和劳伦斯·萨默斯(Lawrence H. Summers)指出,目标公司与雇员之间通常会签订默示条款,承诺为雇员提供平等、公正的待遇与保护。③ 此条款可以提升公司声誉,吸引更多员工加入公司团队。然而,当上市公司敌意收购来袭,收购方往往会漠视默示条款,以削减退休金、无理由辞退雇员、减少薪酬等方式损害雇员的合法权益。

第二,剥削公司债权人论。持此论点的学者认为,上市公司敌意收购尽管会带来收益,但却是建立在损害收购方的债权人或目标公司债权人利益

① See Coffee, John C. JR, *Regulating the Market for Corporate Control: A Critical Assessment of the Tender Offer's Role in Corporate Governance*, Columbia Law Review, Vol. 84, No. 5, 1984, p. 1161.

② 参见崔之元:《美国二十九个州公司法变革的理论背景》,载《经济研究》1996 年第 4 期。

③ See Shleifer, Andrei & Summers, Lawrence H., *Breach of Trust in Hostile Takeovers*, The University of Chicago Press, 1988, p. 33 – 56.

的基础上。杠杆收购即为典型例证，收购方通常会以目标公司的资产作为收购的融资担保。对此，目标公司的债权人不仅不能分享收购的利益，还要为目标公司承担资不抵债破产清算的潜在风险。①

2. 剥削股东论

剥削股东论主要包括两方面内容，即剥削目标公司股东论和剥削收购方股东论。一是剥削目标公司股东论。持该论观点的学者认为，一般而言，股票市场难以精准体现目标公司股票的真实价格，此时如若收购方以低于真实价格的市价购买目标公司股票，则意味着对目标公司股东理应获取的价格补偿进行了实质性掠夺。特别是在两阶段公开收购中，收购方会选择以高于市价的价格购买目标公司的多数股份，后面再以低于市价的价格购买其余股份，合计价格实际上低于目标公司真实的市场股价。同时在该收购中，目标公司股东为避免成为第二阶段的股东，不得不在第一阶段争相将股票卖给收购方，最终目标公司股东权益必然受损。② 二是剥削收购方股东论。持该论观点的学者指出，收购方的管理层有可能对收购的成本、风险和不确定性进行错误估量，导致公司亏损，进而损害收购方的股东利益。③

（三）对上述学说的评析——基于经验分析

若单纯从理论上分析，关于上市公司敌意收购的价值肯定说和价值否定说皆有相应理论依据佐证，难以辨明何种学说最优。事实上，“如果一个理论不能在实证中得以证实，那么它就是虚无的”。④ 经验分析将为我们审视上述理论提供一个更为科学的研究视角。总体来看，绝大多数的经验数据显示，上市公司敌意收购的正面效应更为显著。

---

① See Lckowitz & Genz, *Lender Fraud? Courts Sift through LBO Suits*, The Journal of Nat Law, Vol. 30, No. 1, 1991, p. 27.

② See Lipton, Matin, *Corporate Governance in the Age of Finance Corporation*, University of Pennsylvania Law Review, Vol. 136, No. 1, 1852, p. 18.

③ See Roll, richard, *The Hubris Hypothesis of Corporate Takeovers*, The Journal of Business, Vol. 59, No. 2, 1986, p. 197.

④ Wilkonson, Margaret Ann & Walker, Christa & Mercer, Peter, *Testing Theory and Debunking Stereotypes: Lawyers' Views on the Practice of Law*, Canadian Journal of Law and Jurisprudence, Vol. 18, No. 1, 2005, p. 180.

第一,在公司收益层面,有学者运用托宾的 Q 值(Tobin's Q Ratio)衡量公司经营绩效的关键系数。实证数据显示,当 Q 值较低的目标公司中不尽职的管理层被 Q 值较高的公司替换时,总体 Q 值会上升;并且,Q 值较低的公司更容易成为被收购的目标公司。[①] 另外,有数据表明,上市公司敌意收购完成后,收购方和目标公司的现金流量双双提升,[②]这表明上市公司敌意收购对于提升公司收益具有正面价值。

第二,在股东收益层面,绝大多数实证研究发现上市公司敌意收购为目标公司股东带来了显著的积极影响。例如,格雷戈·安德拉德(Gregor Andrade)、马克·米切尔(Mark Mitchell)和埃里克·斯塔福德(Erik Stafford)研究发现目标公司股票溢价率达 23.3%;[③]格雷格·贾雷尔(Gregg A. Jarrell)和安妮特·鲍尔森(Annette B. Poulson)研究发现目标公司股票溢价率达 28.9%;[④]马克·格尔根(Marc Goergen)和卢克·伦内布(Luc Renneboog)研究发现目标公司股票溢价率达 29.3%;[⑤]等等。相反,对于收购股东而言,相关研究出现了明显分歧:一方面,有研究指出上市公司敌意收购为收购股东带来了轻微收益。例如,格雷格·贾雷尔(Jarrell Gregg)和普尔松(Poulson)研究发现收购方股票溢价率为 1.96%;[⑥]迈克尔·詹森(Michael C. Jensen)和理查德·鲁巴克(Richard Ruback)研究发现收购方股票溢价率为 3.8%;[⑦]朱利安·弗兰克斯(Julian R. Franks)和罗

---

① See Morck, Shleifer & Vishnt, *Characteristics of Targets of Hostile and Friendly Takeovers*, NBER Working Papers, 1988, p. 102 – 103.

② See Kecskes, Andras Habil & Halasz, Vendel, *Escaping from the Bears' Hug: Defensive Measures against Hostile Takeover Bids*, Law Series of the Annals of the West University of Timisoara, No. 1, 2015, p. 17.

③ See Andrade, Gregor & Mitchell, Mark & Stafford, Erik, *New Evidence and Perspectives on* 110 *Mergers*, Harvard Business School Working Paper, 2001, p. 110 – 111.

④ See Jarrell, Gregg A. & Poulson, Annette B., *The Returns to Acquiring Firms in Tender Offers: Evidence from Three Decades*, Financial Management, Vol. 18, No. 3, 1989, p. 16.

⑤ See Goergen, Marc & Renneboog, Luc, *Shareholder Wealth Effects of European Domestic and Cross-Border Takeover Bids*, European Financial Management, Vol. 10, No. 1, 2004, p. 23.

⑥ See Jarrell, Gregg A. & Poulson, Annette B., *The Returns to Acquiring Firms in Tender Offers: Evidence from Three Decades*, Financial Management, Vol. 18, No. 3, 1989, p. 16.

⑦ See Jensen, Michael & Ruback, Richard, *The Market for Corporate Control: The Scientific Evidence*, Journal of Financial Economics, Vol. 11, No. 1, 1983, p. 5.

伯特·哈里斯(Robert S. Harris)研究发现收购方股票溢价率为2.4%。[①]另一方面,相关数据表明上市公司敌意收购为收购股东带来了轻微损失。例如,前述学者格雷戈·安德拉德研究发现收购方股票溢价率为-3.8%;[②]马克·格尔根和卢克·伦内布研究发现收购方股票溢价率为-1.65%;[③]罗宾·林麦克(Robin J. Limmack)研究发现收购方股票溢价率为-2.6%。[④] 但是,总体来看,即便收购方股东收益受损,该损失也远小于目标公司的股东收益。换言之,此类交易为股东创造了大量的净价值。[⑤]

第三,除上述域外分析外,我国亦有诸多学者针对我国上市公司敌意收购情况进行了实证调研。例如,张新运用会计研究法,详细梳理与分析了1993~2002年我国共计1216个上市公司收购活动创造价值的情况。实证数据表明,收购确实创造了价值,目标公司的股票溢价率远超国际平均水平,高达29.05%;不过,收购也为收购方股东造成了损害,收购方的股票溢价率为-16.76%。[⑥] 综合上述数据可知,收购整体上为股东实现了正的净收益。

相对而言,上市公司敌意收购的"价值否定说"鲜有可靠的实证数据予以支撑:一是经验研究没有找到收购使财富从职工向股东转移的可靠证据。相反,上市公司敌意收购完成后,目标公司职工的福利有所提升,而非下降。[⑦] 二是上市公司敌意收购损害债权人利益的观点也无实证支撑,倒是

---

① See Franks, Julian R. & Harris, Robert S., *Shareholder Wealth Effects of Corporate Takeovers: The U. K. Experience* 1955-1985, Journal of Financial Economics, Vol. 23, No. 2, 1989, p. 225.

② See Andrade, Gregor & Mitchell, Mark & Stafford, Erik, *New Evidence and Perspectives on Mer-gers*, Harvard Business School Working Paper, 2001, p. 103-104.

③ See Goregen, Marc & Renneboog, Luc, *Shareholder Wealth Effects of European Domestic and Cross-order Takeover Bids*, European Financial Management, Vol. 10, No. 1, 2004, p. 9.

④ See Limmack, Robin J., *Corporate Mergers and Shareholder Wealth Effects*, Journal of Accounting and Business Research, Vol. 21, No. 3, 1991, p. 239.

⑤ See Armour, Johnand & Skeel, David A. J. R., *Who Writes the Rules for Hostile Takeovers, and Why? - The Peculiar Divergence of U. S. and U. K. Takeover Regulation*, Georgetown Law Journal, Vol. 95, No. 6, 2007, p. 1740.

⑥ 参见张新:《并购重组是否创造价值?——中国证券市场的理论与实证研究》,载《经济研究》2003年第6期。

⑦ See Romano, Roberta, *A Guide to Takeovers, Theory, Evidence and Regulation*, Yale Journal on Regulation, Vol. 9, No. 1, 1992, p. 145.

有数据显示收购提升了债券的价值。①

无疑,国内外富有科学性的经验数据大多表明上市公司敌意收购的正面功效更为显著。尽管上市公司敌意收购会不可避免地给利益相关者、收购方股东、债权人等主体造成或多或少的损失,但经验研究一再显示,其对目标公司股东带来的收益亦客观存在。是故,笔者认为,对上市公司敌意收购的正面价值应当予以肯定。当然,其潜在的负面效应亦不能被忽视,这恰恰印证了上市公司敌意收购是一种利弊互现的中性行为本质。

第二节　上市公司敌意收购法律规制的正当性证成

一、维护上市公司敌意收购中的公共利益

迄今,学界对于"公共利益"概念的解读见仁见智,尚未达成共识。从不同学科角度切入,"公共利益"呈现不同面貌。比如,从政治学的视角来看,公共利益乃政府超脱个人利益之上寻求的更高层级的利益;在伦理学视野下,公共利益为诸多个人利益复合组成的利益集合体;而以法学视角观之,公共利益乃凌驾于私人利益之上的利益,其既是私权利自由活动的范围边界,又是公法的保护指向。公共利益包含社会公德和经济秩序。

虽然难以言明公共利益的具体外延和内涵,但其实质表征具有一定的普遍性:②第一,公共利益具有非排他性和共享性,其并非个人的独享物品,而为所有人平等共享;第二,公共利益深刻贯彻平等理念,具体指社会公民皆有平等的权利获取公共利益,亦有平等的义务服从和保护公共利益;第三,公共利益并非抽象的、不存在的物体,其为具体的物质,乃一种物质性的利益客体;第四,公共利益的内容很难被具体勘定与测量,这主要是因为公共利益的范围、边界等十分模糊,故而难以测量。总之,即便公共利益的概念尚未达成共识,但只要符合上述表征,即可被视为"公共

---

① See Billett, Matthew T. & Tao-Hsien, D. king & Mauer, David C., *Bondholder Wealth Effects in Mergers and Acquisitions: New Evidence from the* 1980s *and* 1990s, Journal of Finance, Vol. 59, No. 1, 2004, p. 110.

② 参见张成福、李丹婷:《公共利益与公共治理》,载《中国人民大学学报》2012 年第 2 期。

利益”。

具体到上市公司敌意收购场域中，其所涉及的“公共利益”具体体现在：第一，上市公司敌意收购具有替换不尽职的管理层的功能，从而有利于提升公司的效益并惠及股东及其他利益相关者，在此层面上，上市公司敌意收购具有功能上的公共性；第二，基于协同理论，上市公司敌意收购可以整合收购方与目标公司的资源和资产，使价值最大化，故而上市公司敌意收购体现着公共利益；第三，上市公司敌意收购所涉主体包括收购方和目标公司、收购方和目标公司股东、收购方和目标公司管理层、收购方和目标公司利益相关者等，利益主体众多，无不体现着公共利益。

公共利益时刻面临被侵害的威胁，因此，政府以及相关自律组织承载着维护公共利益，施以有效公共管理的重要使命。以政府为例，公共利益观要求政府应当承担如下职能：提供公益产品和服务、实现社会公正、管理公共事务和维护公共秩序。同时，政府的组织结构、运行机制、行为模式、法规规章等皆应彰显公共性。这就要求，政府不能追求一己私利，将个人利益与公共利益混同。政府并非某一群体的特定代表，其应表达所有公民的需求和利益。

上市公司敌意收购充斥着公共利益，这就需要政府通过法律手段对其悉心维护：首先，为履行“维护公共秩序”职能，政府应当提供目标公司反收购的运行规则，警惕收购方的短期主义行为；其次，公益产品是政府进行法律规制的必备品，如政府牵头设立减少和解决上市公司敌意收购纠纷的并购小组等，从而体现政府“提供公益产品”的职能；再次，在上市公司敌意收购过程中，为了保护中小投资者的合法权益，如知情权等，需要政府适当干预收购方，如建立全面要约收购制度，这体现了政府“管理公共事务”的职能；最后，在上市公司敌意收购过程中，会涉及因收购造成的利益相关者利益受损问题，而“实现社会公正”职能则要求政府及时健全社会保障体系。

总之，公共利益贯穿上市公司敌意收购始终，政府以及自律组织应当采取必要的法律手段切实维护公共利益，以实现帕累托最优和社会福祉的最大化。

二、矫正上市公司敌意收购中的市场失灵

尽管从理论和实践来看，市场是资源配置不可或缺的有效机制，并被证明为最富有成效和效率的经济制度之一。但是，市场在特定情况下也会失灵，具体体现在信息不对称、公共物品短缺、市场不完全竞争、存在经济周期、社会分配不公等几大方面。上市公司敌意收购作为一种市场行为，其失灵难以避免。特别是我国目前处于市场经济转型的关键时期，上市公司敌意收购的各项机制尚不健全。在此特殊背景下，上市公司敌意收购中的市场失灵主要表现在：第一，资本市场固有的近视性对实现敌意收购的长远发展目标形成阻碍。[①] 具体到上市公司敌意收购场域中，很多激进投资者收购目标公司的目的为获得短期收益，[②]而非致力于目标公司的长远发展。第二，在我国，资本市场自身的发育尚不成熟，效率低下，导致上市公司敌意收购市场机制的运行受限。例如，在首次公开发行阶段，披露大股东尤其是控制股东、发行人持有的投票权数量，能够使投资者有效预测代理成本，从而对股票价值的影响作出知情估计。然而，收购方为达到降低收购成本和尽可能隐匿争夺控制权之目的，往往延迟披露甚至不披露相关持股情况，导致市场信息不对称，股票结构透明度降低。第三，随着上市公司敌意收购的不断涌现，资源不断集中在少数人手中，此乃市场机制的天然缺陷，难以自动愈合。

由于“市场失灵”难以避免，政府和相关自律组织便有了介入市场的正当性和合理性。为矫正上市公司敌意收购中的“市场失灵”现象，政府和相关自律组织有必要对上市公司敌意收购进行适当规制，如政府发布法律法规、自律组织制定自律规则等，对上市公司敌意收购中的收购方和目标公司进行适度介入与干预，以降低上市公司敌意收购的失灵程度，尽可能维护社会公共利益。法律规制旨在解决上市公司敌意收购中出现的非公平性、垄断经营、准公共物品供给不足和信息不对称等失灵问题。具体而言，法律规

---

① 参见侯东德：《董事会对短期主义行为的治理》，载《中国法学》2018 年第 6 期。

② 激进投资者所利用的手段通常包括企业分拆、剥离业务、股票回购、增加债务等，这些都是短期主义的惯常手法。参见侯东德：《董事会对短期主义行为的治理》，载《中国法学》2018 年第 6 期。

制矫正上市公司敌意收购的逻辑如下。

第一,对于资本市场存在的短视现象,政府和相关组织可以通过制定法律法规、自律规则等,促使收购方由“唯经济利益至上”观转变为“经济效益与社会效益并重”的可持续发展观。比如,为警惕短期主义,目标公司董事会应加强与激进投资者的有效沟通,以更为客观的立场对收购的合理性和可行性进行合理考量并采纳。此时即可以通过法律将董事的调查义务、配合义务、合理建议的采纳义务等制度化,在强化董事对短期行为的甄别中逐步矫正资本市场的短期性与近视性。第二,针对资本市场信号不灵敏、应有功能被弱化的问题,政府可以依据强制性法律强化上市公司敌意收购市场的信息披露机制,如收购方权益披露机制,优化包括权益变动报告区分标准、披露触发线和披露期限的设定等在内的各项内容,从而消减信息偏在问题。第三,针对市场机制导致的资本集中垄断问题,政府和相关组织可对收购方予以适当干预,合理配置社会资源。

当然,失灵同样存在于政府与相关组织的规制中,但如著名经济学家斯蒂格利茨(Stiglitz)所言,市场失灵比政府失灵的问题更为严重,对于后者,可以寻求相应办法予以缓解甚至根除,而对于前者则很难予以根治。①

三、消除上市公司敌意收购中的外部性

“外溢作用”,亦称为“外部性”(externalities),具体指市场主体的经济活动在未付出任何成本的前提下影响了第三方的正常生活与经营。② 其生成机理为,私人利益和社会利益之间的冲突导致私人成本和社会成本之间产生差异,而市场价格难以准确反映这种差异,由此产生了相应外部性问题。③ 上市公司敌意收购的“外部性”问题不容忽视。比如,收购方往往需要耗费极大成本才能完成收购过程,尤其在全面要约收购时,收购方更需要通过杠杆融资工具等多种手段融资,而这对于经济人来说显然风险过大且

---

① 参见[美]斯蒂格利茨:《政府为什么干预经济:政府在市场经济中的角色》,郑秉文译,中国财富出版社 1998 年版,第 173 页。

② See Rubenstein, William B., *Why Enable Litigation: A Positive Externalities Theory of the Small Claims Class Action*, UMKC Law Review, Vol. 742, No. 2, 2005, p. 709.

③ 参见郭熙保、何铃编著:《微观经济学》,中国社会科学出版社 2002 年版,第 246 页。

不经济。是故,实践中收购方为隐匿收购目的,避免股价迅速提升,通常会在达到法定披露触发线时延迟披露或不披露相关信息。无疑,该行为对目标公司股东尤其是中小股东,以及利益相关者将造成严重损害,积聚负外部性问题。而且,收购方与目标公司董事具有与生俱来的利益冲突。面临控制权的潜在丧失,目标公司董事往往会通过事前制定反收购条款、事后采取反收购措施,对上市公司敌意收购施加诸多阻碍,从而削弱上市公司敌意收购的惩戒价值。

此时,为解决负外部性问题,政府和自律组织需要通过运用法律规制手段,明确利益相关方的权利义务关系,从而使外部性内在化,使市场主体的经济活动与社会整体利益相互融合。比如,针对收购方违反信息披露的行为,政府应对其施以适当的法律责任,如处以行政处罚罚金、民事赔偿乃至刑事处罚等,自律组织应施以声誉惩罚等,以增加其违法成本;又如,目标公司董事若肆意采取反收购措施,法律可将违反董事信义义务的法律责任具体化,以消减目标公司董事反收购行为造成的负外部性影响,等等。

第三节　上市公司敌意收购规制的法律立场厘定

一、上市公司敌意收购的域外立法文本与实践考察

由于英国和美国的资本市场相对发达,其所发展出的有关上市公司敌意收购的相关立法亦较为成熟,故而世界大多数国家仿照英国和美国的立法模式和具体规则规制上市公司敌意收购。比如日本,无论是上市公司敌意收购的规制模式抑或董事信义义务的判定规则,皆吸收了美国和英国的制度精髓。此外,德国具有世界上独一无二的反收购权力配置模式,该模式的发生机理亦值得深入探讨。综上,笔者主要以英国、美国、日本和德国作为典型,简要阐释其上市公司敌意收购立法与实践的运行特征。

(一)英国

英国 1968 年 3 月 27 日颁布的《城市收购与兼并法典》(City Code on Takeover and Mergers,以下简称《收购法典》)在规制上市公司敌意收购活动中起着举足轻重的作用。《收购法典》并不产生与法律一样的强制力,因

为其仅仅是自律性规则。该法典共包含10项原则和35条具体细则，其中最具影响力的内容为要约收购规则和反收购规则。具体而言：一方面，英国实行强制全面要约规则，为上市公司敌意收购设立了较高的门槛。《收购法典》将“平等对待目标公司股东”的理念奉为上市公司敌意收购法律规制的基本方针。① 为了贯彻平等对待目标公司股东的理念，《收购法典》第9.1条确立了严厉的“强制全面要约”制度。该条规定：“任何人取得了代表一家公司30%或以上表决权的股票（任何与其共同行动者所持有和获取的股票应合并计算）权益，或任何人（与共同行动者一道）已经持有了公司中不少于30%但不超过50%的表决权，而且该人（无论单独行动还是与别人共同行动）进一步取得了其他股票上的权益，从而导致其持有的表决权比例上升。在上述两种情况下，除非经过并购小组的特别同意，该人必须将其要约对象扩展至公司所有类别的权益股本的拥有者，以及任何其他类别的附表决权之可转让证券的持有者。”②另一方面，英国虽然对收购方施加了严苛的约束条件，但是为确保市场活力，其设置了股东大会中心主义反收购权力配置模式。受机构投资者的影响，以及英国商界对敌意收购的强烈偏好，英国形成了以股东大会为核心的反收购权力配置模式。③

此外，对上市公司敌意收购的规制还可以从《2006年公司法》（Companies Act 2006）中寻求法律依据。例如，关于上市公司敌意收购发生前董事采取反收购措施的行为准则，《2006年公司法》第171条规定：“公司董事必须按照公司章程行事，以及仅能根据他们被授予权力的正当目的履行职权。”④

在实践中，随着《收购法典》的出台而正式设立的“收购与兼并城市小组”（The City Panel on Takeovers and Mergers，以下简称并购小组）为规制上市公司敌意收购的重要主体。该并购小组的权力颇为广泛，其既能依托规则制定权灵活制定和修改规则，又能借助执行权灵活监督上市公司敌意收购市

---

① 《收购法典》第1条规定：“同一类受要约公司的所有证券持有人必须获得同等待遇；此外，如果一个人获得了公司的控制权，其他证券持有人必须受到保护。”

② 《收购法典》第9.1条。

③ 《收购法典》第21.1(a)条规定：“在收购过程中，甚至在目标公司董事会有理由相信迫在眉睫的收购发起之前，董事会不得在未经股东大会批准的情况下采取任何可能导致任何要约或潜在要约受阻的行动，不得剥夺股东决定反收购与否的机会。”

④ 英国《2006年公司法》第171条。

场运行与执行并购小组的决定。值得注意的是,机构投资者参与了《收购法典》起草的每一个阶段,并组成并购小组作为主导力量规制英国的上市公司敌意收购活动。由于机构投资者对将其共同利益最大化有着明确的兴趣,故而出现了一种“股东导向”的上市公司敌意收购规制方式。英国全面要约收购制度和股东大会中心主义反收购权力配置模式的确立乃“股东导向”的重要体现。相比之下,英国法院在公司治理和上市公司敌意收购规制中从未扮演过同样重要的角色。这种差异很大程度上源于英国司法的程序性规则缺陷,包括集体诉讼的障碍、胜诉酬金制度和失败者付费规则的缺失。这些程序性规则的缺陷大大消减了私人股东采取诉讼方式的积极性。①

(二)美国

在美国,联邦立法《威廉姆斯法案》(The Williams Act)为规制上市公司敌意收购的主要法律文本,其重点约束收购方的信息披露和要约收购等行为,对于反收购行为则主要由各州立法予以规制。

联邦证券交易委员会(Securities and Exchange Commission,SEC)在《威廉姆斯法案》的出台过程中发挥了主导作用,其尤为强调在收购方和目标公司管理层之间保持规制的中立性,并且将保护股东权益奉为圭臬。在《威廉姆斯法案》公布之前,该法案的起草稿有明显的反收购倾向,对收购施加了诸多条件限制。例如,第一次法案起草稿的会议主题为“防止公司被袭击”,其中一项内容是“要约收购期限为 20 天”,②反收购立场“昭然若揭”。但 SEC 随即进行了反驳,表明了其更为中立的立场。随后,威廉姆斯参议员于 1967 年提出了一项修订后的更为中立的法案,其声明“法案的主旨是实现监管平衡,不能对收购方和目标公司有任何偏颇”,③并主张对法案诸多内容进行修订,如缩短要约收购期限。④《威廉姆斯法案》于 1968 年

---

① See Armour, John & Jacobs, Jack & Milhaupt, Curtis J., *The Evolution of Hostile Takeover Regimes in Developed and Emerging Markets*, Harvard International Law Journal, Vol. 52, No. 1, 2011, p. 263.

② Congess. 111 Congressional Record, 1965, 111:267.

③ S. Common Banking & Currency, *Full Disclosure of Equity Ownership and in Corporate Takeover Bids*, Working Paper, 1967, p. 254 – 257.

④ See Davidoff, Steven M., *The SEC and the Failure of Federal Takeover Regulation*, Florida State University Law Review, Vol. 34, No. 2, 2007, p. 220.

7月29日被正式签署通过，里面的规则内容几乎完全遵从SEC的提议。

与英国采取强制全面要约收购制度不同，美国实行自愿要约收购制度。根据《威廉姆斯法案》：一是如果要约被超额认购，要约人在规定的时间内应按比例接受每个股东的投标，禁止以先到先得的方式提出部分要约；二是遵循“最惠股东”条款，要求在要约过程中，任何价格的上涨都必须惠及那些先前已接受报价的股东；三是报价至少保持20个工作日。① 总之，《威廉姆斯法案》的要旨在于不要求收购方向所有股东发出要约，但要求给每个股东的报价相同、按比例购买每个股东的股份以及要约至少维持20天，以此保护目标公司股东的合法权益。② 显然，和强制全面要约收购制度相比，美国的自愿要约收购制度既没有对收购人对目标公司股东流通股份要约收购进行强制性规定，也没有全面要约与部分要约之分。

与对收购方相对宽容的自愿要约收购制度相平衡，美国州立法和法院建立了比较强大的董事会中心主义反收购权力配置模式。一方面，目前绝大部分州的反收购立法皆将反收购决定权赋予目标公司董事会。例如，《特拉华州普通公司法》(The Delaware General Corporation Law)赋予董事会广泛权力以对抗敌意收购，包括采取资本重组、“白衣骑士”、“毒丸计划”、出售皇冠珠宝、锁定协议、“绿色邮件”和“黄金降落伞”等措施。到20世纪80年代末，已有40多个州颁布了反收购法案，保护在该州注册的公司的管理层。③ 另一方面，美国法院，尤其是特拉华州法院在美国充当下级立法者的角色，填补了立法的空白。特拉华州法院发展了著名的Unocal标准，④适用于目标公司董事采取反收购措施的案件。法院为此精心设计了合理性和相当性双重测试标准，即目标董事可以未经股东大会批准采取反收购措施，只要其能证明经过合理调研，敌意收购被合理地视为对公司价值和政策的威胁，并且其采取的反收购措施和威胁是成比例的。显然，美国法

---

① 《威廉姆斯法案》第14(d)(6)条。

② See Hill, Caire & Quinn, Brian Jm & Solomon, Steven Davidoff, *Mergers and Acquisitions: Law, Theory and Practice*, St. Paul: West Academic Publisher, 2019, p. 94 – 97.

③ See Romano, Roberta, *The Political Economy of Takeover Statutes*, Virginia Law Review, Vol. 73, No. 1, 1987, p. 120.

④ See Unocal Corp. v. Mesa Petroleum Co., 493 A. 2d (Del. 1985).

院也在小心维持收购方与目标公司之间的平衡。

(三)日本

2005年5月,经济、贸易和工业部(The Ministry of Economy,Trade and Industry,METI)和司法部(The Ministry of Justice,MOJ)联合成立了一个由法律专家和商业代表组成的企业价值研究小组(Corporate Value Study Group,CVSG),以应对上市公司敌意收购活动引发的各种问题。CVSG参照英美有关上市公司敌意收购的立法经验,组织策划了《收购指导规则》。《收购指导规则》规定了目标公司采取防御措施的适当程序。由于METI缺乏对证券法和公司法事务的正式管辖权,故而该规则没有法律约束力,但是其对日本上市公司敌意收购规则的发展仍然发挥了重要作用。① 《收购指导规则》包含三大基本规则:②一是目标公司必须披露采取的相关反收购措施;二是目标公司采取反收购措施的目的应当是保护股东利益;三是反收购措施应当是必要且合适的。

根据日本《商法典》,其允许董事会未经股东大会批准发行股票或股票期权,除非发行条件对认购者"特别有利"。③ 换言之,一般而言,目标公司董事会直接以发行股票(稀释收购方股权)作为反收购措施,而不以股东大会批准为前提。故而在日本,一旦发生敌意收购,目标公司以终身员工为主导的董事会往往向友好的稳定股东发行目标公司的股票,以此作为反收购策略。此外,日本对目标公司董事会采取反收购措施的主要目的持宽松态度。东京高级法院在"活力门网络媒体收购案"(以下简称"活力门案")中明确承认,在4种有限的情况下,目标公司董事会即便具有维持控制权的"主要目的",也可以发行股票或权证。这4种情形发生在收购方:④(1)收

① See Armour,John & Jacobs,Jack & Milhaupt,Curtis J.,*The Evolution of Hostile Takeover Regimes in Developed and Emerging Markets*,Harvard International Law Journal,Vol. 52,No. 1,2011,p. 259.

② See Puchniak,Dan W. & Nakahigashi,Masafumi,*The Enigma of Hostile Takeovers in Japan:Bidder Beware*,Berkeley Business Law Journal,Vol. 15,No. 1,2018,p. 5.

③ 日本《商法典》第280-2(I)-(2)条、第280-20(2)条和第280-21(I)条。

④ See Tomotaka,Fujjta,*Case No. 29:Corporate Law Takeovers Issuance of Share Options as Defence Measure Principal Purpose Rule*,Business Law in Japan:Cases and Comments,Vol. 3,No. 1,2012,p. 319.

购目标公司的股份,目的是要求目标公司以更高的价格回购这些股份(所谓的“绿色邮件”);(2)为自身利益临时控制公司,例如,低价收购目标公司的重要资产,成本则由目标公司承担;(3)以目标公司的资产作为收购方公司债务的担保或者直接以目标公司的资金清偿债务;(4)临时控制目标公司的经营管理,出售与目标公司业务无关的有价资产,并以取得的利润临时宣告发放高额股息。

作为平衡机制,东京交易所(Tokyo Stock Exchange,TSE)在2006年修订的《上市规则》中对目标公司董事会采取反收购措施施加了一定的限制。TSE在《上市规则》中内化了《收购指导规则》,使其转为强制性规则。他们指出,任何采取反收购措施的上市公司必须考虑如下因素:透明度,对二级市场的影响,股东权益。具体评估这些因素的指标已被纳入《上市规则》。为确保《上市规则》的执行,TSE要求上市公司在采取反收购措施前和TSE交涉协商。若公司违反该规定,或者采取的反收购措施背离了《上市规则》,则会被TSE公示警告;若在规定时间内未改正错误,该公司会被强行退市。①

(四)德国

1999~2000年,英国沃达丰集团收购德国曼内斯曼集团,堪称世纪大收购。② 该事件促使德国联邦政府认真重新考虑德国公司法和证券法的相关修订。事件发生不久,德国立法机构即组织召开了上市公司敌意收购立法议题,草拟收购立法。2002年1月1日,德国《证券交易与收购法》(Das Wertpapiererwerbs-und Übernahmegesetz)正式生效,其内容包含要约收购和反收购措施等规定。

与英国类似,德国实行强制全面要约规则,为上市公司敌意收购设立了较高的门槛。德国《证券交易与收购法》第29条规定,收购方如果直接或通过转买接手目标公司30%或以上的投票权,则必须向所有股东作出强制性报价。与之相对应,德国采取了监事会中心主义的反收购权力配置模

---

① See Milhaupt, Curis J., *In the Shadow of Delaware-The Rise of Hostile Takeovers in Japan*, Columbia Law Review, Vol. 105, No. 7, 2005, p. 2182.

② See Mannesmann, The Mother of All Takeovers, https://www.dw.com/en/mannesmann-the-mother-of-all-takeovers/a-5206028, 2019-10-22.

式,将反收购决定权授予了监事会而非董事会,从而在敌意收购法律规制的宽严之间达致平衡。根据德国《证券交易与收购法》第 33 条,在公布要约收购结果之前,只有在获得监事会核准的前提下,目标公司的董事会方能采取反收购措施;在要约期限届满以前,经过股东大会的代表 3/4 以上表决权的股东同意,可以提前明确董事会能够采取的反收购措施,授权期限最长为 18 个月。但是,目标公司董事会在执行反收购措施时依然需要获得监事会的同意。无疑,在德国,目标公司监事会在反收购中充当了重要角色。

二、规制天平中立:上市公司敌意收购法律规制的立场指向

综观上述国家有关上市公司敌意收购的立法文本和法律实践,“规制天平中立”的法律立场共性充分彰显。其中,微观制度之间的宽严相济是立场中立的重要体现。英国、美国、日本和德国致力于使上市公司敌意收购微观制度协同联动、相互配合,从而塑造出整体中立的上市公司敌意收购法律规制生态。

具体而言,英国和德国皆实行强制全面要约收购规则,为上市公司敌意收购设立了较高的门槛。相应地,股东大会或监事会提前审批的反收购权力配置模式提高了反收购门槛,从而使上市公司敌意收购法律规制的天平保持中立。与英国、德国采取强制全面要约收购制度不同,美国实行自愿要约收购制度,收购的低成本使美国目标公司遭遇敌意收购的概率较之英国更高。与此相适应,美国建立了更为灵活的董事会中心主义反收购权力配置模式,增加了收购的难度与成本,从而实现了反收购方与收购方力量之平衡。此外,日本虽赋予目标公司董事自主决定发行股票权以应对敌意收购,但在这以前必须和 TSE 进行充分协商。换言之,日本将股东大会的批准转化为 TSE 的审批,在一定程度上防范了目标公司董事采取反收购措施的肆意性。

总之,上市公司敌意收购本身并非“魔鬼”,而是一种利弊互现的正常资本活动,攻守双方“无义战”。[①] 但是,资本市场是残酷的,经济理性人很

---

① “春秋无义战”,出自《孟子·尽心下》。此处引申为没有哪一方的行为是绝对正义的。

可能在利益驱使下违背商业规则,侵害中小股东权益。故此,法律不能简单地对上市公司敌意收购作出好坏与否的评判,更不能粗暴限制,“扬利抑弊”方为正确的价值选择。概言之,我国对上市公司敌意收购的法律规制应秉持“整体鼓励,严加规范”的立场,既要警惕短期主义行为,又要尊重市场权威,以实现上市公司敌意收购双方博弈力量的平衡。[①]

本章小结

针对上市公司敌意收购的概念本身,本书所分析的上市公司敌意收购属于狭义的收购范畴。其内涵可被解构为两个要件:一是客观要件,即敌意收购未获得目标公司管理层的同意,而收购方继续为之;二是主观要件,即收购方具有争夺控制权的意图。无论在学术研究还是实践操作中,均有必要严格区分上市公司“敌意收购”与“恶意收购”。前者为中性词汇,后者则为对收购行为作出负面评价的主观词汇。相关人员应避免带有主观色彩,应采用更为严谨的法律话语去界定上市公司控制权之争。有关上市公司敌意收购的功能利弊至今仍是一个悬而待决的问题,相关理论学说和实证研究表明,上市公司敌意收购为利弊互现的中性现象,应理性看待其正面价值和可能的负面影响。

就上市公司敌意收购法律规制的正当性而言,维护公共利益、矫正市场失灵以及消除外部性是上市公司敌意收购法律规制的正当性根基,法律规制主体有必要运用法律手段对上市公司敌意收购予以适当干预。

针对上市公司敌意收购规制的法律立场,本书主要以英国、美国、日本和德国作为典型国家探究立法文本和法律实践。整体而言,上述国家对上市公司敌意收购的法律规制皆保持中立。无疑,上市公司敌意收购作为一种利弊互现的中性行为,法律只能对其“扬利抑弊”,不能过分保护或抑制。因此,我国对上市公司敌意收购的法律规制应秉持“整体鼓励,严加规范”的中性立场。

---

① 参见傅穹:《敌意收购的法律立场》,载《中国法学》2017 年第 3 期。

第二章　上市公司敌意收购的法律规制模式

法律规制乃国家干预经济的重要方式，亦是矫正上市公司敌意收购市场失灵的必然路径。其中，国家应当通过何种范式介入上市公司敌意收购的法律活动为重要议题。此种范式作用于上市公司敌意收购的规则制定、纠纷解决、监督执法等各个场域，关涉上市公司敌意收购规制者、收购方与目标公司等多方主体利益，涵盖实体正义和程序正义双层要件，可以说是一系列元素的动态交互反应。此即上市公司敌意收购法律规制模式的意蕴所在。

第一节　法律规制模式的微观解构

美国伯克利学派的领军人物菲利普·诺内特（Philippe Nonet）和菲利普·塞尔兹尼克（Philip Selznick）根据政治、强制、道德、目的等指标的差异，将社会中的法律现象分成了三类："管制型法"（repressive law）、"自治型法"（autonomous law）和"回应型法"

(responsive law)。[①] 循此逻辑,法律的规制模式亦可被解构为管制型、自治型和回应型三类。

一、管制型法律规制模式

管制型法律规制模式假定任何既定的法律秩序皆有可能是"凝固的非正义"(congealed injustice)。[②] 管制型法律规制模式的重要内核为,管理者漠视被管理者的利益,更多是基于舆论的压力而介入,自上而下地规制相关问题。需要强调的是,尽管政府法令或法院判决可能在确立某种优先权的过程中不顾某种利益,但其实施的不一定就是一项管制型法律规制模式。有些法令或判决尽管会使一方丧失某种利益,但只要是从大局观出发,旨在维护社会整体利益,就并不表示相关主体实施了管制型法律规制模式。具体而言,管制型法律规制模式往往表现出如下特征。[③]

第一,该模式下的相关国家机构容易受政治权力的影响,同时政治资源匮乏引致政府任务与依托手段之间的差距加大乃管制型模式形成的重要诱因。[④] 一般来说,当政治资源匮乏且政府又必须执行某项任务时,管制行为就很可能发生。政府虽然也可能希望成本和效益最大化,但常常不知如何做到这一点。他们往往缺乏手段(如足够的制度供给),或者为时间所迫。在这些情况下,他们的倾向就是求助于一些管制型措施。当然,这些管制型措施的形式可能"新鲜而巧妙"。当紧迫的社会问题产生时,政府很可能逃避职责以及忽视诉求。其之所以这样做,一方面是意识到政府管理权能的真正限度,另一方面是担心受挫的那些期待会削弱政治忠诚和公共稳定的基础。

第二,权威的维护是政府首要关注的问题。[⑤] 政府始终坚信必须维护权

---

① 参见[美]菲利普·诺内特、菲利普·塞尔兹尼克:《转变中的法律与社会》,张志铭译,中国政法大学出版社1994年版,第81页。

② See Zinn, Howard, *Disobedience and Democracy: Nine Fallacies on Law and Order*, New York: Vintage Books, 1986, p. 4 – 5.

③ See Dr Scutt, Jocelynne, *A Beacon against the Passage and Implementation of Repressive Law*, Denning Law Journal, Vol. 19, No. 3, 2007, p. 251.

④ See Arendt, Hannah, *Crisis of the Republic*, New York: Harcourt Brace Jovanovich, 1972, p. 35 – 36.

⑤ See Tollenaar, Albertjan, *Repressive Administrative Law: Assessing Culpability in Dutch Social Security Regulation*, European Journal of Social Security, Vol. 20, No. 1, 2018, p. 25.

威、坚守既有行政体制以及运用必要的行政工具,这也是政府必须恪守的。因此,政府可以将自身利益与社会利益等同。该观点具有以下几个要素:[①]一是要求将政府权力视为合法合理的自由裁量权;二是要求严格遵循法条行使职能。

第三,诸如警察、金融监管部门等具有行政管理职责的专门组织成为管制型法律规制模式的核心。国家与上述部门之间的紧密关系也是管制型法律规制模式的重要体现。

管制型法律规制模式尽管有助于维护权威和秩序,但却容易忽视公民的紧迫需求。自治型法律规制模式的出现就是为了消解上述问题。

二、自治型法律规制模式

自治型法律规制模式以充分的“法治”著称,巩固和捍卫机构自治是自治型法律规制模式下法律官员关注的中心。它既表明法治的弱点,又彰显法治的成就。自治型法律规制模式为维护其自身完整性而忽视其他法律目的,在运行中产生了诸多负面影响。具体而言,自治型法律规制模式具有如下特性。[②]

第一,法律与政治完全分离。自治型法律规制模式的核心载体为自律机构,该机构在自治过程中不受政治影响。但是,此种自律以遵从政府制定的法律法规为前提。如果政府确信自律机构能够自觉遵守政府指定的相关规则,那么他们就会同意放权,接受自律机构的自主运行。事实上,这相当于一种交易:自律机构以服从实体法为代价换来程序自由。以美国法官为例,这种不受政治干预的机制是以法官放手公共政策的形成为代价的。[③]

第二,法律秩序采纳“规则模型”。依亨利·哈特(Henry Hart)和艾伯特·萨克斯(Albert Sacks)的观点,一项“规则”是指“一种法律指导,其具有确定的范围和事实”。[④] 这更多是一个功能和愿望的问题,而非一个逻辑或

---

① See Tollenaar, Albertjan, *Repressive Administrative Law: Assessing Culpability in Dutch Social Security Regulation*, European Journal of Social Security, Vol. 20, No. 1, 2018, p. 27.

② See Schilling, Theodor, *The Autonomy of the Community Legal Order: An Analysis of Possible Foundations*, Harvard International Law Journal, Vol. 37, No. 2, 1996, p. 389.

③ See Ginburg, Tom & Garoupa, Nuno, *The Comparative Law and Economics of Judicial Councils*, Berkeley Journal of International Law, Vol. 27, No. 3, 2009, p. 54.

④ See Hart, Henry M. & Sacks, Albert M., *The Legal Process: Basic Problem in the Making and Application of Law*, London: Foundation Press, 1955, p. 155 – 156.

形式的问题。事实上,抽象的规则难以具体指引行为或裁判的全部过程。然而,自治型法律规制模式却背离了抽象与具体、普遍与特殊的关系特征,其致力于将规则诠释得无微不至。该模式的形式主义减弱了目的意识,其所关注的焦点不是结果而是对具体规则整齐划一的遵守。

第三,程序是法律秩序的中心。自治型法律规制模式信奉规则的绝对服从,而对其保障的有力机制则为程序正义。这就导致,自律机构的运行被所谓的程序正义所庇护,其相应行为和手段皆因符合程序正义而合法化和正义化。或许,在此之中会获得实质正义,但实质正义只是一种附带的、机动的产物。这意味着,如果自律机构的某种行为或决策在遵守程序的情况下不能维护实质正义,那么这种机制便和管制型法律规制无异。

显然,自治型法律规制模式在运行中十分崇尚对规则的服从和程序的遵守,这会严重侵蚀实质正义,难以回应公众的真实需求。于是,公众便有了对法律灵活回应诉求的期待。

三、回应型法律规制模式

诚如杰罗姆·弗兰克(Jerome Frank)所言:"使法律专注于回应社会诉求为法律现实主义者的终极目标。"①而法律规制模式即为贯彻与落实该目标的有力手段。循此逻辑,所谓回应型法律规制模式,是指一个负责任的回应型机构依靠各种方法能动地适应和规制社会政治环境,并将变化的社会压力当作自我矫正的机会的一种规制范式。同推崇规则程序正义的自治型法律规制模式相比,回应型法律规制模式更强调程序正义和实体正义的统合。回应型法律规制模式的经典理论支持为庞德的社会利益理论。该理论的要旨为,良性法律应当兼具形式正义和实质正义。② 回应型法律规制模式的践行载体为能够及时回应社会变化的自律组织,该组织兼具开放性、能动性、回应性等表征。具体而言,回应型法律规制模式主要具有如下特性。③

---

① Frank, Jerome, *Justice Holmes and Non-Euclidian Legal Thinking*, Cornell Law Review, Vol. 17, No. 4, 1932, p. 586.

② 参见甘强:《经济法利益理论研究的思考》,载《经济法论丛》2009 年第 1 期。

③ 参见[美]菲利普·诺内特、菲利普·塞尔兹尼克:《转变中的法律与社会》,张志铭译,中国政法大学出版社 1994 年版,第 81 页。

（一）法律推理的目的导向性

同自治型法律规制模式相比，回应型法律规制模式实现的飞跃为推行法律目标的普遍化。其中，程序、规则等仅是围绕目的服务的辅助性工具，具有可牺牲性。可以说，回应型法律规制模式的重要内核为寻求政策与规则背后的价值。

目的性之所以便利于详尽阐述法律的任务并解决实际问题，主要源于其注重探究实质性效果。目的性导向的直接后果即为对规则权威的削弱和对正式程序的选择性摒弃。一方面，规则虽然可以为裁决提供清晰明确的指引，但却不能回应纷繁复杂的社会变化，规则真空难以避免。此时，从定分止争的法律目的出发，削弱规则的权威地位，不断对规则进行修正与填补成为了关键任务。其中，规则和原则的相互作用至关重要。只有紧紧依赖生存环境，规则的生命力才能得以维持。换言之，一旦环境改变，规则也必须随之更改，这既是为了维护规则本身威严，又是为了回应政策需求。指引规则改变的核心原则为受社会公众广泛认可的权威原则，如诚实信用、公平民主等。是故，原则既能保持法律生命力，又能促进法律更迭。事实上，罗纳德·德沃金（Ronald Dworkin）的法律原则推理理论①和兰·富勒（Lon Fuller）的法律目的理论，②皆彰显了他们对能够快速回应变动社会的法律秩序的期盼。概言之，目的导向性更强调对原则的遵守和对规则的反复修订以适应社会变迁。

另一方面，为迅速回应社会变化，对正式程序的选择性摒弃也是目的导向性的直接要求。“程序是法律的中心”③这一观念在自治型法律规制模式的精神中占有主要部分。然而，对程序的过分关注则会引致对实质正义的忽视。前文已述，目的导向的主旨在于实现形式正义和实质正义的统合，这就要求，程序需要作出一定的调整，灵活而非僵硬的程序更能促使实质正义的达成。

---

① See Dworkin, Ronald M., *The Model of Rules*, University of Chicago Law Review, Vol. 35, No. 1, 1967, p. 3.

② See Fuller, Lon L., *Positivism and Fidelity to Law-A Reply to Professor Hart*, Harvard Law Review, Vol. 71, No. 4, 1958, p. 630.

③ See Amos, Maurice S., *A. Day in Court at Home and Abroad*, Cambridge Law Journal, Vol. 2, No. 3, 1926, p. 343.

(二)法律权威的广泛分享性

回应型法律规制模式引入了一种强有力的多元主义主题,其重点在于法律渊源的复合性与分散性。这是兰·富勒著作的一个共同主题,他把法律看作人类相互作用的一个必然结果,并且反对实证主义者把每种社会调整形式都转变为对国家权威行使的一种倾向。① 将权威导向民主的制度安排是法律多元主义的引领方向。法律多元主义的一个重要结果是赋予人们自由制定规则的权利和途径。法律多元主义既能提升民主价值,又能强化自律机构的素养和能力,其目的在于获得一种不受政治权威束缚的目的型组织。目的型组织已经不再将僵硬的规则和官方观点的完整性作为工作的中心,而是牢牢确立和巩固合理性的价值支柱,具体途径为拓宽民主参与的权利和渠道。最终,自律机构的创造性被不断激发,巴纳德式的"合作体系"得以确立,此种体系有助于鼓励与激发参与者贡献的主动性和积极性。

目的型组织的主要特征包括:②第一,需要吸纳具有评估、规划、财会、法律等专业技能的人士以加强组织的专业能力,这意味着,自律组织需要将部分权威分享给上述人士及其机构;第二,承认忠诚和监督的双重性,从而保证自律组织在第三方专业人士监督下的决定独立性;第三,为实现上述目的,自律组织应当采取各种途径,包括将传统的命令式管理转为分散式管理,以发挥不同组织的专业合力;第四,强调将权力和决策的分享视为协作沟通的前置要件。

四、法律规制模式的比较评析

比较而言,管制型是最基本的法律规制模式,其以强大的控制力和权威的绝对推崇为主要特征,但却不可避免导致对特权者的保护和对迫切社会需求的忽视;自治型法律规制模式强调权利本位,其特征为严格遵循规则模型,关注对实在法规则的遵守,局限在于过多强调程序正义而忽略其他目的的实现;回应型法律规制模式的诞生恰好可以扬弃管制型和自治型法律规

---

① See Fuller, Lon L., *Mediation-Its Forms and Function*, Southern California Law Review, Vol. 44, No. 2, 1971, p. 305.

② 参见[美]菲利普·诺内特、菲利普·塞尔兹尼克:《转变中的法律与社会》,张志铭译,中国政法大学出版社1994年版,第112页。

制模式的优劣，赋予国家制度以自我修正的精神，其要旨在于法律可以积极对社会环境中的各种变化进行回应，将社会压力视为认识的来源和自我矫正的机会（具体对比详见表2－1）。

表2－1 三种法律规制模式的特征比较

	管制型	自治型	回应型
法律目的	秩序	正统化	权能
合法性	社会防卫和以国家利益为名的理由	形式正义	形式正义和实质正义统合
规则	粗糙而烦琐	精细	以简约的原则和政策为指导
推理	特殊、便利而具体	严格遵循法定权威；容易被指责为形式主义和法条主义	有目的性；认知能力扩大
自由裁量权	普遍化；机会主义	由规则限定；授权范围狭小	扩大化，但对目的负责
强制	广泛化；受微弱限制	由各种法定约束所控制	积极寻求替代物，即各种鼓励性的、自我维持的义务体系
道德	公共道德；法定道德主义	机构道德；专心于法律过程的完整性道德	公民道德；“合作”的道德
参与	谦恭地依从；批评被视为不忠诚	评价受既定程序限制；出现法律批判	评价由于法律辩护和社会辩护的一体化而扩大

资料来源：[美]菲利普·诺内特、菲利普·塞尔兹尼克：《转变中的法律与社会》，张志铭译，中国政法大学出版社1994年版，第18～19页。

如前所述，任何法律规制模式“皆融”——不同程度地融合了三种模式的元素和特征，但是，一种法律规制模式的要素或许有显著和隐晦之别。例如，尽管三种法律规制模式中皆内含“强制”表征，但程度和地位有所差异：其在管制型法律规制模式中占据控制地位，在自治型法律规制模式中是较为抑制的，而在回应型法律规制模式中则很隐晦。是故，与法律规制模式相关的每一种变量，皆必须在与其他变量和更大体系的关系中加以理解。

值得注意的是，管制型法律规制模式和回应型法律规制模式存在明显的趋同现象，如充足的自由裁量权、限制性的规则依赖、法律推理与政策分析的界限不明等，这易引发回应型法律规制模式退至管制型法律规制模式的风险。不过，在两种法律规制模式之间仍然存在一种道德上的鸿沟使二者相互独立。在管制型法律规制模式中，法律和政治是一体化的，政府的意志决定着法律的走向和纠纷的处置结果；而在回应型法律规制模式中，法律和政治相互区别，而且事实上这种区别还具有一种更广泛的意义和一些更实质性的目标：减少政治过程中那些具有权宜性质的要素，提炼那些从政治决定中产生的持久的道德义务，以及形成一种能够提高政治论述合理性的公共利益理论。换言之，管制型法律规制模式和回应型法律规制模式之间的区别犹如"权力政治"与"崇高政治"之间的差异。①

第二节　回应型规制：上市公司敌意收购法律规制模式的应然选择

如何选择并建构一种包容更多社会需求及其他因素的法律规制模式，是上市公司敌意收购法律规制乃至转型社会不断追问的话题。显然，此种选择并非凭空想象，而是应当从上市公司敌意收购的内在诉求出发，探寻能与之产生共鸣的法律规制范式。

一、上市公司敌意收购的内在诉求——从属性维度和环境维度切入

（一）上市公司敌意收购的属性维度

从上市公司敌意收购自身表征出发，可以窥探出上市公司敌意收购法律规制模式的应然状态。

第一，上市公司敌意收购的不确定性，对法律规制的立法灵活性提出了高要求。一方面，上市公司敌意收购源于上市公司控制权的争夺野心。为控制收购成本和隐藏自己的控制权争夺目的，收购方会想方设法寻找法律

① See Forbath, William E. & Sager, Lawrence, *Comparative Avenues in Constitutional Law: An Introduction*, Texas Law Review, Vol. 82, No7, 2004, p. 1663.

漏洞“暗度陈仓”,从而滋生一系列超乎立法可预见性的新型违法违规行为。这些不确定的行为涉及权益披露、寻找资金来源、联合一致行动人等各个层面。另一方面,为应对纷繁复杂的上市公司敌意收购行为,维系自身的控制地位,目标公司董事通常会竭力采取诸多反收购措施予以反击。这些反收购措施在公司自治理念的庇护下不断突破底线,引致诸多争议。

上市公司敌意收购存在的不确定性以及人类固有的认知局限,决定了世界多数国家的上市公司敌意收购成文立法普遍具有原则性和概括性特征。例如,在英国,除自治规则《收购法典》外,尚未有一部统一规制上市公司收购乃至敌意收购的成文法,不过对相关行为的规制可以从英国《2006年公司法》中寻求法律依据。例如,关于上市公司敌意收购发生前董事采取反收购措施的行为准则,英国《2006 年公司法》第 171 条规定:“公司董事必须按照公司章程行事,以及仅能根据他们被授予权力的正当目的履行职权。”其中,究竟何为“正当目的”模糊不清,英国《2006 年公司法》以及其他成文法皆未能明确阐明“正当目的”的具体判断标准,仅能依托法院和并购小组对其内容不断填充。事实上,英国政府明确表明成文法对上市公司敌意收购的回应只能破坏敌意收购的灵活性,“立法只能作为敌意收购的最后防线”。① 又如,在美国,关于权益披露报告问题,根据美国《1934 年证券交易法》(The Securities and Exchange Act of 1934)的规定和授权,SEC 制定了 13D－G 的权益变动披露体系。该系列规则要求,若投资者持有公司 5%～20% 的股票,且没有控制公司的意图,则可以适用 13G 规则,提交简式权益披露报告。② 其中,SEC 并未明确解析“控制公司的意图”,这一重担又落在了法院的肩上。我国亦然,《上市公司收购管理办法》作为规制上市公司敌意收购的主要法规,不乏诸多原则性条款。例如,该办法第 33 条规定,在敌意收购开始后,未经股东大会批准,董事不得通过一系列特定方式对公司产生重大影响。该条中的“重大影响”范围也并不明晰。

无疑,上市公司敌意收购成文法的原则性和笼统性源于敌意收购的不

---

① Okanigbuan, Francis, *Corporate Takeovers and Shareholder Protection: UK Takeover Regulation In Perspective*, Manchester Review of Law, Crime and Ethics, Vol. 2, No11, 2013, p. 270.

② 参见美国《证券交易法》第 13(d)条。

确定性,但法律的稳定性和可预测性又对上市公司敌意收购的法律规制提出了新的要求,即诉诸灵活、能动的规制模式进一步充实上市公司敌意收购的模糊地带。

第二,上市公司敌意收购的复杂性,呼唤法律规制的广泛参与性。上市公司敌意收购乃一项颇为复杂的商业活动,甚至被称为"商业的艺术"。[①]其一般历经选定目标、悄悄购买、确定价格并筹集资金、施加压力以确保成功4个步骤。[②] 在第二阶段"悄悄购买"中,收购方一旦购买股票达到法定披露的百分比(如美国《威廉姆斯法案》规定的5%),收购方通常会通过"熊的拥抱"的方式向目标公司董事施压,也即提出有利于目标公司股东及经理层的方案,并警告目标公司董事若拒绝方案,则会因背离股东利益最大化而得罪股东。事实上,这一过程也有助于收购方更密切地接触、调查与评估目标公司的重要情况。诚如澳大利亚著名的克莱顿尤治(Clayton Utz)律师事务所负责并购事务的合伙人乔纳森·阿尔加(Jonathan Algar)所言:"私募股权基金经理越来越多地采用'熊抱'策略,因为这允许他们能在与董事会被迫进行谈判时,更密切地接触和评估一家公司。私募股权基金需要进行尽职调查,以确保交易融资。"[③]在确定价格并筹集资金环节,收购方需要投资银行的及时介入,以帮助进行筹资策划。此外,收购方在早期制定收购策略时还需考虑目标公司已经或可能采取的种种防范或反击策略,特别是需要律师帮助探明目标公司章程设置的反收购规则。由此观之,上市公司敌意收购的每一个环节都必须由律师、投行、会计师等全力以赴地参与和谋划,确保敌意收购的成功。

显然,如此复杂的上市公司敌意收购活动的规制不能仅依靠法律工作者,还需要不同专业和领域的精英的共同参与。对此,英国并购小组具有良好的示范效应。在人员任命方面,英国并购小组的组成人员主要由欧洲金融市场协会、英国保险业协会、投资公司协会、英国工业联合会、英国会计师协会、养老金与终身储蓄协会、个人投资管理与财务咨询协会、上市公司

---

① Sorkon, Andrew Ross, *The Art of Giving a Bear Hug*, The New York Time, 2008 - 02 - 05.

② 参见朱锦清:《证券法学》,北京大学出版社2011年版,第243页。

③ Myriam Robin, Bear Hugs: The New Hostile Takeover, https://www.smartcompany.com.au/people/managing/bear-hugs-the-new-hostile-takeover/, 2019 - 11 - 02.

联盟等金融和商业机构自发指定。①

(二)上市公司敌意收购的环境维度

由于上市公司敌意收购中收购方和目标公司董事之间存在难以调和的利益冲突,故而在相关规制经验不够完备的国家,与日俱增的敌意收购纠纷势不可当,典型如日本和中国。概括而言,当前上市公司敌意收购争议焦点主要集中在否定股东权利之争、阻击举牌收购措施之争、章程设置反收购条款之争以及新型金融工具使用之争等4种类型。② 不可否认,任何具有利益冲突的法律关系皆会牵涉法律纠纷,但上市公司敌意收购发生在瞬息万变的资本市场,该大环境决定了相关纠纷的处置务必迅速且精准。

具体而言,上市公司敌意收购导致资本市场股价频繁波动,一旦涉及纠纷会面临股价骤降的潜在威胁。在收购方放出消息决定收购目标公司后,资本市场的投机者和潜在投资者本着对收购成功后股票溢价的预期皆会纷纷购买股票,进而导致目标公司的股价大幅上涨。例如,2017年11月,美国半导体行业巨头博通公司拟议提出主动收购要约,斥资超过1030亿美元收购移动通信和芯片巨头高通。在该消息的刺激下,高通股价暴涨20%,可谓金融危机以来高通最大的股价涨幅。③ 上市公司敌意收购所造成的资本市场估价剧烈波动可见一斑。此时,若双方陷入纠纷,将会造成股价的严重下跌。美国学者格雷格·贾雷尔(Gregg Jarrell)和安妮特·鲍尔森(Annette Poulsen)对1962~1980年的反收购诉讼案件的研究表明,一般而言,股票价格通常在诉讼开始时下跌,诉讼时间越长,股价下跌越明显,这无论对于收购方还是目标公司来说都是重击。④ 原因在于,很多投资者和潜在投资者深知,若诉讼的最终判决认定收购方存在违法违规行为并致使其收购被阻断,目标公司的股东将会承受极大的亏损,包括损失溢价和诉讼费用等。此种诉讼引发的潜在结果会阻却目标公司股东和潜在投资者的热

---

① UK Takeover Panel: Organisation, http://www. thetakeoverPANEL: org. uk/structure/organisation-cha-rt,2019-11-07.

② 参见孙秀振:《完善上市公司控制权之争的纠纷解决机制——基于实践的检视与建议》,载《证券法苑》2017年第1期。

③ See Greenwald, Ted, *Broadcom Bid Marks Upheaval in Chip Industry*, The Wall Street Journal, Vol. 11, No. 2, 2017, p. 2.

④ See Jarrell, Gregg A. & Poulsen, Annette B., *Shark Repellents and Stock Price: The Effects of Antitakeover Amendments Since* 1980, Journal of Financial Economics, Vol. 19, No. 1, 1987, p. 127.

情,引致股票的纷纷抛售,进而造成收购方和目标公司的双重损失。

上市公司敌意收购所依存的瞬息万变的资本市场,决定了规制纠纷的高效性。事实上,“纠纷的解决本身就是一种潜在的反收购措施”。① 目标公司往往以向证监会举报或诉讼的形式作为阻击上市公司敌意收购的措施之一,进而争取时间谋划反击策略。尤其在诉讼体制相对完善和发达的美国,目标公司往往诉诸法院,试图拖延敌意收购的正常进程。② 著名学者约翰·阿默和大卫·斯凯尔曾对1990～2005年发生的美国敌意收购进行分析,发现其中约34%的交易涉及诉讼。③ 无疑,大量的上市公司敌意收购纠纷对处置纠纷的机构提出了挑战。纠纷的处理必须高效,过低的纠纷处置效率将会造成收购的延迟,消减上市公司敌意收购的积极效应,进而损害股东和其他利益相关者之合法权益。

二、回应型法律规制模式与上市公司敌意收购的天然契合

上市公司敌意收购的属性维度和环境维度,对法律规制模式提出了不同要求,即上市公司敌意收购的不确定性和复杂性要求法律规制模式能够实现立法的灵活性和广泛参与性;上市公司敌意收购资本市场的特殊环境要求法律规制模式可以实现纠纷解决的高效性。对此,回应型法律规制模式乃上市公司敌意收购的不二选择。

一方面,回应型法律规制模式的“法律推理的目的导向性”可针对性地回应上市公司敌意收购的不确定性和瞬息万变的市场环境。具体来讲:其一,回应型法律规制模式的目的导向性强调规则的反复修订以适应社会变化,换言之,立法灵活性乃回应型法律规制模式的重要旨趣;而上市公司敌意收购的不确定性恰恰需要灵活的立法规则,以填补立法空白和模糊地带。其二,对正式程序的选择性摒弃亦是回应型法律规制模式目的导向性的直

---

① Johnston, Andrew, *Takeover Regulation: Historical and Theoretical Perspectives on the City Code*, Cambridge Law Journal, Vol. 66, No. 2, 2007, p. 436.

② See Alex Potts, Qc & Kennedys & Bermuda. Hostile Takeover Litigation Involving the Bermuda Insurance and Reinsurance Market, https://www.expertguides.com/articles/hostile-takeover-litigation-invol-ving-the-bermuda- insurance-and-reinsurance-market/ARVTEGTJ, 2019－07－21.

③ See Armour, Johnand & Skeel, David A. J. R., *Who Writes the Rules for Hostile Takeovers, and Why? -The Peculiar Divergence of U. S. and U. K. Takeover Regulation*, Georgetown Law Journal, Vol. 95, No. 6, 2007, p. 1744.

接作用结果。其要旨在于,为灵活应对社会经济的变化,立法程序和纠纷解决程序应当简化与灵活,而上市公司敌意收购市场纷繁复杂、瞬息万变,高效与灵活的法律规制模式乃必要之选。

另一方面,回应型法律规制模式的“法律权威的广泛分享性”可针对性地回应上市公司敌意收购的复杂性。如前所述,回应型法律规制模式强调法律参与主体的广泛性和多元性,民主协商理念根植其中。目的型法律秩序要求更有效的合作行为。而上市公司敌意收购的复杂性迫切需要不同社会背景、专业领域的精英人才加入进行合作规制。

无疑,回应型法律规制模式与上市公司敌意收购的内在契合是实现立法灵活性、纠纷处理高效性和民主参与广泛性的必然选择(见图 2 - 1)。

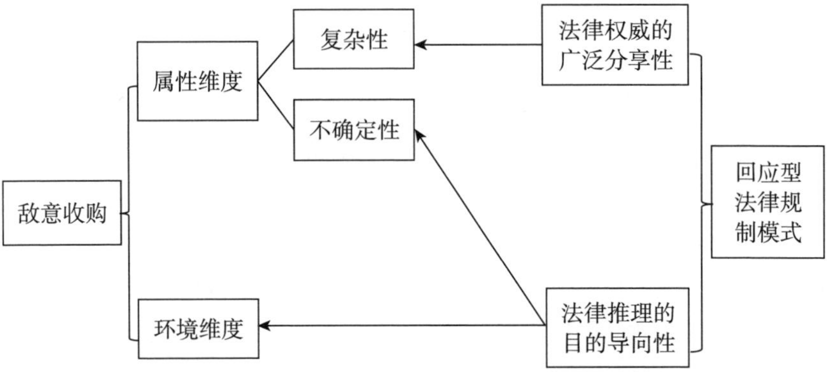

图 2 - 1　回应型法律规制模式与上市公司敌意收购的互动关系

资料来源:根据前文论述整理而成。

第三节　回应型法律规制模式在上市公司敌意收购中的实践图景

根植于本国制度土壤,当前世界主要国家逐渐形成并发展了上市公司敌意收购的回应型法律规制模式。当然,回应型法律规制模式乃一种较为笼统的描述,大部分国家只是从一般运行特征角度勾勒回应型法律规制模式的大致轮廓。如果以规制的主体和具体运作方式为变量对该模式做进一步的微观考察,可将其解构为“自律型法律规制模式”(self-regulation)、“司法型法律规制模式”(judicial regulation)和“混合型法律规制模式”三种类型。①

一、自律型法律规制模式

根据牛津大学法学院约翰·阿默教授和大卫·斯凯尔教授的阐述,上市公司敌意收购自律型法律规制模式是一种无论是规制主体的组成还是规则的运行,皆不受政府干预的相对独立的法律规制模式。② 该模式以“不干预”控制权市场的自治性为运行宗旨和价值圭臬。③ 其具体分为两种形式——完全自律型法律规制模式和不完全自律型法律规制模式,前者的典型代表为英国,④后者的典型代表为澳大利亚。二者的区别即在于后者为并不完全独立于政府的一种相对自治的法律规制模式。

(一)以英国为代表的完全自律型法律规制模式

1.英国完全自律型法律规制模式的起源

在英国,上市公司敌意收购肇始于20世纪50年代初,引起英国对此进行自律型规制的始作俑者乃臭名昭著的“英国铝业敌意收购”战役。1958年年底,英国铝业有限公司的经理同时收到两个具有竞争关系的公司收购要约:一方为英国管道投资公司的合伙人美国雷诺兹金属公司,另一方为美国铝业公司。由于美国铝业公司向英国铝业有限公司承诺,其将保留原董事在公司的职位。因此,在未告知公司股东关于要约收购信息的情况下,英国铝业有限公司的董事会直接拒绝了美国雷诺兹金属公司的方案,同时同意与美国铝业公司达成收购协议。根据协议,英国铝业有限公司将对美国

---

① See Armour, Johnand & Skeel, David A. J. R., *Who Writes the Rules for Hostile Takeovers, and Why? -The Peculiar Divergence of U. S. and U. K. Takeover Regulation*, Georgetown Law Journal, Vol. 95, No. 6, 2007, p. 1770.

② See Armour, Johnand & Skeel, David A. J. R., *Who Writes the Rules for Hostile Takeovers, and Why? -The Peculiar Divergence of U. S. and U. K. Takeover Regulation*, Georgetown Law Journal, Vol. 95, No. 6, 2007, p. 1771.

③ See Shorewala, Krishna & Vasumitr, Vasundhara, Comparing Takeover Laws in UK, India & Singap ore, http://ssrn. com/abstract = 1753341, 2019 - 02 - 01.

④ See Mukwiri, Jonathan, *Takeovers and the European Legal Framework: A British Perspective*, London: Routledge Cavendish, 2009, p. 28 - 29.

铝业公司发行相当于公司股票数量1/3的新股。① 直到被拒绝的美国雷诺兹金属公司表示他们打算绕过英国铝业有限公司董事并直接向该公司股东发出要约时,该公司才向股东公布了其与美国铝业公司的交易。② 对此,英国铝业有限公司董事会试图通过增加股息来贿赂股东,③但是,这却招致了美国铝业公司的强烈不满。因为根据先前签订的协议,美国铝业公司原本可以以更低的价格购买公司股票,现在若增加英国铝业有限公司的股息,该公司股价将大幅上涨,从而大大增加美国铝业公司的收购成本。④ 英国铝业有限公司股东对此的反应是迅速而带有毁灭性的:他们选择快速把股票抛售给先前被拒绝的美国雷诺兹金属公司,从而决定了该公司董事的命运。⑤

该案件引起了英国各界的高度重视。1959年7月,英格兰银行行长秘密邀请由商业银行、机构投资者和伦敦证券交易所三方代表组成的委员会,旨在设计能够规制上市公司敌意收购行为的法典。⑥ 这似乎源于英格兰银行行长的担忧,即若不先发制人,规则的制定权将被正式立法机关攫取。在1959年的秋天,英格兰银行委员会颁布了《关于英国企业合并的说明》(Notes on Amalgamation of British Businesses,NABB),其包括一系列以保护股东利益为核心的指导原则。NABB尽管被普遍接受并于1963年进行了完善与修订,⑦但因缺乏裁决和执行机制在英国上市公司敌意收购市场的作用极为有限。直到1967年,金属工业有限公司控制权争夺案件的出现引发了人们对NABB的深刻反思。在该案中,在两个竞购者争夺金属工业有限公司的控制权过程中,第三方在市场上购买了该公司的大量股份,并出售给其中一个竞购者,致使其足以获得控制权。⑧ 对此,金属工业有限公司的董事会只能以向另一竞购者发行新股作为反收购策略。1967年

---

① See Mcnabb, David, Battle for British Aluminium, The Economics, 1958-02-06.

② See Greco, Albert, British Aluminium Board's Statement, Times, 1958-02-06.

③ See Wise, David, *Dividend Raised to Counter Bid*, Times, 1958-12-20.

④ See Stanford, Jim, *British Aluminium: A Reply Under Pressure*, The Economics, 1958-12-27.

⑤ See Prasad, Kedarnath, *British Aluminium Board Changes*, Times, 1959-02-18.

⑥ See Ormerod, Paul, *Rules for Takeovers?* The Economics, 1959-10-17.

⑦ See Praag, Cmvan, *Revised Code on Takeover Practices*, Times, 1963-10-32.

⑧ See Ritzberger K., *Coup Behind the New Bid for MI*, Times, 1967-01-08.

夏天,英国《经济学人》杂志得出结论,该案件完美回避了 NABB 的规制,NABB 犹如一堆废纸。① 英国的金融媒体认为,规制上市公司敌意收购的唯一希望即为成立类似于美国 SEC 的具有监管权的政府部门,但时任英国首相哈罗德·威尔逊(Harold Wilson)坚持认为,成文法规制并非合适的应对之策。

几天之内,英格兰银行的工作组再次召开会议,开始起草一套新的收购规则。② 直到 1968 年 3 月底,《收购法典》草案准备就绪。新的规则与先前颁布的 NABB 皆是以股东利益为导向,但新规则的规定更为具体,包括 10 项原则和 35 条具体细则。1968 年 3 月 27 日,并购小组正式设立。设立之初并购小组包括 9 名来自工作组代表性组织的成员。他们认为,事前主动规制优于事后司法规制。然而,整个非执行小组刚一设立即被繁多的业务量所击垮(第一年共有 575 起案件),人们对并购小组针对严重违反《收购法典》的行为之反应感到失望。尽管首相哈罗德·威尔逊宣布他"不想通过立法来迫使英国实施美国 SEC 式的监管模式对自由企业施加更为严厉和更广泛的干预",但政府明确表示,他们将被迫立法,除非并购小组立即变革其规制机制。几个月后,并购小组主要在三个方面进行了革新:③第一,并购小组配置了全职的执行人员,并由城市机构支付薪酬;第二,并购小组新增了应有的保护程序,即设立了上诉委员会;第三,并购小组拥有了更强的制裁能力。

2. 英国并购小组的组织结构及职能分工

截至目前,英国并购小组成员多达 36 名,分别来自收购、证券市场、工商等各个领域。主席和副主席以及最多 20 名其他小组成员由小组根据提名委员会的建议任命。此外,其中 12 个小组成员由以下主要金融和商业机构指定,包括欧洲金融市场协会(The Association for Financial Markets in Europe)、英国保险业协会(The Association of British Insurers)、投资公司协

---

① See Peters, Pot, *The Takeover Code that Died*, Times, 1967 - 12 - 29.

② See Mackie, Roy, *City Acts to Put Its House in Order*, Times, 1967 - 01 - 20.

③ See Armour, Johnand & Skeel, David A. J. R. , *Who Writes the Rules for Hostile Takeovers, and Why? -The Peculiar Divergence of U. S. and U. K. Takeover Regulation*, Georgetown Law Journal, Vol. 95, No. 6, 2007, p. 1762.

会(The Association of Investment Companies)、英国工业联合会(The Confederation of British Industry)、英国和威尔士特许会计师协会(The Institute of Chartered Accountants in England and Wales)、投资协会(The Investment Association)、养老金与终身储蓄协会(The Pensions and Lifetime Savings Association)、个人投资管理与财务咨询协会(The Personal Investment Management and Financial Advice Association)、上市公司联盟(The Quoted Companies Alliance)以及英国金融(UK Finance)等机构。①

在组织架构方面,英国并购小组由听证委员会(Hearings Committee)、规则委员会(Code Committee)、执行部门(Executive),以及负责非正式事务的财务、审计和风险委员会(Finance, Audit and Risk Committee)、提名委员会(Nomination Committee)、薪酬委员会(Remuneration Committee)组成(见图2-2)。

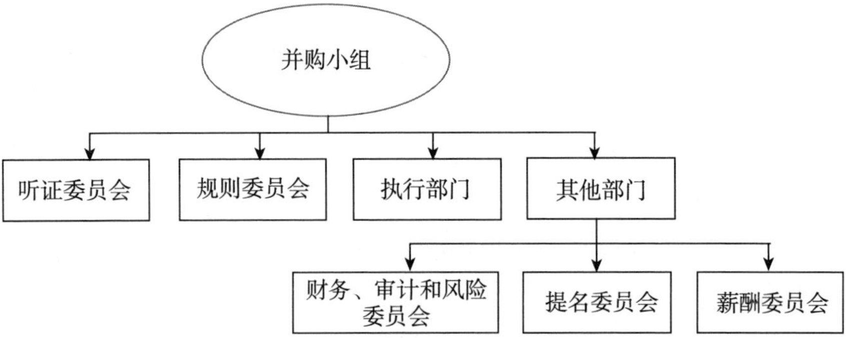

图2-2 英国并购小组的组织架构

资料来源:UK Takeover Panel: Organisation, http://www. thetakeover Panel: org. uk/structure/organisa-tion-chart,2019-11-09.

各委员会和部门的具体职能和权力如下。②

第一,听证委员会包括主席和至少1名副主席、12个由提名委员会任命的委员以及最多8个由小组本身任命的成员。其职责主要是审查执行部

① UK Takeover Panel: Organisation, http://www. thetakeover Panel: org. uk/structure/organisation-char -t,2019-11-07.

② UK Takeover Panel: Committees, http://www. thetakeover Panel: org. uk/structure/committees,2019-11-09.

门的决定,此外还审查执行官在认为有违反《收购法典》的情况下提出的纪律处分程序。在某些其他情况下,听证委员会也可自行召开听证会。现在或曾经是规则委员会成员的任何人不得同时或相继成为听证委员会的成员(或成员的候补成员)。听证或拟提出听证的任何一方(或被拒绝成为听证一方的任何人)可向英国并购上诉委员会(The Takeover Appeal Board, TAB)①提出上诉,反对听证委员会或听证主席的任何裁决(包括初步事项和程序指示)。

第二,规则委员会由最多12个小组成员组成,广泛代表股东、公司、从业人员和其他利益集团等群体利益。其主要履行规则制定职能,并全权负责审查和修订守则[守则简介第4(b)条所述的某些事项除外]。在与听证委员会协商后,规则委员会还负责提出、咨询和采纳听证委员会的议事规则。

第三,执行部门由律师事务所、会计师事务所、公司经纪人、投资银行和其他组织的雇员和借调人员组成。它由执行主席领导,其成员通常是借调的投资银行家。执行部门主要负责收购监管与规制的日常工作。在执行这些职能时,执行部门独立于小组运作。具体职能包括主动或在第三方的申请下调查、监测与《收购法典》有关的收购活动,以及就《收购法典》的解释、适用或效力作出裁决。执行部门可以在收购或其他相关交易之前、期间和(如适用)之后,就《收购法典》的解释、适用或效力进行磋商,并作出裁决。英国并购小组倾向于采用"非正式"的方式作出裁决,如通过电话进行口头的信息交流,并且几乎不会作出纸质化的判决。此外,英国并购小组通常会以年报形式公布相关裁决及其原因。②

第四,财务、审计和风险委员会主要负责审查并购小组的财务报表,并建议并购小组采纳;监测内部控制和外部审计过程;审查并购小组面临的财务、运营和声誉风险以及提出应对策略;审查收入和支出以及并购小组的储备金;审查并建议并购小组的年度预算。委员会定期向并购小组提交报告。

---

① 在英国,TAB是一个独立于并购小组的机构,其专门受理对并购小组听证委员会的裁决所提出的上诉。参见TAB. Introduction, www. thetakeoverappealboard. org. uk,2019-11-02。

② See Armson, Emma, *Models for Takeover Dispute Resolution: Australia and the UK*, Journal of Corporate Law Studies, Vol. 5, No. 2, 2005, p. 421.

第五,提名委员会主要负责监督并购小组的规模和人员组成。特别是就主席、副主席及其他委员(及候补委员)的委任(以及任何续任)向并购小组提出建议,但不包括由主要金融及商业机构委任的委员。

第六,薪酬委员会采用正式和透明的程序,确定应支付给并购小组成员的工资或费用,以及补偿并购小组成员费用的政策。特别是审议和决定由并购小组任命并指定为听证委员会委员的报酬,以及执行主席和执行副主席的报酬。

(二)以澳大利亚为代表的不完全自律型法律规制模式

澳大利亚也设立了同英国类似的并购小组,却表现出一种"不完全"的自律属性,该属性具有如下两层含义:第一,大类别属于"自律型法律规制模式",因为澳大利亚并购小组享有处理上市公司敌意收购事务的自治权,并且以目的为导向。尽管澳大利亚证券投资委员会(Australian Securities and Investment Commission, ASIC)、澳大利亚证券交易所(Australian Securities Exchange, ASX)和法院等其他机构对上市公司敌意收购也享有规制权,但并购小组处于主导地位,因此相比于混合型,称其为自律型法律规制模式更为合适。第二,小类别属于"不完全自律型法律规制模式",因为其小组成员由总督根据财政部部长的提名任命。显然,政府的有限介入使小组性质转为一种"相对自治"的属性,此种自治是不彻底的,因此称其为"不完全自律型法律规制模式"更为贴切。

1. 澳大利亚不完全自律型法律规制模式的滥觞

1991年之前,澳大利亚《公司法典》(The Companies Code)、《证券法典》(The Securities Industry Code)、《股票收购法典》(Acquisition of Shares Code)和《期货法典》(The Futures Industry Code)分别规制相关市场活动,其中澳大利亚的公司和证券委员会(The National Companies and Securities Commission, NCSC)为主要的规制机构。NCSC 如果认为某项敌意收购违反了各个法典的基本原则,则有权干预并宣布该收购行为是不可接受的,即使该行为在其他方面是合法的。然而,社会普遍认为 NCSC 作为监管机构不适宜同时履行裁决职能。事实上,NCSC 被严厉批评为"检察官、法官和陪审团"的错误化身。[①] 此外,NCSC 的权力非常广泛,而且"很明显,无论 NCSC 行使这些权力有何企图,特别是在公开听证的情况下,每一步程序都会受到诉讼的阻碍"。[②] 是故,1991 年澳大利亚颁布了《公司法》(The Corporations Law),整合了先前混乱的《公司法典》、《证券法典》、《股票收购法典》和《期货法典》等 4 部立法,并将 NCSC 的部分权力授予了一个独立机构,即并购小组。

并购小组设立之初,经证明其在行使被授予的权力或宣布收购行为为不可接受之方面并不比其前任 NCSC 更为有效。[③] 十年内,该并购小组几乎没有发挥作用,ASIC 作为唯一有权向并购小组提交案件的实体机构,仅向并购小组提交了四项事务,而并购小组只能在 ASIC 向其提交案件后采取行动。由于并购小组必须依赖 ASIC 向其提供的财政和行政支持,因而其作为裁决员的独立性被大大削弱。是故,大多数参与上市公司敌意收购战役的当事人不得不依靠法院解决相关纠纷。ASIC 不愿将案件转移给并购小组的原因主要包括以下几方面:[④]首先,并购小组的管辖权受限。ASIC 的纠纷处理执行官指出,仅违反法律的行为不足以赋予并购小组管辖权,ASIC 必须对并购小组是否违反属地管辖原则进行评估。其次,很多时候案件当事人倾向于质疑并购小组包括管辖权、成员任命等在内的所有事项。再次,ASIC 倾向于将收购案件提交至法院,而非授权并购小组,很大程度上源于一种将收购纠纷提交至法院的既定文化。这是可以理解的,尤其是在某些情况下,比如针对某一非常明显的违法行为需要申请强制令,法院因具有丰富的经验而可在最短的时间内予以回应。事实上,ASIC 可能担心,若并购小组有机会实施"商业方法"来解决上市公司敌意收购纠纷,其将导致

---

① The Parliament of the Commonwealth of Australia & House of Representatives. *Australian Securities Commission Bill* 1988 *Explanatory Memorandum*, Canberra: Common wealth Govt., 1988, p. 44 – 45.

② Baxt, Robert & Ramsay & Renard, Lan & Jimkisu, Robet & Webste, Jonclerp, Explained: the Corporate Law Economic Reform Program Act 1999, N. S. W. : CCH Australia, 2000, p. 3 – 4.

③ See Ries, Ivor, *Corporate Watchdog Gets a Whipping*, Australian Financial Review, Vol. 12, No. 1, 1994, p. 68.

④ See Calleja, Nicole E, *The New Takeovers Panel-A Better Way*?, Melbourne: The Takeovers Panel, the Centre for Corporate Law and Securities Regulation and CCH Australia Limited, 2002.

另一个监管机构的引入,并显著改变现有法院程序的可预测性。最后,ASIC 认为并购小组乃规制上市公司敌意收购的最后手段,只有在所有试图获得法律补救的努力都失败后,才能诉诸并购小组。换言之,ASIC 向并购小组分配了一种规制上市公司敌意收购的消极的威慑作用。

此后,借鉴运作顺利且效果良好的英国并购小组经验,适当扩大澳大利亚并购小组权力之呼声越发高涨。① 许多评论员亦认为,解决时间敏感性的商业问题需要一个更好的地方而并非法院。② 2000 年 3 月 13 日,并购小组的角色因《公司法经济改革计划方案》(The Corporate Law Economic Reform Program,CLERP)的推出而实现了重大转变。这直接导致并购小组取代了法院,成为在公司法背景下解决上市公司敌意收购纠纷的主要角色。CLERP 旨在将法律和商业专业知识注入上市公司敌意收购争议解决,并在决策中提供“速度、非正式和统一性”,③这也将有助于削减“策略性诉讼”并释放法院资源。由于英国在整个欧洲的上市公司敌意收购市场最为活跃,其他诸多国家如爱尔兰、新西兰、南非等国将英国并购小组视为改革模型,澳大利亚也是其中重要一员。④

2. 澳大利亚并购小组的组织架构及职能分工

并购小组是在上市公司敌意收购结束前解决收购投标争议的主要机构,其力求通过重点关注商业和政策问题以迅速解决争端。目前,澳大利亚并购小组共有 43 名成员。根据《澳大利亚证券投资委员会法案》(The Australian Securities and Investments Commission Act,ASICA)第 172 条,总督根据财政部部长的提名任命并购小组成员。小组成员应具有商业、公司管理、金融、法律、经济学、会计等多个领域的知识或经验。所有小组成员都是兼职成员,任期通常是三年,但可以被重新任命。根据 ASICA 第 173 条,总

---

① See Santow, Gfk & Willams, George, *Taking the Legalism out of Takeovers*, Australian Law Journal, Vol. 71, No. 2, 1997, p. 749.

② See Pheasant, Bill, *Panel Revived to Decide Pivot Case*, Australian Financial Review, Vol. 21, No. 1, 1997, p. 13.

③ See The Treasury, Takeovers-Corporate Control: A Better Environment for Productive Investment, Canberra: Corporate Law Economic Reform, Proposals for Reform, 1997.

④ See Armson, Emma, *The Australian Takeovers Panel: An Effective Forum for Dispute Resolution?* Melbourne: University of Melbourne, 2017, p. 18 – 20.

督可任命一名成员为并购小组主席（“实质性主席”）。在并购小组成员组成坐席分组（sitting panel）参加审议程序时，该分组的主席可以是该并购小组的主席，也可以由主席任命另一名成员担任该分组的主席。①

同英国健全和多元的并购小组架构相比，澳大利亚并购小组的组织架构明显单一（详见图2-3）。澳大利亚并购小组不分部门，只有临时组成的坐席分组。与之相关的另一独立机构为执行部门。执行部门并不隶属于并购小组，因此不履行任何自由裁量或裁决职责。换言之，并购小组的执行部门不在坐席分组程序中就某一申请或情况的是非曲直作出决定，这些决定是由并购小组成员作出的。执行部门可以通过与市场参与者或当事方进行讨论，基于任何真实或假设情况的评估向并购小组提供建议，但这对并购小组或坐席分组均不具有约束力。②

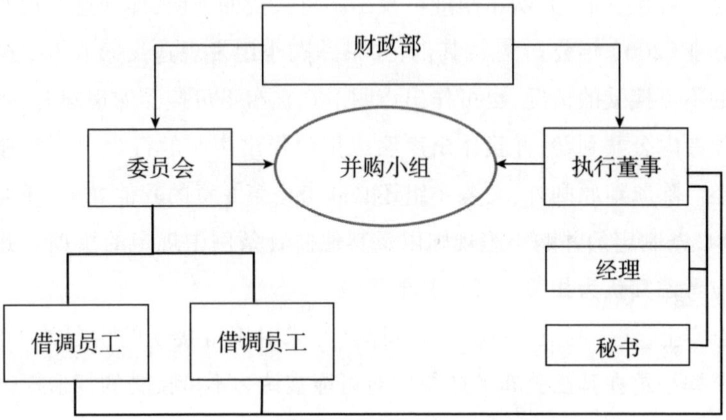

图2-3　澳大利亚并购小组的组织架构

资料来源：AUS Takeover Panel：Panel and Executive，http：//www. takeovers. gov. au/content/ DisplayDoc. aspx？ doc = about/about_the_Panel：htm，2019 - 11 - 04.

澳大利亚《2001年公司法》（Corporations Act 2001）第6章规定了有关并购小组的职权。根据规定，并购小组享有解决争端、宣布不可接受的情

① AUS Takeover Panel：Members，http：//www. takeovers. gov. au/content/DisplayDoc. aspx？ doc = abou-t/panel_members. htm，2019 - 11 - 04.

② AUS Takeover Panel：About the Panel，http：//www. takeovers. gov. au/content/DisplayDoc. aspx？ doc = about/about_the_Panel：htm，2019 - 11 - 04.

形、下达命令、复审、制定规则等职权。

第一,解决争端。根据澳大利亚《2001 年公司法》第 659B 条,在收购期间,收购方不再有权提起民事诉讼,或向法院寻求与收购有关的禁令性救济。一旦宣布了收购要约,只有 ASIC 或联邦、州的其他公共机构才能在收购期结束前启动法院程序。因此,许多先前在法院民事管辖权内解决的争议现在均由并购小组解决。换言之,并购小组是"在收购结束前解决收购争议的主要场域"。[①] 这实际上意味着,决定是否授予禁令的是该并购小组而非法院。历史上,禁令一直是收购纠纷各方寻求救济的主要形式。

第二,宣布不可接受的情形。并购小组有权宣布与公司事务有关的不可接受的情形。一般而言,并购小组可以在两种情况下宣布不可接受:其一,如果并购小组发现涉及公司控制权的情形或公司实质性利益[②]合并的情形是不可接受的,并购小组即可发出不可接受的声明,即使这并没有违反澳大利亚《2001 年公司法》;其二,如果并购小组发现违反第 6、6A、6B、6C 条款的不可接受的情况,也可作出声明。在宣布不可接受的情况时,并购小组必须考虑公共利益,并且作出声明或拒绝作出声明的行为也不能违背公共利益。除属地原则外,并购小组还必须考虑第 6 章的其他规定、任何根据第 658C 条制定的并购小组规则以及其他监管条例中规定的事项。并购小组还应考虑其认为相关的任何其他政策。

事实上,澳大利亚《2001 年公司法》并未对不可接受的情况作出定义,但是并购小组在其已公布的政策中对可能被认为不可接受的情形提供了进一步的指导。并购小组一号政策文件列出了 4 类不可接受的情况:[③]其一,公司有表决权的股票持有人没有合理和平等的机会参与与公司控制权交易有关事项所应获得的利益分红;其二,公司有表决权的股票持有人没有必要的信息来作出相应决定,或在控制权交易中被误导;其三,一个有效的、具

---

① 当事人在收购结束后则可以提起民事诉讼。参见澳大利亚《2001 年公司法》第 659A 条和第 659C 条。

② 尽管澳大利亚《2001 年公司法》未对该"实质性利益"术语进行定义,但已对其进行了司法探讨。参见 Brierley Investments Ltd. v. ASC (1997) 78 FCR 255,264。另外,并购小组还就该术语的解释提供了意见。参见 Re ASC and John Fairfax Holdings Ltd. (1997) 15 ACLC 1,457。

③ AUS Takeover Panel: Policy, http://www.takeovers.gov.au/Content/Policy/010228_PS1.asp,2019-11-02.

有竞争性的和信息公开的市场被阻碍；其四，根据第6A.1部分政策强制收购证券之前未遵循适当程序。

第三，下达命令。并购小组下达命令的权力非常广泛，包括其认为适当的任何命令：[①](1)保护受不可接受的情况影响的人的权利或利益；(2)确保与证券收益有关的收购要约或协议收购要约在没有发生不可接受的情况下进行；(3)更详细地规定在本款下作出的命令之要求；(4)决定由谁负担并购小组进行各项程序所需的费用。根据第657E条，并购小组或并购小组现任主席可作出临时命令。临时命令的有效期为2个月，可在没有宣布不可接受情况或申请不可接受情况的情况下发出。

如果并购小组认为相关当事人违反了上述命令，并购小组主席、ASIC、作出该命令的程序的一方或与该命令有关的当事人需要向法院请求遵守该命令。[②] 这是因为并购小组本身不能执行其自己的命令，若并购小组被赋予传统上应由法院行使的权力，将严重威胁并购小组的宪法效力。[③]

第四，复审。根据澳大利亚《2001年公司法》第656A条，并购小组拥有多种复审权力。并购小组可复审ASIC根据澳大利亚《2001年公司法》第655A条作出的豁免或修改第6章适用之决定。此外，并购小组可以行使第6章赋予ASIC的所有权力和自由裁量权。换言之，并购小组可确认、更改、撤销ASIC的决定。

澳大利亚《2001年公司法》第657EA条规定，由3名未参与上诉决定的成员组成的另一个小组(复审小组)对并购小组的决定进行复审。除非复审申请涉及不可接受的情况的声明，或与该声明的程序有关的临时或最终命令，否则必须得到并购小组主席的同意。复审小组只能对并购小组的决定进行一次复审。应注意的是，对并购小组复审的申请不影响并购小组决定的执行，也不妨碍为执行并购小组决定而采取的行动。

第五，制定规则。根据第658C条，并购小组主席有权在与并购小组成员协商后制定规则，以澄清或补充澳大利亚《2001年公司法》第6章的规

---

① 参见澳大利亚《2001年公司法》第657D条。

② 参见澳大利亚《2001年公司法》第657G条。

③ Calleja, Nicole E., *The New Takeovers Panel-A Better Way?*, Melbourne: The Takeovers Panel, the Centre for Corporate Law and Securities Regulation and CCH Australia Limited, 2002.

定。但是,任何此类规则不得与澳大利亚《2001 年公司法》的规定相抵触。由于“不抵触”的含义不明确,因此制定规则的权力之确切范围较为模糊,加之澳大利亚的成文法传统,迄今并购小组尚未制定或修改任何规则。相反,并购小组倾向于发布政策声明,以便为市场参与者提供指导。

值得注意的是,澳大利亚并购小组在接受纷争处置申请、不可接受情形申请和 ASIC 决定复审申请后,坐席小组必须给相关当事人一个简要的待审查的事件说明并且邀请该当事人提交一个拟解决问题的简要方案说明。上述说明必须通过纸质的方式呈现,并且全程须依托书面载体。[①] 显然,相比英国并购小组的决定程序,澳大利亚并购小组相关程序的透明度更高。

3. 澳大利亚并购小组与其他机构的角色分担

就权力分配而言,澳大利亚并购小组与 ASIC、ASX 和法院等其他机构在处理上市公司敌意收购事宜上存在如下微妙关系。

(1)并购小组和 ASIC 的关系

并购小组和 ASIC 在政策制定方面的作用有些重叠。迄今为止,并购小组和 ASIC 正在友好地分担制定上市公司敌意收购政策的工作量。例如,ASIC 已经发布了要约收购的相关政策,并购小组则公布了关于收购的其他政策,如何时将限制发送收购文件、何时将考虑不接受锁定计划等。[②] 当然,ASIC 与并购小组之间也可能存在分歧,因为在收购期间,ASIC 不会被禁止在法院提起诉讼。[③] 如果 ASIC 要在并购小组处理某一事项的同时在法院提起诉讼,或不将该事项提交至并购小组,则有可能得到两个相互冲突的决定结果。为了让市场参与者对 ASIC 和并购小组有信心,两家组织必须协调其收购政策和监管方法。为了做到这一点,ASIC 和并购小组签署了一份谅解备忘录,确立了各种协商和其他程序,包括信息交流。[④]

---

① See Armson, Emma, *Models for Takeover Dispute Resolution: Australia and the UK*, Journal of Corporate Law Studies, Vol. 5, No. 2, 2005, p. 421.

② Calleja, Nicole E., *The New Takeovers Panel-A Better Way*?, Melbourne: The Takeovers Panel, the Centre for Corporate Law and Securities Regulation and CCH Australia Limited, 2002.

③ 澳大利亚《2001 年公司法》第 659B 条。

④ See Takeover Panel: The Takeovers Panel Signs MOU With ASIC [Z]. London: Press Release, 2001, p. 1 – 3.

(2)并购小组和 ASX 的关系

如若在收购过程中发生 ASX 解释或适用上市规则的争议,则需要将争议提交并购小组。关于审查 ASX 决定的问题,联邦法院认为 ASX 的决定是不可审查的。如果澳大利亚遵循英国并购小组关于上市公司敌意收购的案例,则可能考虑对 ASX 的决定进行司法审查。① "达塔芬诉并购小组(R v. Takeovers Panel exparte Datafin)案"是英国一项里程碑式的决定,因为它确认并合法化了并购小组的权威和地位。该案上诉法院认为,尽管并购小组是一个非政府机构,但它的决定是可复审的,主要是因为"行使非法定权力的可复审性不在于谁在行使它,而在于权力是否公开"。② 显然,这是可以适用于 ASX 决定审查的原则。

(3)并购小组和法院的关系

澳大利亚《2001 年公司法》第 659AA 条规定并未说明,该委员会是解决收购要约争议的唯一论坛。但是,很明显,法院打算在收购过程中将管辖权移交给并购小组。澳大利亚《2001 年公司法》第 659B(1)条规定,只有 ASIC、联邦或州部长、联邦或州法律设立的办事处的持有人,或行使联邦或州法律赋予的权力之法人团体,才可就收购要约或协议收购启动法院程序。在有些情况下,并购小组和法院的管辖权会出现争议。比如,法院审理公司之间的诉讼过程中出现了收购纠纷,导致并购小组和法院的管辖权重叠。对此,法院有权酌情遵守第 659AA 条的立法意图,并根据第 659B(2)条中止任何先前存在的法院程序。但是,如果法院决定不中止诉讼程序,另一种解决办法是,并购小组拒绝处理任何宣布不可接受情况的申请,理由是两个机构同时处理同一纠纷不符合公共利益。③ 此外,当事人若对并购小组的裁决有意见,根据澳大利亚《宪法》第 75(v)条,可在上市公司敌意收购期间向高等法院提出对并购小组的裁决进行司法审查的申请,若依然不服还可向联邦法院提出申请。

---

① See Black, Ashley, *Judicial Review of Discretionary Decisions of the Australian Stock Exchange Limited*, Australian Bar Review, Vol. 5, No. 1, 1989, p. 91.

② Aronson, Mark & Dyer, Bruce, *Judicial Review of Administrative Action*, Pyrmont: Law Book Co. of Australasia, 2000, p. 98 – 99.

③ See Calleja, Nicole E., *The New Takeovers Panel-A Better Way?*, Melbourne: The Takeovers Panel, the Centre for Corporate Law and Securities Regulation and CCH Australia Limited, 2002.

二、司法型法律规制模式

正如学者指出:“只有在美国,司法才对上市公司敌意收购进行完全性规制。”①尤其是特拉华州法院在美国充当下级立法者角色,填补了立法不作为造成的空白。

起初,面对证券市场与公司治理的相关争议,美国纽约证券交易所也制定了类似英国的自治规则。20 世纪 30 年代,美国的市场监管机构实际上是纽约证券交易所。尽管纽约证券交易所是一个私立组织(有学者称其为“私人俱乐部”②),但大多数美国的知名公司皆在该交易所上市。因此,《纽约证券交易所上市规则》(New York Stock Exchange Listing Rules)作为自律规则,在许多方面(尽管在其他方面有所不同)与目前英国监管上市公司敌意收购的战略相似。③

然而,新政改革者认为,纽约证券交易所的监管努力是不恰当的,其规定了太多的披露要求,而且当公司未能遵守纽约证券交易所规则时,纽约证券交易所自身机制不能实现对违规者的惩处(这类似于公众对 1968 年英国首次成立并购小组的批评)。因此,改革派为了最大限度地减少华尔街内部人士对美国公司治理的影响,有意识地从纽约证券交易所手中掠夺监督权,以证券法和 SEC 颁布的规则重新规制上市公司敌意收购。④ 这意味着国会和 SEC 的联邦监督机构将成为证券与公司规制的主要来源,和英国自律模式完全不同。当然,地理因素对美国自律型法律规制模式的失效也有

---

① See Armour, John & Jacobs, Jack & Milhaupt, Curtis J., *The Evolution of Hostile Takeover Regimes in Developed and Emerging Markets*, Harvard International Law Journal, Vol. 52, No. 1, 2011, p. 262.

② See Douglas, William O., *Democracy and Finance: The Addresses and Public Statements of William O. Douglas as Member and Chairman of the Securities and Exchange Commission*, Yale University Press, 1940, p. 65 – 66.

③ See Armour, Johnand & Skeel, David A. J. R., *Who Writes the Rules for Hostile Takeovers, and Why? -The Peculiar Divergence of U. S. and U. K. Takeover Regulation*, Georgetown Law Journal, Vol. 95, No. 6, 2007, p. 1776.

④ See Karmel, Roberta S., *Realizing the Dream of William O. Douglas-The Securities and Exchange Commission Takes Charge of Corporate Governance*, Delaware Journal of Corporate Law, Vol. 30, No. 1, 2005, p. 92.

一定的影响。正如我们所看到的，英国自律型法律规制模式行之有效的原因之一即为并购小组的所有主要参与者皆位于伦敦，彼此非常接近。这使临时借调活动比相关机构分散在全国各地要简单得多。尽管20世纪30年代之前，美国最大的市场参与者都集中在华尔街。但是，美国《1933年证券法》(Securities Act of 1933)将华盛顿特区也加入了监管地图，美国从而和英国公司治理的单一城市境况有所差异。在美国，拜访所有相关的参与者需要去纽约、华盛顿和注册公司最多的特拉华州。

现实却是，自律型规制方案被排除并由SEC接管后，并不足以对上市公司敌意收购实现良好的规制。SEC的观点是主张在收购方和目标公司管理层之间保持中立，而他们唯一重要的目标就是保护股东的权益。在《威廉姆斯法案》公布之前，该法案的起草稿有明显的反收购倾向，对收购施加了很多条件限制，但SEC进行了反驳，表明了其更为中立的立场。因而随后《威廉姆斯法案》起草稿进行了进一步修订，如其将要约收购通知期限缩短到5天。① 但是，SEC既没有请求，也确实没有得到更多的权力来规制收购，如评估上市公司敌意收购的价值。SEC主要是规制信息披露和事后欺诈，这意味着其余的规制空白如反收购纷争将留给法院填补。

20世纪80年代，特拉华州法院成为了上市公司敌意收购纷争的主要战场。众所周知，源于特拉华州宽松的注册环境，美国有将近一半的公司在特拉华州注册，因此绝大多数上市公司敌意收购案件也集中在特拉华州法院。在20世纪70年代和80年代，其他州法院在上市公司敌意收购纠纷裁判中主动采取了显著和有影响力的行动。但自20世纪90年代开始，各州在收购问题上严格遵循特拉华州的审判先例。② 在美国第五次并购浪潮中，特拉华州法院反复处理新问题和旧问题，由此特拉华州法院的权威也被推向了新的高度。是故，公司治理审判经验极为丰富的特拉华州衡平法院和最高法院担负起了规制上市公司敌意收购的重要使命。整体而言，美国特拉华州法院在公司拍卖、反收购、交易型防御、私有化交易等方面建立了一套成熟的审判说理体系。

---

① See Davidoff, Steven M., *The SEC and the Failure of Federal Takeover Regulation*, Florida State University Law Review, Vol. 34, No. 2, 2007, p. 220.

② See Subramanian, Guhan, *The Drivers of Market Efficiency in Revlon Transactions*, Journal of Corporation Law, Vol. 28, No. 4, 2002, p. 690.

第一,在公司拍卖方面,特拉华州最高法院于1985年在"露华浓公司诉马坎德罗和福布斯控股公司(Revlon,Inc. v. MacAndrew & Forbes Holding,Inc.)案"(以下简称"露华浓案件")中首次构建了拍卖公司的标准。该案法院认为,若目标公司董事会决定对公司进行控制权变更并将公司拍卖,董事会必须为公司股东争取到合理可得的最高价格。① 不过在1990年的派拉蒙通信公司诉时代公司(Paramount Communications,Inc. v. Time Inc.)案"和1994年的"派拉蒙通信公司诉QVC网络公司(Paramount Communications v. QVC Network)案"中,特拉华州最高法院进一步解释并限制了"露华浓案件"中的观点在公司解散情形中的适用。②

第二,在反收购方面,特拉华州法院发展了著名的Unocal标准,适用于目标公司董事采取反收购措施的案件。法院为此精心设计了合理性和相当性双重测试标准,即目标公司董事必须证明经过合理调研,敌意收购被合理地视为对公司价值和政策的威胁,并且其采取的反收购措施和威胁是成比例的。③ 另外,Blasius标准也在历史上占据了举足轻重的作用,其适用于目标公司董事故意介入股东选举董事投票权的案件。在该种情形下,法院认为限制收购方董事投票权的行为无效,除非其有强有力的证据证明采取这种反收购措施是合理的。④

第三,在交易型防御方面,锁定交易防御策略(the lock-up transaction defense)在第五次并购浪潮中得到广泛应用。所谓锁定交易防御策略,是指目标公司授予投资者购买目标公司股票的期权,即目标公司股份被有效地"锁定",不能自由地将股票出售给指定方以外的其他投资者(潜在收购方)。⑤ 这一交易得到1997年"布拉岑诉贝尔大西洋公司(Brazen v. Bell Atlantic Corp.)案"中特拉华州法官的支持。在该案中,特拉华州最高法院维持了谈判中商定的5.5亿美元锁定费的有效性。法院拒绝根据信义责任原则审查董事会同意该费用的正当性,而是根据合理理由,根据违约赔偿金

---

① See Revlon,Inc. v. Mac Andrews & Forbes Holdings,Inc. ,506 A. 2d(Del. 1986).

② See Paramount Communications v. Time. 571 A. 2d (Del. 1990); Paramount Communications v. QVC Network. 637 A. 2d (Del. 1994).

③ See Unocal Corp. v. Mesa Petroleum Co. ,493 A. 2d (Del. 1985).

④ See Blasius Indus. v. Atlas Corp. ,564 A. 2d (Del. Ch. 1988).

⑤ Morrissey,Daniel J. ,*Defensive Tactics in Tender Offers-Does Anything Go*?,Tennessee Law Review, Vol. 53,No. 1,1985,p. 231.

合同理论维持该费用的正当性。[①] 结果是,上市公司敌意收购变得更加困难和昂贵,其为目标公司董事会选择收购方提供了一个实质性、排他性的开端。

第四,在私有化交易方面,特拉华州的审理思路历经了由严到宽的转变。所谓私有化交易,是指将上市公司转变为私人实体的交易。[②] 一旦一家公司私有化,它的股东就不能再在公开市场上交易股票。私募股权公司通常会收购一家陷入困境的公司,使其成为一家私人实体,重组其资本结构,并在获取利润后发行股票。在第四次并购浪潮中,特拉华州法院认为对于私有化交易应当严格适用"完全公平"(entire fairness)标准而非商业目的标准。[③] 这种观点在2000年后发生了深刻变化。在"纯净资源股份有限公司诉股东(Re Pure Resources, Inc. v. Shareholders)案"中,法院指出,完全公平标准仅适用于正常公司兼并,而非控制权转移的上市公司敌意收购,这使私有化交易的审查愈加宽松。[④]

三、混合型法律规制模式

混合型法律规制模式的典型代表为日本。日本的情况较为复杂,其上市公司敌意收购的法律规制模式中融合了自律型和司法型的双重属性,法院、日本经济部、贸易产业部、东京证券交易所、企业协会等共同分享规则制定权和执行权。

据称,日本处于一个股权分散、股价低迷的收购环境中,有一个受英国和美国启发的监管框架,因此日本在表面上是世界上最具敌意的收购管辖区之一。近30多年来,知名学者和权威人士反复预测,日本即将迎来一波成功的上市公司敌意收购浪潮。[⑤] 事实证明,这一预测是错误的。

---

① See Brazen v. Bell Atlantic Corp. 695 A. 2d (Del. 1997).

② See Davis, Jeffry & Lehn, Kenneth, *Information Asymmetries, Rule* 13*e* – 3, *and Premiums in Going-Private Transactions*, Washington University Law Review, Vol. 70, No. 2, 1992, p. 589.

③ See Weinberger v. UOP, Inc., 457 A. 2d (Del. 1983).

④ See Re Pure Resources, Inc. v. Shareholders808 A. 2d (Del. Ch. 2002).

⑤ 例如,1989年,美国一家著名商业银行的首席执行官预测,随着资本市场的全球化,投资者将利用敌意收购来取代表现不佳的管理者和改变公司政策,并以增加股权价值为目标大幅重组公司。日本将成为20世纪80年代以美国为首的敌意收购活力市场的一部分。See W. Carl Kester, *Japanese Takeover: The Global Contest for Corporate Control*, Harvard: Harvard Business School Press, 1991, p. 239 – 240.

日本的上市公司敌意收购市场一直表现低迷,2000 年以后日本敌意收购才零星浮现,但远未达到相关人士预测的如同美国上市公司敌意收购市场的水准。日本大股东稳定持股的习惯以及终身雇员企业文化是日本上市公司敌意收购市场低迷的重要原因。① 日本上市公司敌意收购始于"活力门案"。

该案中,东京地方法院和高级法院对收购方活力门网络媒体公司创始人兼总裁塔卡夫米 ·亨利(Takafumi Horie)提出的反收购禁令申请作出了回应,并进一步解释目标公司日本广播系统(Nippon Broadcasting System,NBS)采取反收购措施的"主要目的"规则。塔卡夫米 ·亨利在法庭上的成功使诸多专家和学者认为"活力门"对 NBS 的收购意味着"日本一个敌意收购时代的来临"②"引发了一场(日本市场)对公司控制的革命"。③

在"活力门案"的审理过程中,2005 年,日本司法部立法委员会发布了新《公司法》的最终报告,这是另一个重大进展。该报告旨在提出有助于促进收购活动的修正案,这加剧了日本商界对上市公司敌意收购活动的担忧,尤其是担心外国收购方的入侵。④ 为了缓解这种恐惧,2005 年 5 月,METI 和 MOJ 联合成立了一个由法律专家和商业代表组成的企业价值研究小组 CVSG,以考虑对上市公司敌意收购活动采取适当的政策应对。CVSG 参照英美有关上市公司敌意收购的立法经验,组织策划了《收购指导规则》。《收购指导规则》规定了采取防御措施的适当程序,该规则作为软法没有法律约束力,因为 METI 缺乏对证券法和公司法事务正式的管辖权,但是其对日本上市公司敌意收购规则的发展发挥了重要作用。《收购指导规则》包

---

① See Puchniak, Dan W. & Nakahigashi, Masafumi, *The Enigma of Hostile Takeovers in Japan: Bidder Beware*, Berkeley Business Law Journal, Vol. 15, No. 1, 2018, p. 7.

② Puchniak, Dan W., *The Efficiency of Friendliness: Japanese Corporate Governance Succeeds Again WithoutHostile Takeovers*, Berkeley Business Law Journal, Vol. 5, No. 2, 2008, p. 238.

③ Economist Intelligence Unit, The Battle for Corporate Control: The Outlook for M & A in Japan, http://graphics. eiu. com/files/ad pdfs/M n A JP WP. pdf, 2019 - 09 - 21.

④ See Tomotaka, Fujjta, *Case No. 29: Corporate Law Takeovers Issuance of Share Options as Defence Measure Principal Purpose Rule*, Business Law in Japan: Cases and Comments, Vol. 3, No. 1, 2012, p. 319.

含三大基本规则:[1]一是反收购措施的采取、移除必须是为了维持或提升公司价值;二是反收购措施的采取必须适当地披露,并且以股东意志为基础;三是反收购措施应当是必要且合适的。该规则强调,任何反收购措施的采取都必须是为了保护股东利益。

值得注意的是,CVSG虽然为政府组织,但其起草《收购指导规则》全程亦属于自律型规制范畴。如学者所归纳,《收购指导规则》有几个值得注意的特性:[2]第一,尽管特拉华州判例对《收购指导规则》的制定具有指导意义,但该规则是在日本正式法律体系之外制定的,因而不具有法律约束力;第二,在当代法律学者的用语中,指导规则属于"软法"范畴;第三,METI在这一过程中的参与是引人注目的,但其缺乏对日本公司法和证券法的正式管辖权,其对敌意收购的介入是基于自身的政治角色,而非基于任何明确的立法授权。可以说,《收购指导规则》与"活力门案"的司法裁决之间存在共生关系。《收购指导规则》在提交给法院后,明显影响了法院的裁决,与此同时,法院对"活力门案"裁决的部分观点亦被《收购指导规则》采纳。

2006年,TSE修订了《上市规则》。TSE指出,任何采取反收购措施的目标公司必须考虑如下因素:透明度、对二级市场的影响、股东权益。评估这些因素的具体指标已被纳入《上市规则》中。为确保《上市规则》的执行,TSE要求上市公司在采取反收购措施以前和TSE交涉协商。若公司违反该规定,或者采取的反收购措施背离了《上市规则》,则会被TSE公示警告;若在规定时间内未改正错误,该公司会被强行退市。

重要的是,《收购指导规则》《上市规则》等自律性文件的颁布并没有消除日本法院在收购相关纠纷中的作用。此后日本法院针对几起反收购案件发表了颇具影响力的观点,构建了反收购规则。[3]

上述历史脉络清晰地勾画出司法型法律规制模式和自律型法律规制模

---

① See Puchniak, Dan W. & Nakahigashi, Masafumi, *The Enigma of Hostile Takeovers in Japan: Bidder Beware*, Berkeley Business Law Journal, Vol. 15, No. 1, 2018, p. 8.

② See Armour, John & Jacobs, Jack & Milhaupt, Curtis J., *The Evolution of Hostile Takeover Regimes in Developed and Emerging Markets*, Harvard International Law Journal, Vol. 52, No. 1, 2011, p. 253.

③ 详见第四章论述。

式共生共荣的景象。随着混合型法律规制模式的出现和发展,日本也逐渐形成了日益完善的上市公司敌意收购法律规制框架。正如 CVSG 所言:“我们可以说,日本有关上市公司敌意收购的规制正经历从没有规则到有规则的转变。”①

四、比较法视野下回应型法律规制模式的经验解读

(一)利弊互现:不同法律规制模式不分优劣

1. 自律型法律规制模式评析

对上市公司敌意收购自律型法律规制模式的评价主要包含两部分内容:一是对该模式的整体评价,二是对其两种不同子模式——完全自律型法律规制模式和不完全自律型法律规制模式——的利弊分析。

(1)自律型法律规制模式的整体评判

英国并购小组的年报指出,效率性、灵活性和确定性乃自律型法律规制模式运行的根基和特性。② 具体而言:首先,效率性,即在修订规则、执行决定、解决争议等有关上市公司敌意收购事项上的高效性。以一位历史学家的话来说,“自律型法律规制模式的声誉在很大程度上取决于并购小组在迅速、公平和果断地处理每天涌入办公室的大量疑问方面的效率……如果问题很难解决,并购小组可以争取更多时间考虑,但这是以小时而非天数计算的”。③ 其次,灵活性体现在程序灵活性和实体灵活性两个层面。程序灵活性,是指并购小组在行使其权力方面具有实质性的自由裁量权,程序灵活多元并且并购小组成员具有丰富的知识和经验;实体灵活性主要指并购小组在行使其决策权方面表现出的灵活性,即通过运用政策、惯例等实现自由裁量(而不是狭隘的法律)、积极采取商业或实用主义方法(而非仅用法学

① Corporate Value Study Group, Corporate Value Report: Toward the Firm Establishment of Fair Rules in the Corporate Community, http://www.meti.go.jp/policy/economy/keieiinnovation/keizaihousei/pdf/ho ukoku06_eng.pdf, 2019-10-23.

② UK Takeover Panel: The Report on the Takeovers and Mergers, London: UK Takeover Panel, 1969; UK Takeover Panel: The Report on the Takeovers and Mergers, London: UK Takeover Panel, 1973.

③ Sir Alexander Johnston, *The City Takeover Code*, Oxford University Press, 1980, p. 125-126.

方法),以及裁决的结果是基于民主协商,由此产生一种强有力的实质灵活性。最后,确定性亦包括两方面内容:一是裁决的一致性,这主要指并购小组对同等案件同等对待;[①]二是裁决的终局性,即并购小组致力于作出令人满意的最终性决定,以减少上诉或外部审查的可能性。[②]

此外,亦有学者指出低成本性是自律型法律规制模式的重要优势。[③]自律型法律规制模式的低成本性来源于以下三方面:其一,由于作为自律机构的并购小组具有来自多领域的从业人员,其通常比其他政府机构更能掌握相关领域的专业知识和技术知识,因此制定和解释规则的信息成本较低。其二,出于同样的原因,并购小组的监测和执行成本也随之降低,尤其在与政府监管者打交道过程中的成本减少,因为这种互动来源于政府对并购小组的极度信任。其三,与政府正式监管相比,并购小组的相关程序皆是非正式的,故而程序的运行成本较为低廉。

然而,上市公司敌意收购自律型法律规制模式的优势同样是一把具有威胁性的利器。[④] 高效、灵活的市场化机制同时意味着强制力的残缺。以自律型法律规制模式的纠纷解决机制为例,作为一种民主的纠纷解决方式,其主要依托社会主体的较强自律性和社会的高度法制化实现自身价值。但是,并购小组强制力的缺失很可能导致败诉方恣意反悔或者拒不履行并购小组裁决的内容,最终另一当事人只能转而诉诸司法途径。结果,不仅未能实现自律型法律规制模式旨在消减法院审判压力的本意,反而加剧了当事人的诉累并导致缠诉后果。[⑤] 如此一来,自律型法律规制模式如空中楼阁,并购小组自律解决上市公司敌意收购纠纷方式所特有的效率性和确定性无从体现。

---

① See Preston, Brian J, *Characteristics of Successful Environmental Courts and Tribunals*, Journal of Environmental Law, Vol. 26, No. 3, 2014, p. 365.

② See Armson, Emma, *Certainty in Decision-making: An Assessment of the Australian Takeovers Panel*, Sydney Law Review, Vol. 38, No. 3, 2016, p. 382.

③ See Ogus, Anthony, *Rethinking Self-Regulation*, Oxford Journal of Legal Studies, Vol. 15, No. 1, 1995, p. 97.

④ See Chang, Michael, *A Korean Takeovers Panel? A Look at the Australian Model*, Asian Business Lawyer, Vol. 9, No. 1, 2012, p. 69.

⑤ 参见范愉、李浩:《纠纷解决——理论、制度与技能》,清华大学出版社2010年版,第45页。

(2)完全自律型法律规制模式和不完全自律型法律规制模式的比较分析

无论从理论角度抑或实证角度窥探,以英国为代表的完全自律型法律规制模式更为优越,但以澳大利亚为代表的不完全自律型法律规制模式亦有其独特之处。整体而言,完全自律型法律规制模式的效率性、灵活性和专业性更优,不完全自律型法律规制模式的透明度更佳(具体对比详见表2-2)。

表2-2　完全和不完全自律型法律规制模式的特征比较

并购小组	英国(完全自律型)	澳大利亚(不完全自律型)
职权分配	职权包括规则制定、成员任命、争议裁决、日常监督、召开听证会等	职权包括规则制定、争议裁决、宣布不可接受的情形、下达部分命令、复审ASIC决定等
组织架构	架构多元,由听证委员会、规则委员会、执行部门、财务审计和风险委员会、提名委员会、薪酬委员会等多个单位构成	架构单一,不分部门; 并购小组与执行部门相互独立
决定执行主体	执行部门	法院
成员任命	全职工作; 主席、副主席以及部分小组成员由小组根据并购小组提名委员会的建议任命,部分小组成员由主要金融和商业机构内部指定	兼职工作; 由总督根据财政部部长的提名任命并购小组成员
争议裁决方式	口头	书面

资料来源:See Armson, Emma, *Certainty in Decision-making: An Assessment of the Australian Takeovers Panel*, Sydney Law Review, Vol. 38, No. 3, 2016, p. 382; Armour, John & Jacobs, Jack & Milhaupt, Curtis J., *The Evolution of Hostile Takeover Regimes in Developed and Emerging Markets*, Harvard International Law Journal, Vol. 52, No. 1, 2011, p. 253.

首先,英国并购小组通常采用口头或电话等非正式形式作出决定,无须经历烦琐的书面证据递交程序,这必然成就英国并购小组处置上市公司敌意收购纠纷的高效性。相反,澳大利亚并购小组更倾向于公布和接收纸质化文件,这虽然在一定程度上降低了效率,但也提升了程序的透明度,使一切程序和决定皆暴露在公众媒体的监督之下。其次,英国并购小组的职权和组织架构更为多元,并购小组既能依托规则制定权灵活制定和修改规则,又能借助执行权灵活监督上市公司敌意收购市场运行与执行并购小组的决定,灵活性凸显。反观澳大利亚并购小组,其规则制定权因权力范围的界限模糊而徒有其表,加之缺乏隶属于并购小组的执行小组,其灵活性明显偏低。最后,相比澳大利亚并购小组成员的兼职就职,英国并购小组成员的全职就职无疑会提升并购小组业务处理的专业性。

2. 司法型法律规制模式评判

上市公司敌意收购的司法型法律规制模式历来争议不断,甚至连该模式的发起者美国,对其的评价也褒贬不一。对于上市公司敌意收购的司法型法律规制模式的优势不必多言,因其优势主要承载于司法的本源功能。概言之,上市公司敌意收购的司法型法律规制模式具有法理功能和社会功能。其中,法理功能乃司法活动本身固有的功能,具体包括辨明是非、释法补漏、维护权益(民事)、定罪量刑(刑事)、定分止争;社会功能则包括缓解社会矛盾、促进社会经济、引领社会风气、建构法治秩序、解决政治困境等。[①] 总体而言,司法型法律规制模式能够及时回应上市公司敌意收购的立法漏洞和社会纠纷,加之法院的权威地位使之相较于自律型法律规制模式而言更具强制力。上市公司敌意收购司法型法律规制模式的局限性应为讨论的重点。

首先,诉讼的法理功能被滥用,异化为反收购的手段,扰乱收购的正常进程。面对上市公司敌意收购,目标公司董事通常将诉讼作为一种反收购策略,以给自己争取更多时间来回应收购,或阻止目标公司股东的收购。[②] 事实上,在澳大利亚推出 CLERP 之前,其类似于美国,法院在规制上市公司收购方面充当主要角色。[③] 针对策略性诉讼延迟上市公司敌意收购进程的担

① 参见孙笑侠:《论司法多元功能的逻辑关系——兼论司法功能有限主义》,载《清华法学》2016 年第 6 期。

② See Ramsay, Lan, *The Takeovers Panel and Takeovers Regulation in Australia*, Melbourne: Melbourne University Press, 2010, p. 23 - 24.

③ See Austin R. P., *Takeovers: Institutional Investors, and the Modernization of Corporate Laws*, Oxford: Oxford University Press, 1993, p. 144 - 145.

忧,CLERP方案最终出台,其重要目的在于"尽可能地减少策略性诉讼,高效地解决收购中的争议,以便目标公司股东根据商业价值决定收购结果"。①

其次,相较于自律型法律规制模式,司法型法律规制模式的灵活性程度更低。准确来说,自律型法律规制模式是事前和事后反应并存,而司法型法律规制模式仅属于事后反应。对于前者,英国并购小组的监管颇为灵活,其既可以根据当事人的申请进行事后规制,又可以根据上市公司敌意收购动态事前实时调整规则。英国并购小组每年都会组织几次会议商讨《收购法典》是否符合市场需求并作出相应修订。对于后者,法官造法代表着先例的积累。然而,建立先例的过程必然是被动而非主动的,因为法官只能审理当事人提交给他们的案件。②

最后,司法型法律规制模式的成本较高。诉讼可以说是解决纠纷相对昂贵的方式,其富含的高成本包括有形成本和无形成本两类。一方面,在1990~2005年,美国大约有1/3的上市公司敌意收购被提起诉讼。相比之下,在英国,几乎从未有过上市公司敌意收购诉讼案件,大部分纠纷只需打电话给并购小组执行官即可解决。显然,和简单的打电话相比,诉讼包括寻找律师、收集证据、出庭等诸多步骤,其给当事人带来了较高的无形成本。另一方面,诉讼需要支付高昂的律师费用,与之相比,英国的并购小组费用低廉很多。英国并购小组具有多重运营资金来源,如伦敦证券交易所重大股票交易的税款、《收购法典》的出售利润以及要约文件制作费。

3. 混合型法律规制模式评析

因混合型法律规制模式包含自律型法律规制模式和司法型法律规制模式,故而也兼具该两种模式的优缺点。除此之外,两种模式的结合亦滋生了新难题,即不同模式下规制主体的观点抵牾,进而导致公众行为预期的

---

① Australian Takeover Panel, *Guidance Note 5 Specific Remedies Information Deficiencies*, Melbourne: Australian Takeover Panel: 2008.

② See Armour, Johnand & Skeel, David A. J. R., *Who Writes the Rules for Hostile Takeovers, and Why? -The Peculiar Divergence of U. S. and U. K. Takeover Regulation*, Georgetown Law Journal, Vol. 95, No. 6, 2007, p. 1780.

混乱。

以日本著名的“调味品制造商收购(Bull-Dog Sauce)案”为例。[①] 截至2007年5月18日,美国私募基金钢铁合作伙伴公司(Steel Partners)及其关联公司持有日本家喻户晓的调味品制造商富留得客食品有限公司(Bull Dog Sauce)10.25%的流通股。当天,美国私募基金钢铁合作伙伴公司的一家关联公司对富留得客食品有限公司所有在东京证交所发行的股票发起了要约收购。富留得客食品有限公司董事会强烈反对,作为对此次收购的回应,其提议采取防御措施,发行歧视性认股权证。具体而言,富留得客食品有限公司董事会向所有现有股东发行每股三份认股权证,除收购方外,富留得客食品有限公司所有股东都可以行使认股权证。但是,作为补偿,收购方将有权获得现金代替股票,当时的金额为1870万美元。该提案于2007年6月24日在年度股东大会上以特别决议通过,获得了83.4%具有表决权的股东支持。对此,美国私募基金钢铁合作伙伴公司寻求临时禁令以阻止权证的发行。作为回应,东京地方法院驳回了禁令,东京高等法院和日本最高法院维持了裁决。与东京地方法院的说理一样,日本最高法院认为,股东有权决定是否采取反收购措施。并且,目标公司对同为股东的收购方的歧视性待遇是合理的,因为其已经采取了“公平和适当的措施”,通过现金支付补偿收购方未能行使其股份权证的损失。[②] 综上,东京地方法院和日本最高法院皆强调股东大会的批准可构成目标公司采取反收购措施的正当理由。

对此,2008年CVSG发出报告指出,富留得客食品有限公司的董事和法院似乎误解了他们出台《收购指导规则》的本意。《收购指导规则》并非规定只要目标公司股东同意,董事就可以采取任何反收购措施。他们认为,这并不是无条件执行的,采取反收购措施不能以维系董事控制权为目的。无疑,在日本,司法判例与CVSG制定的规则之间出现了明显的抵牾,难以为社会公众提供统一、明确的行为预期。

---

① See Saiko Saibansho[Sup. Ct.]Aug. 7,2007,Hei 19 (kyo) No. 30,1809.

② See Puchniak, Dan W. & Nakahigashi, Masafumi, *The Enigma of Hostile Takeovers in Japan: Bidder Beware*, Berkeley Business Law Journal, Vol. 15, No. 1, 2018, p. 7.

从上述分析可知,上市公司敌意收购的法律规制模式各有利弊,难以言明何种模式更佳。自律型法律规制模式因其效率性、灵活性、确定性和低成本性而受到诸多国家的青睐,但同司法型规制模式相比,其因缺乏强制力而难以真正约束规制对象;司法型法律规制模式具有一定的权威性,但和自律型法律规制模式相比,其成本过高而灵活性偏低,并且容易异化为策略性诉讼;混合型法律规制模式虽结合了前两者优点,但也不可避免兼具前两者的弊端。同时,自律型法律规制模式和司法型法律规制模式的混合容易引致抵牾性观点,造成行为预期的混乱。无疑,上述法律规制模式各有利弊,上市公司敌意收购法律规制模式的具体选择还应深入不同法律规制模式的发生机理予以探究。

(二)诱因差异:法律规制模式的选择应根植于发生机理

上市公司敌意收购的法律规制模式呈现不同形态,归根结底源于各模式发生机理的差异性。不同法律规制模式受制于不同的生存土壤,唯有透过现象看本质,梳理不同法律规制模式的发生机理,方能为我国未来上市公司敌意收购法律规制模式之选择提供正确方向。

1. 自律型法律规制模式的发轫逻辑

(1)英国:机构投资者的重要影响和司法体系的不完备

英国上市公司敌意收购自律型法律规制模式的形成受机构投资者的显著影响。英国的机构投资者在很早以前就具有十分关键的地位。在20世纪60~70年代,英国的保险公司、养老公司以及单位信托等机构购买的英国股票比例日益增高。事实上,上述大型机构投资者的出现在一定程度上乃各种立法措施的意外结果,这些立法措施具有积极促进机构投资者持股比例提升的效果:一是从"二战"结束到1979年,英国政府对个人投资收入实行惩罚性的高边际税率(rates of marginal taxation);①二是对集体投资项目实行减税政策。其中,最显著的是对养老基金完全免除股

① 这一时期英国对个人投资者实施的最高边际税率为90%。See Clark, Tom & Dilnot, Andrew, *Long-Term Trends in British Taxation and Spending*, London: Institute for Fiscal Studies, 2002.

息收入税。[①]

在英国第一次上市公司敌意收购战役开始时,机构投资者已逐渐成为英国上市公司的主要投资者。1959 年的"英国铝业敌意收购"战役尤为重要,因为在此期间,一批重要的诸如养老基金和保险公司的机构投资者第一次会面,试图讨论他们的共同利益并发表联合声明,强调股东意见在上市公司敌意收购中的重要性。在"英国铝业敌意收购"战役结束后不久,1959 年 7 月,英格兰银行行长秘密邀请了由商业银行、机构投资者和伦敦证券交易所代表组成的委员会,设计能够规制上市公司敌意收购行为的规则。直至 1968 年,《收购法典》正式发布,自律性组织并购小组继而成立。[②] 至此,英国自律型法律规制模式正式成形。

尽管集中力量制定整体市场规则不可避免产生"搭便车"的副作用,但与发挥自身力量影响个体公司相比,前者为机构投资者影响上市公司敌意收购活动的更为有效的干预方式。一方面,虽然转卖股票是一种针对特定投资的智慧型手段,但纵观整个资本市场,转卖股票并非最优选择。事实上,对公司治理整体规则的内容进行干预即便存在"搭便车"现象,在很大程度上也会产生积极的回报;另一方面,鉴于投资者难以轻易退出市场,每个机构投资者皆意识到,若不参与整体规则制定并实施影响,其他利益主体则可能以损害机构投资者利益的方式抢先行动。[③] 因此,制定将机构投资者共同利益最大化的规则为必然之选。自律型法律规制模式即是在这样一种意识形态下产生的。机构投资者参与了《收购法典》起草的每一个阶段,并组成并购小组作为主导力量对英国的上市公司敌意收购进行规制。由于机构投资者对将其共同利益最大化有着明确的兴趣,故而出现了一种以股东利益为导向的上市公司敌意收购规制方式。

---

① See Bell, Leonie & Jenkinson, Tim, *New Evidence on the Impact of Dividend Taxation and the Identity of the Marginal Investor*, The Journal of Finance, Vol. 57, No. 3, 2002, p. 1321.

② See Armour, John & Jacobs, Jack & Milhaupt, Curtis J., *The Evolution of Hostile Takeover Regimes in Developed and Emerging Markets*, Harvard International Law Journal, Vol. 52, No. 1, 2011, p. 266.

③ See Armour, Johnand & Skeel, David A. J. R., *Who Writes the Rules for Hostile Takeovers, and Why? -The Peculiar Divergence of U. S. and U. K. Takeover Regulation*, Georgetown Law Journal, Vol. 95, No. 6, 2007, p. 1771.

相比之下,英国法院在公司治理和上市公司敌意收购法律规制中从未扮演过同样重要的角色。这种差异很大程度上源于英国司法的程序性规则缺陷,包括集体诉讼的障碍、胜诉酬金制度和失败者付费规则的缺失等。这些程序性规则的缺陷大大消减了私人股东采取诉讼方式的积极性。① 纵观英国的上市公司敌意收购的发展史,原本发生于20世纪50~60年代的上市公司敌意收购战役可能为司法的介入提供机会,但基于上述原因,司法诉讼"门庭冷落"。例如,在1953年萨沃伊酒店敌意收购战役中,目标公司管理层采取了"皇冠珠宝"资产锁定的极端例子,拟阻止上市公司敌意收购。然而,收购方并未起诉至法院,而是选择诉诸仅对目标公司董事会职责提供无约束力指导的政府调查。事实上,直到20世纪60年代末和70年代初,英国法院才发布了他们在处理上市公司收购方面的判例,②但彼时,《收购法典》已经颁布,故而法院的先例基本上变得无意义。

(2)澳大利亚:基于对其他法律规制模式的反思

正是由于英国机构投资者较大的影响力以及政府对上市公司敌意收购立法的漠视,颇具特色的完全自律型法律规制模式才得以构筑。然而,尽管澳大利亚的机构投资者的占比与日俱增,但其并未像英国一般能动、积极地干预公司治理乃至上市公司敌意收购市场,澳大利亚并购小组必须与ASIC、ASX和法院等其他监管机构和争议解决机构进行合作,且小组成员由政府任命,由此形成了不完全自律型法律规制模式。基于英国并购小组"迅速而高效"的良好声誉,以及英国上市公司敌意收购市场的活跃,澳大利亚推出的CLERP主要建立于英国模型之上。③ 但是,澳大利亚对英国模型的借鉴并非原样拷贝,而是作出了本土化调整。与英国不同,澳大利亚既没有力量强大的机构投资者,政府又对并购小组充满了不信任,故而其小组成员由政府号召并任命,从而形成不完全自律属性。

---

① See Armour, John & Jacobs, Jack & Milhaupt, Curtis J., *The Evolution of Hostile Takeover Regimes in Developed and Emerging Markets*, Harvard International Law Journal, Vol. 52, No. 1, 2011, p. 263.

② See Howard Smith Ltd. v. Ampol Petroleum Ltd., [1974] A. C. 82, 834 – 38 (P. C.); Bamford v. Bamford, [1970] Ch. 212, 242 – 43; Hogg v. Cramphorn Ltd., [1967] Ch. 254, 269.

③ See The Treasury, *Takeovers-Corporate Control: A Better Environment for Productive Investment*, Canberra: Corporate Law Economic Reform, Proposals for Reform, 1997.

此外,澳大利亚推出的CLERP也源于对美国司法型法律规制模式的局限性反思。诚如澳大利亚学者所言:“并购小组的运作,旨在尽量减少策略性诉讼,从而使股东根据收购的价值作出决定。”①

2. 司法型法律规制模式的形成理路

在美国,公司治理司法管辖传统、完备的司法体系以及机构投资者力量的弱势,造就了如今的上市公司敌意收购的司法型法律规制模式。

首先,在美国,州法院历来为处理关乎公司治理和控制权纠纷的主战场。其处理的事项主要涉及公司成文法或公司章程的构建问题,以及信义义务普通法原则的适用问题。这些问题传统上被视为由州法院逐案解决的事项,而不属于行政管辖。联邦政府向来对董事会创建的反收购措施缺乏兴趣,并且传统州行政法规也鲜少涉及该方面规定。是故,美国州法院实际上成为了主要的上市公司敌意收购规制主体。②

其次,美国形成了相当完备的司法体系,因此其具有足够的能力和资源解决上市公司敌意收购纠纷。一方面,美国司法系统对公司案件有相对明确的分工。比如,对美国公司法案件审理颇有经验的特拉华州共有8个法院,其中大法官法院专门负责审理公司案件。并且,审理案件的法官先前往往具有从事商业活动的背景和经验,因而特拉华州法院被称为全美国规制公司治理的最富有学识和成效的司法系统。③ 如是,学识广泛、经验丰富的法官加之司法能动主义下赋予的法官“造法”裁量权,使美国法官对上市公司敌意收购纠纷的审判说理闻名于世,并不断被其他国家援引与借鉴。另一方面,美国司法体系具有相对完善的诉讼制度,如律师败诉赔付制度。其基本要义为,原告经过漫长的诉讼最终却败诉,原告律师需

---

① See The Treasury, *Takeovers-Corporate Control: A Better Environment for Productive Investment*, Canberra: Corporate Law Economic Reform, Proposals for Reform, 1997.

② See Armour, John & Jacobs, Jack & Milhaupt, Curtis J., *The Evolution of Hostile Takeover Regimes in Developed and Emerging Markets*, Harvard International Law Journal, Vol. 52, No. 1, 2011, p. 262.

③ 参见官欣荣:《我国司法介入公司治理的迷惑及对策——华尔街金融危机背景下的新思考》,载《政法论坛》2009年第4期。

要自行承担诉讼支出,由此赋予原告足够的激励积极维护自身权益。[①] 这也可以解释为何美国众多公司选择采取诉讼途径解决上市公司敌意收购纠纷。

最后,早期的机构投资者在公司治理中难以发挥实质性作用。在美国,2000 年以前呈现散户大于机构投资者的投资者分布样貌,[②]并且源于民主党对金钱信托垄断力量的遏制,美国立法在一定程度上限制了机构投资者的投资行为。每当大型金融机构准备在美国公司治理中发挥超大规模的作用时,政治家们就介入其中,迫使公司所有权保持零散,以阻止大型金融机构发挥实质性作用。[③] 从历史的发展脉络来看,自 20 世纪 30 年代以来,以保护不成熟的散户投资者为宗旨而建立的监管结构严重阻碍了美国机构投资者的发展。长期以来,SEC 一直将自己视为散户投资者利益的守护者,因而始终不愿意与华尔街机构投资者过于亲密。

值得注意的是,近 20 年来,共同基金、养老基金和其他机构投资者所占比例日益增加并积极参与公司治理。在此期间,机构投资者对公司的控制力量发生了明显转变。在这一转变初期,基本法律并未发生重大变化,相关转变主要包括如下事项:机构投资者发起的股东决议,导致一些上市公司董事会自愿同意废除其"毒丸计划"、采用多数表决权治理制度、向股东提议通过修改章程以取消公司董事会交错制度等。后来,这种积极的机构投资者运动导致了有关董事选举的立法革新。比如,2010 年《特拉华州普通公司法》进行了修订,其允许公司章程中规定,董事会不可撤销或修改有关股东多数决选举董事的章程条款,并授权所谓的"代理访问"(proxy access)和"代理偿还"(proxy reimbursement)。[④] 不过,即便如此,美国机构投资者囿

---

① 参见章武生:《我国证券集团诉讼的模式选择与制度重构》,载《中国法学》2017 年第 2 期。

② 在 1950 年、1960 年、1970 年、1980 年、1990 年、2000 年,美国机构投资者持股比例逐步提升,分别为 8%、10%、15%、25%、40%、45%。See Black Bernard S., *Agents Watching Agents: The Promise of Institutional Investor Voice*, UCLA Law Review, Vol. 39, No. 4, 1992, p. 827.

③ See Armour, John & Skeel, David A. J. R., *Who Writes the Rules for Hostile Takeovers, and Why? -The Peculiar Divergence of U. S. and U. K. Takeover Regulation*, Georgetown Law Journal, Vol. 95, No. 6, 2007, p. 1770.

④ 《特拉华州普通公司法》第 216 条。

于地域分散性和立法角色辅助性,其对于上市公司敌意收购法律制度的影响依然有限,[①]迄今美国的机构投资者影响力尚不足以撼动根深蒂固的司法型法律规制模式传统。

3. 混合型法律规制模式的生成动因

同澳大利亚相似,日本主要融合了自律型和司法型两种法律规制模式。但区别在于,澳大利亚并购小组相比法院,在规制上市公司收购方面占有绝对的主导地位,而日本的CVSG、TSE却与法院共同分享上市公司敌意收购的规制权,由此决定了两国法律规制模式的不同走向。

如前文所述,日本的自律型法律规制模式和司法型法律规制模式相伴相生,CVSG、TSE作为自律型规制机构,主要负责上市公司敌意收购的事前规制,法院则主要负责上市公司敌意收购的事后规制。其中,关于CVSG制定的《收购指导规则》不免有人质疑,为何在此期间政府和立法机关并未参与其中?对此有学者指出可能出于如下原因:一方面,日本多数政府和立法机关认为上市公司敌意收购规则的制定关乎技术层面,而无关政治层面,规则的设计主要需在技术上符合日本公司法规范和全球反收购标准的收购规则;另一方面,CVSG和TSE抢先主导制定规则后,可以避免立法机关介入导致的利益冲突,从而可以更好地维护其自身的利益倾向。[②] 笔者赞同该观点,事实上这在某种程度上同英国并购小组主导《收购法典》的理由类似,乃利益博弈使然。

此外,另一个问题是,缘何日本机构投资者没有像英国一样参与《收购指导规则》的制定?笔者认为,可以从以下两个层面予以解释:第一,从机构投资者的内部激励角度出发,日本的股东积极行动主义发展较为温和,机构投资者没有足够的内在激励介入公司治理。在日本民众心中,国内发生的一些股东积极行动主义的案例总是令人不安。如具有侵略性质的国外投

---

① See Armour, John & Jacobs, Jack & Milhaupt, Curtis J., *The Evolution of Hostile Takeover Regimes in Developed and Emerging Markets*, Harvard International Law Journal, Vol. 52, No. 1, 2011, p. 266.

② See Armour, John & Jacobs, Jack & Milhaupt, Curtis J., *The Evolution of Hostile Takeover Regimes in Developed and Emerging Markets*, Harvard International Law Journal, Vol. 52, No. 1, 2011, p. 261.

资者美国私募基金钢铁合作伙伴公司的并购事件、"活力门"事件等。后者的机构投资者负责人塔卡夫米 ·亨利最后因违反法律而被判入狱。自2002 年以来,日本养老基金协会(The Pension Fund Association,PFA)类似于机构投资者积极分子,但其也只是宣称自己为"不情愿的激进分子"。事实上,机构投资者的消极主义心态与日本企业持股文化相关。日本管理者经常被认为是员工和股东的"家长",整个公司就像一个大家庭,稳定股东因此也没有太多的动力参与公司治理,而对管理者给予了充分的信任。① 第二,从机构投资者的外在约束条件上看,机构投资者的弱权威性使其被排除在规则制定程序之外。《收购指导规则》的前身为 CVSG 起草的 2005 年报告,然而在该报告起草过程中,对其批评的声音不绝于耳,特别是那些报告中遗漏的利益保护主体,成为批评该报告的主要力量。同时不出所料,外国机构投资者也持反对态度,并敦促日本政府不要采纳该报告。考虑整个报告的起草都是非正式程序,缺乏政府机关的支持,因此对于 CVSG 而言,此时游说政府机关 METI 和 MOJ 采纳报告并参与制定《收购指导规则》方能获得更加权威性的支持。显然,机构投资者并非参与制定规则的绝佳人选,其对 CVSG 而言并无帮助。

除 CVSG 外,TSE 在日本上市公司敌意收购的自律型规制中亦发挥了重要功用。TSE 在日本公司治理方面历来具有较高的威望和影响力,故而其积极介入上市公司敌意收购市场毫不奇怪。《收购指导规则》建议上市公司采纳"预警计划"(Pre-warning Rights Plans,PRPs),也即如果一个收购方购买目标公司股权达到一定的比例,目标公司董事会则会设立一个特殊的委员会来评估收购的价值。如果他们认为收购会影响公司价值或股东权益,则会建议另行发放认股权证。② 但截至 2005 年年末,仅有不到 2% 的日本上市公司采取了 PRPs。③ 2006 年 1 月,在 TSE 修订《上市规则》并具体列

---

① See Puchniak, Dan W. & Nakahigashi, Masafumi, *The Enigma of Hostile Takeovers in Japan: Bidder Beware*, Berkeley Business Law Journal, Vol. 15, No. 1, 2018, p. 38.

② Ibid.

③ See Puchniak, Dan W., *The Efficiency of Friendliness: Japanese Corporate Governance Succeeds Again Without Hostile Takeovers*, Berkeley Business Law Journal, Vol. 5, No. 2, 2008, p. 238.

举 PRPs 的实施标准后，采用 PRPs 的日本上市公司数量以更显著的速度增长，截至 2011 年，已有 20.3% 的上市公司采纳该计划。[①] TSE 的巨大影响力可见一斑。

至于日本上市公司敌意收购的司法型法律规制属性，则肇始于日本的司法依赖传统。与中国一样，日本为制定法传统的国家，但判例对日本司法审判具有强大的支配力，尤其在商事领域，法官在形成与创设相关规则的过程中发挥着重要作用。[②] 也正因如此，当年东京地方法院和高级法院对收购方"活力门"的创始人兼总裁塔卡夫米 ·亨利提出的反收购禁令申请批准后，社会一片哗然，有专家和学者指出，"活力门"对 NBS 的收购"引发了一场(日本市场)对公司控制的革命"。[③]

仔细对比上述三种上市公司敌意收购法律规制模式的发生机理，不难发现，政府的态度、机构投资者的力量强弱、司法体系的成熟程度和介入传统、其他国家的示范作用、本国规制主体的利益博弈等因素皆会影响法律规制模式的属性。是故，我国关于上市公司敌意收购法律规制模式的应然选择理应建基于上述要素之上，形成致力于塑造上市公司敌意收购良好生态环境的具有中国特色的法律规制模式。

本章小结

上市公司敌意收购的法律规制模式作用于上市公司敌意收购的规则制定、纠纷解决、监督执法等各个场域，关涉上市公司敌意收购规制者、收购方与目标公司等多方主体利益，涵盖实体正义和程序主义双层要件，可以说是一系列元素的动态交互反应。一般而言，法律规制模式可被解构为管制

---

① Tokyo Stock Exchange, Inc., Tse-listed Companies White Paper on Corporate Governance,. http://wwwjpx. co. jp/equities/listing/cg/tvdivqOOOOOjbOatt/b7gje60000037hvl. pdf, 2019 - 11 - 02.

② 参见于佳佳：《日本判例的先例约束力》，载《华东政法大学学报》2013 年第 3 期。

③ Economist Intelligence Unit, The Battle for Corporate Control: The Outlook for M & A in Japan, http://graphics. eiu. com/files/ad pdfs/M n A JP WP. pdf, 2019 - 07 - 25.

型、自治型和回应型三种类型。其中,回应型法律规制模式以积极应对社会环境中的各种变化为旨趣,其自身拥有的诸如法律推理的目的导向性、法律权威的广泛分享性等意蕴品格,恰好能够呼应上市公司敌意收购的不确定性、复杂性以及环境联动性的相应诉求。

当前世界主要国家逐渐形成并发展了根植于本国土壤的上市公司敌意收购的回应型法律规制模式。若以规制的主体和具体方式为变量对该模式做进一步的微观考察,可将其解构为自律型、司法型和混合型三种子模式。上述子模式各有利弊,难言何种模式更佳。自律型法律规制模式因其效率性、灵活性、确定性和低成本性而受到诸多国家的青睐,但同司法型规制比较,又因缺乏强制力而难以真正约束规制对象;司法型法律规制模式具有一定的权威性,但和自律型法律规制模式相比,其成本过高而灵活性偏低,并且容易异化为策略性诉讼;混合型法律规制模式虽结合了前两者的优点,但也不可避免兼具前两者的局限性,同时自律型法律规制模式和司法型法律规制模式的混合容易引致抵牾性观点,造成行为预期的混乱。

上市公司敌意收购的回应型法律规制模式衍生出不同子模式,归根结底源于发生机理的差异性。仔细对比自律型法律规制模式、司法型法律规制模式和混合型法律规制模式的发生机理,不难发现,政府的态度、机构投资者的力量强弱、司法体系的成熟程度和介入传统、其他国家的示范作用、本国规制主体的利益博弈等因素皆会影响法律规制模式的属性。上述经验分析为我国上市公司敌意收购法律规制模式的应然选择指明了方向。

第三章　上市公司敌意收购之收购方的法律规制

“不能促进合作博弈的法律并非良法，也不能实现善治，法律的宗旨为既要维护公平的市场竞争秩序，又要保护弱势群体之利益。”①在上市公司敌意收购中，收购方享有争夺控制权的自由，但此种自由并非无限度。它以不突破法律底线为前提，不能侵犯其他主体，尤其是中小股东的正当权益。毕竟，收购方从收购行为异化为投机行为的事例屡见不鲜，矫正和预防收购方的短期主义行为正是法律规制的核心目的。其中，收购方权益披露和适用杠杆融资工具乃法律规制的重要面向。前者涉及对市场投资者“公平交易权”和“知情权”的保护，后者则关涉整个资本市场的金融稳定。

第一节　收购方权益披露的法律规制

收购方权益披露，又称所有权披露，业内将其形象

---

① 李建伟：《正确定性“万科事件”》，载《中国社会科学报》2016年8月10日，第5版。

地称为“举牌”。一般是指投资者单独持有或与其一致行动人共同持有一家上市公司已发行股份或其他权益证券达到一定比例，以及之后每增持或减持达到一定比例时，其应在特定时限内向相关机构部门报告、通知上市公司并予以公告。[①] 收购方权益披露制度系公开哲学基本思想——“阳光是最好的防腐剂，灯光是最有效的警察”[②]——的立法体现，亦是法律规制收购方的核心手段。

一、收购方权益披露的制度逻辑

（一）反向披露：收购方权益披露的运行机理及其功能

信息偏在（information asymmetries）理论的原理为，由于资本市场中的卖方比买方拥有更充足的信息，相应地，卖方应当向买方主动传递真实信息，从而防范买方利益受损。[③] 该原理同样渗透到证券法律法规中，通常要求公司内部信息优势者，如发行人、董事、控股股东等向外部投资者披露相关信息，旨在提升证券市场的透明度。而外部投资者由于处于信息劣势地位，本无需向上市公司以及市场公开其购买股票情况，但若其购买股票符合一定的情形，则必须按照规定披露其信息，此为收购方权益披露的运行机理。事实上，要求处于信息劣势的投资者披露其持股权益信息，将导致市场其他投资者的“搭便车”行为，进而对此类投资产生不利影响，削弱潜心研究公司和市场投资者的回报与动力。[④] 是故，此种反向披露逻辑原本不具有正当性。然而，在有限情形下，外部人向内部人的反向披露获得了例外肯定。例如，世界绝大多数国家立法规定，外部投资者购买上市公司的股份达到一定的比例，应在规定时限内披露其权益。[⑤] 缘何立法者纷纷突破信息偏在原理，对外部投资者施以看似不公平的反向披露规则？立法者的权衡

① 参见解正山：《大额持股披露义务规制》，载《现代法学》2018 年第 3 期。

② ［美］路易斯·D. 布兰代斯：《别人的钱：投资银行家的贪婪真相》，法律出版社 2009 年版，第 12 页。

③ See Davis, Jeffry & Lehn, Kenneth, *Information Asymmetries, Rule 13e-3, and Premiums in Going-Private Transactions*, Washington University Law Review, Vol. 70, No. 2, 1992, p. 589.

④ See Bebchuk, Lucian A. & Jackson, Robert J. Jr., *The Law and Economics of Blockholder Disclosure*, Harvard Business Law Review, Vol. 2, No. 1, 2012, p. 43.

⑤ 如美国、英国、法国、德国、意大利等，详见第三章第一节第三部分的论述。

依据为何？对此，还须从收购方权益披露的功能一窥究竟。通常认为，收购方权益披露制度有助于提升市场效率和改善公司治理。

1. 提升市场效率功能

收购方权益披露可以通过“投票结构透明度”（voting structure transparency）和“资本流动透明度”（capital movements transparency）的实现来提升市场效率，①其目的在于，通过提高股价的准确性来提升市场效率，从而实现市场资源的有效配置。基本逻辑如下。

第一，提升“投票结构透明度”途径。在首次公开发行阶段，披露大股东尤其是控制股东、发行人持有的股份数量，能够使投资者有效预测代理成本，从而对股票价值的影响作出知情估计。原因在于，拥有多数股份的控制股东通常会积极监控管理层的行为，例如，一个活跃的对冲基金的出现可能意味着对公司管理层监管力度的增加，从而降低代理成本，这也是美国收购方权益披露制度创设的目标之一。事实上，我们经常看到股价对一个积极的对冲基金收购股份的消息作出积极反应。例如，有学者研究了 2001 ~ 2006 年的 1059 组对冲基金目标组合的样本发现，美国大额持股股东申报 13D 表格导致自申报日起 2 天内收益率提升了 2%，以及在 20 天内，收益率上升至 7.2%。② 可见，积极的对冲基金的权益披露将有助于市场投资者对股价的合理预测。

第二，提升“资本流动透明度”途径。资本流动透明度可以通过以下几种机制提升市场效率。一是经济利益（economic interest），典型如现金流权（cash flow rights）。现金流权是指按持股比例拥有该公司的财产分红权，其决定了大额持股投资者对上市公司业绩、经营战略和收益的主要兴趣，决定了控股股东在谋取私利和积极经营公司之间的取舍。③ 如果该股东的投票权超过现金流权，其谋取私利的可能性也将大大提升。理论模型表明，不均

---

① See Schouten, Michael, *The Case for Mandatory Ownership Disclosure*, Stanford Journal of Law, Business and Finance, Vol. 15, No. 1, 2009, p. 134.

② See Bray, Alon & Jiang Wei & Partnoy, Rank & Thomas, Randall, *Hedge Fund Activism, Corporate Governance, and Firm Performance*, Journal of Finance, Vol. 63, No. 4, 2006, p. 1729.

③ See Schouten, Michael, *The Case for Mandatory Ownership Disclosure*, Stanford Journal of Law, Business and Finance, Vol. 15, No. 1, 2009, p. 134.

衡结构会扭曲控股股东在项目选择和控制角色方面作出有效决策的动机，甚至扭曲公司控制权市场。① 较高的现金流权意味着该股东更有动力监控公司管理层，相应地也为市场投资者准确预测未来股价提供了信号。二是交易利益（trading interest）。证据表明，股票市场只是一种半强式有效市场，其存在两类信息：公开信息和内幕信息。② 当多数拥有公开信息的投资者和少数还拥有内幕信息的投资者共同加入交易时，市场即被划分为两种价格：真正的市场价格和内幕交易价格。为预防投资者利用内幕信息赚取超额利益并扭曲股票的实际价格，公开披露重大交易乃有效路径。三是自由浮动（free float）。所谓自由浮动，是指实际可供交易的流通股数量。③ 自由浮动的规模将影响资本流动性，进而影响股价。几项研究验证了这样一个假设：股票流动性越低，预期回报越高，因此股价越低。④ 股权披露的功能在于让投资者了解持有较大股份的股东的规模，进而预估其对股票的影响。假设自由浮动减少使交易量下降，进而导致买卖价差扩大，市场其他投资者则可将这种扩大理解为一种信号，也即有人正在利用私人信息进行交易，并且该交易者可能还不愿意进行交易。此种情形下，市场投资者也会参与到交易中以寻求潜在利润，从而倒逼流动性和市场效率的提升。

2. 改善公司治理功能

收购方权益披露不仅使代理成本得以预期，还可以在降低这些成本方面发挥积极作用，从而改善公司治理。这主要通过以下两种机制实现。

一是直接机制。公开披露可以促进执法，因为它“阻止自我机会主义”

---

① See Bebchuk, Lucian A. & Kraakman, Reinier & Triantis, George, *Stock Pyramids, Cross-Ownership, and Dual Class Equity: The Mechanisms and Agency Costs of Separating Control from Cash-Flow Rights*, Chicago: University of Chicago Press, 2000, p. 20 – 21.

② See Larry Harris, *Trading and Exchanges: Market Microstructure for Practitioners*, Oxford: Oxford University Press, 2003, p. 240 – 241.

③ See Bebchuk, Lucian A. & Jackson, Robert J. Jr., *The Law and Economics of Blockholder Disclosure*, Harvard Business Law Review, Vol. 2, No. 1, 2012, p. 43.

④ See Amihud, Yakov & Mendelson, Haim, *Asset Pricing and the Bid-Ask Spread*, Journal of Financial Economics, Vol. 17, No. 2, 1986, p. 223.; Loderer, Claudio & Roth, Lukas, *The Pricing Discount for Limited Liquidity: Evidence from SWX Swiss Exchange and the Nasdaq*, Journal of Empirical Finance, Vol. 12, No. 2, 2005, p. 239.

和“自我交易决定”。[①] 由于执行需求的不同,有必要区分集中股权公司和分散股权公司。一方面,集中股权公司存在的最大问题是具有强大的股东和孱弱的董事,控制股东自身会产生代理成本问题。而相对于中小股东,控制股东往往更容易获得内部信息,信息披露将有助于暴露内幕交易或其他形式的市场滥用行为,从而对控制股东形成有效约束。同时,信息披露有助于发现公司的资产转移乱象,这种转移通常通过非正常的关联方交易发生。此外,信息披露可促使控制股东作出明智的公司治理决策,如任命有能力的董事或批准相关公司交易。另一方面,在股权分散公司中,董事往往具有公司的实质控制权,易产生严重的代理成本问题。而在收购方权益披露制度下,管理层将因受到上市公司敌意收购威胁而约束自己的行为,从而致力于公司的良好经营。此外,收购方权益披露还可以提醒潜在的竞购者发起竞购,在此过程中形成最优股价,使目标公司股东利益最大化。

二是间接机制。收购方权益披露有助于促成公司与股东之间以及股东相互之间的沟通,这对于股权分散的公司尤其重要。权益披露乃其他股东发现该股东的有力途径,能促使股东们在股东大会召开前交换想法,共同维护权利。如此一来,股东们的交流可形成更为智慧的公司治理决策,如任命有能力的董事等。

(二)权利保护的属性澄清:收购方权益披露的价值依归

任何制度的设计皆有明确的权利保护指向,唯有厘定制度所保护的真正权利,方能在制度设计中作出妥当的利益衡量并寻求最佳平衡点。在与收购方权益披露有关的司法诉讼中,违规权益披露者究竟侵害了何种民事权利是案件审理的焦点。目前,学界主要提出了“知情权”、“公平交易权”和“控制权与反收购权”三种学说,对此,笔者支持“知情权”和“公平交易权”的主张。

1.“知情权论”及其评析

很多学者赞同此种观点,认为收购方权益披露旨在保护市场投资者的

---

① Kraakman, Reinier, *Disclosure and Corporate Governance: An Overview Essay*, Reforming Company and Takeover Law in Europe, Vol. 96, No. 2, 2004, p. 3.

知情权。[①] 笔者也支持此主张，理由如下：第一，一般认为，投资者知情权是法律规定股东享有的一项独立、固有、基础性、工具性的权利。[②] 更进一步讲，收购方权益披露保护的乃投资者的"消极知情权"。投资者的知情权可被划分为积极知情权和消极知情权两类，前者主要指投资者通过行使查阅权等积极主动地获取自己需要的特定信息，后者主要是指投资者依赖于通知、告知等，无差异化地获得相应信息。[③] 而收购方权益披露无疑属于后者。第二，已有立法实践表明，收购方权益披露制度设计的目的即在于保护投资者的知情权。例如，《威廉姆斯法案》的推动者威廉姆斯议员曾指出，外部投资者为争夺控制权而大量购买公司股票，将对目标公司股东和潜在投资者产生重大影响，因此将该信息公之于众会加强投资者对资本市场的信息知情权；[④]联邦第二巡回法院也持类似观点，认为《威廉姆斯法案》的立法宗旨在于为投资者提供其他投资者大量积累股票的信息，以便评估后续影响。[⑤]

2. "公平交易权论"及其评析

该观点的基本逻辑为，违规披露者在窗口期内秘密购买股票是在信息不对称的基础上进行的交易，此种信息不对称将会通过减少流动性和增加买卖价差损害市场中其他投资者的公平交易权。[⑥] 违规披露下的秘密买卖股票虽不构成内幕交易，但二者的影响非常相似。此种信息不对称交易从

---

① 参见龚浩川：《论敌意收购中大额持股变动违法之法律责任——基于证券监管与司法裁判的实证研究》，载《当代法学》2019 年第 2 期；吴飞飞：《违规举牌相关争点回应与规制路径探寻》，载《证券市场导报》2017 年第 9 期；肖崇俊：《〈威廉姆斯法案〉对公司收购中立立场的确立——基于美国国会档案的立法史考察》，载《华东政法大学学报》2016 年第 3 期；曾洋：《证券法学》，南京大学出版社 2008 年版，第 82 页。

② 参见李建伟：《股东知情权研究：理论体系与裁判经验》，法律出版社 2018 年版，第 2 页。

③ 参见龚浩川：《论敌意收购中大额持股变动违法之法律责任——基于证券监管与司法裁判的实证研究》，载《当代法学》2019 年第 2 期。

④ See Daniels, David, *A Two-Part Disclosure Mandate as a Compromise Solution to the Debate on Section* 13 (*D*) *'s Disclosure Window*, Harvard Business Law Review, Vol. 4, No. 1, 2014, p. 213.

⑤ See Magnuson, William J, *Takeover Regulation in the United States and Europe*: *An Institutional Approach*, Pace International Law Review, Vol. 21, No. 1, 2009, p. 206.

⑥ See Krawiec, Kimberly D, *Fairness*, *Efficiency*, *and Insider Trading*: *Deconstructing the Coin of the Realm in the Information Age*, Northwestern University Law Review, Vol. 95, No. 2, 2001, p. 443.

根本上来说是不公平的,其"在不知情的散户投资者面前玩一场不公平的游戏,严重剥夺了市场参与者的自主公平交易权"。[①] 伊恩·李(Ian B. Lee)曾提出一套旨在尊重投资者公平交易权的市场公平哲学理论。他指出,在一个公平的市场中,每个参与者不能仅将中立和自主的价值观视为他或她单独享有的价值观,而应视为对他或她尊重的所有投资者平等享有的价值观。[②] 关于信息不对称交易,他认为隐瞒有利于其他投资者的重要信息会破坏投资者决定的自主性,进而影响投资结果,因为这会剥夺他们"使选择更加自主,从而使交易更加成功"的机会。[③] 鉴于此,基于证券监管促进市场公平、公正、公开的主旨,理应禁止持有非公开信息进行的影响其他市场参与者投资决策的任何交易。

投资者的知情权与公平交易权相互联系,若违规披露侵犯了投资者的知情权,将会严重影响投资结果,进而影响公平交易的结果。在此层面上看,知情权和公平交易权是一体两面,相辅相成的。若承认投资者知情权的存在,公平交易权自然也有成立的根基。

3."控制权和反收购权论"及其评析

此种观点认为,目标公司控制股东或董事对公司的"控制权"或"反收购权"乃收购方权益披露保护的权利指向。[④] 依笔者看来,此种观点明显缺乏理论支撑。鉴于"反收购权"是"控制权"的衍生结果,笔者在此主要通过对"控制权"的辩证而推及"反收购权"的判定。

从法理学角度观之,"控制权"并非法律确定和保障的权利,其仅是股东或董事能对公司进行表决权控制或经营权控制的一种状态描述。根据法理学要义,权利应当是得到国家认可和保障的,能够从法律中找到依据的利

---

① Mitts, Joshua, *A Private Ordering Solution Blockholder Disclosure*, North Carolina Central Law Review, Vol. 35, No. 1, 2013, p. 206.

② See Lee, Lan B, *Fairness and Insider Trading*, Columbia Business Law Review, Vol. 24, No. 1, 2002, p. 146.

③ Ibid., p. 157.

④ 参见孔令政:《"代理问题"视角下上市公司敌意收购防御措施的法律规制》,载《研究生法学》2017年第4期;在"新梅案件"中,原告兴盛公司提出,被告侵害了其作为上市公司大股东的控制权和反收购权;参见上海市第一中级人民法院民事判决书,(2015)沪一中民六(商)初字第66号。

益。[①] 而我国《中华人民共和国公司法》(以下简称《公司法》)中并未出现“控制权”(包括“反收购权”)的法律表述,其仅对“控制权”作出了一种描述性定义。[②] 换言之,所谓的“控制权”仅仅是一种事实上的状态描述,并非权威的法定表达。在此意义上,违反大额持股披露义务的行为自然不能被视为损害目标公司股东或董事的“控制权”。[③]

需要注意的是,尽管收购方权益披露制度能产生“收购预警”的效果,即客观上确实能够促进对目标公司控制股东或董事会“控制权”的维护,但这仅是该制度的“附带效应”,并非该制度的根本目的。如前所述,《威廉姆斯法案》的立法宗旨在于为投资者提供其他投资者大量积累股票的信息,以便评估后续影响。[④] 无疑,保护目标公司大多数投资者利益为收购方权益披露制度的根本目的。而目标公司控制股东或董事所享受的附带利益只是“沾了投资者的光”。[⑤]

二、从宽抑或收紧:收购方权益披露法律规制的理论分歧

迄今,理论界与实务界对收购方权益披露的合理性及法律规制的正当性已基本达成共识,而争议的核心主要在对收购方权益披露法律规制的宽严尺度和立场方面。总体来看,学界目前存在“从宽说”和“收紧说”两种理论争议,具体论述与评析如下。

(一)从宽说

1.激励机构投资者提高公司治理水平

放宽收购方权益披露法律规制的尺度,有助于推动机构投资者通过以

---

① 参见张文显主编:《法理学》(第5版),高等教育出版社2018年版,第37页。

② 《公司法》第216条第2项规定:“控股股东,是指其出资额占有限责任公司资本总额百分之五十以上或者其持有的股份占股份有限公司股本总额百分之五十以上的股东;出资额或者持有股份的比例虽然不足百分之五十,但依其出资额或者持有的股份所享有的表决权已足以对股东会、股东大会的决议产生重大影响的股东。”

③ 需要指出的是,为方便阐述,本书在相关问题讨论中不可避免采用“控制权”这种非法律化表述,如“控制权争夺”,但不代表笔者对“控制权”是股东法定权利的认可与赞同。

④ See Magnuson, William J., *Takeover Regulation in the United States and Europe: An Institutional Approach*, Pace International Law Review, Vol. 21, No. 1, 2009, p. 206.

⑤ 龚浩川:《论敌意收购中大额持股变动违法之法律责任——基于证券监管与司法裁判的实证研究》,载《当代法学》2019年第2期。

下途径提升公司治理水平：一是约束管理层。美国许多学者认为，对冲基金的行动主义是有益的，因为大股东拥有监督和约束管理层的天然激励，这无疑可以减少公司治理中固有的代理成本问题。[①] 自从迈克尔·詹森（Michael C. Jensen）对由所有权分离导致的代理成本的开创性讨论以来，[②] 研究公司治理的学者一直在寻找各种方法实现对分散式股权上市公司管理层的激励。例如，有学者指出，上市公司敌意收购的威胁乃约束管理层的有效手段，并认为“经济分析和证据表明，控制权市场将有利于股东、社会和公司”。[③] 基本原理在于，不满意的股东可以将他们的股份出售给敌意的竞购者，从而使竞购者获得控制权后变更其不满意的管理层。很多实证研究皆证实了上市公司敌意收购为目标公司创造价值的假设。[④] 而在股东积极主义的影响下，收购方很可能是积极的大股东，相比于其他股东，其更有动力最大限度地监督管理层。

二是抬高股票价格，使其他股东利益最大化。实证研究发现，积极的对冲基金的信息披露与股票价格上涨之间存在相关性。比如，阿隆·布拉夫（Alon Brav）、魏江（Wei Jiang）、弗兰克·帕特诺伊（Frank Partnoy）和兰德尔·托马斯（Randall Thomas）发现对冲基金提交 13D 文件期间的回报率为 7%；[⑤]艾普·克莱因（April Klein）和伊曼纽尔·祖尔（Emanuel Zur）发现活跃投资者（包括对冲基金和其他类型的私人投资者）在初始提交 13D 文件期间获得了 10.2% 的平均股票回报率。[⑥] 这两项研究皆表明，积极股东在提交 13D 表格后的一年内，股票回报率将处于高位阶的状态。上述学者的

---

① See Magnuson, William J., *Takeover Regulation in the United States and Europe: An Institutional Approach*, Pace International Law Review, Vol. 21, No. 1, 2009, p. 185.

② See Jensen, Michael C. & Meckling, William H., *Theory of the Firm: Managerial Behavior, Agency Costs and Ownership Structure*, Journal of Financial Economics, Vol. 3, No. 4, 1976, p. 305.

③ Jensen, Michael C., *Takeovers: Their Causes and Consequences*, The Journal of Economic Perspectives, Vol. 2, No. 1, 1988, p. 21.

④ See Holderness, Clifford G. & Sheehan, Dennis P., *Raiders or Saviors? The Evidence on Six Controversial Investors*, Journal of Financial Economics, Vol. 14, No. 4, 1985, p. 555.

⑤ See Brav, Alon & Jiang Wei & Partnoy, Frank & Thomas, Randall, *Hedge Fund Activism, Corporate Governance, and Firm Performance*, Journal of Finance, Vol. 63, No. 4, 2009, p. 1729.

⑥ See Klein, April & Zur, Emanuel, *Entrepreneurial Shareholder Activism: Hedge Funds and Other Private Investors*, The Journal of Finance, Vol. 64, No. 1, 2009, p. 187.

研究反映了股东积极主义影响下的收购披露有助于基本价值的创造。作为对冲基金积极主义的回应,市场选择了抬高目标公司的股票价格,其整合了所有可获得的公共信息,并得出结论,对冲基金积极主义将改善目标公司股东的未来现金流。正如上述学者的研究结论所表明的那样,这些异常回报明确地证明对冲基金积极主义创造了股东价值。当然,此结论得出的前提是收购方按照法律要求向公众及时披露了真实、足够的信息,进而引发了市场的价格反应。

综合股东积极主义蕴含的约束管理层和抬高股票价格的正面功效,很多学者更倾向于放宽对收购方权益披露的要求,以给他们更大的激励。反过来,如若收紧收购方权益披露规则,收购方监督管理层将承担更大的成本和风险。最后的结果是,希望改善公司治理的收购方要么放弃收购,要么违规披露而谋取自己利益的最大化。

2. 防止成为反收购的利器

有学者指出,收购方权益披露具有显著的反收购效应。[①] 事实上,1968年美国国会通过的《威廉姆斯法案》首次规定了收购方权益披露规则。该规则创设的最初目的即为向现任管理层提供预警,使其有更多的时间制定反收购策略。[②] 当然,尽管该规则出台的最重要目标是维护投资者的知情权,稳定其对证券市场的信心。但不可否认,在《威廉姆斯法案》公布之前,该法案的起草稿有明显的反收购倾向,对收购施加了诸多条件限制。其后在 SEC 的反驳下,《威廉姆斯法案》才逐渐回归更为中立的立场。是故,收购方权益披露从一开始就被设计成反收购的保护伞,其最初的规则蕴含维护目标公司管理层利益的隐藏目标。[③] 在此层面上,若收紧收购方权益披露规则,将会进一步巩固目标公司管理层利益,降低上市公司敌意收购提升公司治理的激励功效:对于目标公司管理层来说,收购方权益披露是一个早

---

① See Enriques, Luca, *Matteo Gargantini and Valerio Novembre, Mandatory and Contract-Based Shareholding Disclosure*, Uniform Law Review, Vol. 15, No. 3, 2010, p. 713.

② See Macey, Jonathan R., *Corporate Governance: Promises Kept, Promises Broken*, Princeton: Princeton University Press, 2008, p. 122 – 123.

③ See Davidoff, Steven M., *The SEC and the Failure of Federal Takeover Regulation*, Florida State University Law Review, Vol. 34, No. 2, 2007, p. 220.

期警告,如果管理层怀疑可能发生敌意收购,他们就可以预先安排防御策略,并且发现得越早,防御效果越显著。结果是,潜在收购方的收购激励大大降低,因为通过严苛的强制披露规则,受市场预期影响的股价将提升,进而导致收购方收购成本的提高。综上所述,考虑到收购方权益披露的反收购作用,相应的规则应尽可能从宽设计,以充分发挥上市公司敌意收购的正面功效。

(二)收紧说

1. 遏制机构投资者的短期主义

诸多域外学者已经承认短期主义的存在,认为短期主义是唯一可能需要监管补救的“潜在严重问题”。[①] 在1996年的一篇管理学文章中,凯文·拉弗蒂(Kevin J. Laverty)指出,短期主义是由“跨期选择”(intertemporal choice)问题造成的,即在如何实现利润最大化以及实现其他目标面前,短期主义与长期主义的动机和行动过程是有差异的。[②] 对冲基金就是典型的短期主义机构投资者,通常持有股票不到一天。如前所述,短期主义的最大危害在于,持股股东仅看重短期利益而忽视公司的长期治理,这不但不能降低上市公司的代理成本,公众反而会因此产生严重的估值错误,进而导致股票定价误差,其他中小股东遭受损失。正因如此,人们通常将短期主义同牺牲股东长期利益而关注短期利益联系在一起。[③] 鉴于此,收紧说的核心要义为,严苛的收购方权益披露法律规制有助于遏制机构投资者的短期主义,从而保护中小股东利益。

上述收紧法律规制的论证主要基于上市公司敌意收购的负面影响,而另一论证则将对上市公司敌意收购正面功效的质疑作为论据。如前所述,很多收购方是希望致力于公司长远发展的积极主义投资者,但并无明显证

---

① See Kajan, Marcel & Rock. Edward B., *Hedge Funds in Corporate Governance and Corporate Control*, University of Pennsylvania Law Review, Vol. 155, No. 5, 2007, p. 1022.

② See Laverty, Kevin J., *Economic "Short-Termism": The Debate, The Unresolved Issues, and the Implications for Management Practice And Research*, Academy of Management Review, Vol. 21, No. 3, 1996, p. 847.

③ See Gilson, Ronald J. & Gordon, Jeffrey N., *The Agency Costs of Agency Capitalism: Activist Investors and the Revaluation of Governance Rights*, Columbia Business Law Review, Vol. 113, No. 4, 2013, p. 898.

据表明其前期的信息披露能够有效监督目标公司管理层,以及其行动有利于目标公司的长期利益。① 简言之,从法律规制层面出发,若不考虑短期主义造成的潜在危害,任何对收购方权益披露的制度设想都是不周延的。作为立法回应,收紧收购方权益披露法律规制乃遏制短期主义威胁的必然要求。②

2. 消减社会外部性

若放宽收购方权益披露法律规制的尺度,将会产生以下社会外溢作用:一是市场流动性降低和交易成本提升。美国学者约斯亚·米特斯(Joshua Mitts)指出,基于美国证券交易法的要求,10 天披露的窗口期规则与内幕交易的原理类似,都是建基于信息不对称理论。③ 当对冲基金在不披露该股权信息的情况下累积超过 5% 的股份时,其会捕捉到该所有权信息被立即披露后股票价格所产生的全部溢价。当然,内幕交易和收购方权益披露也有本质区别,收购方在 10 天窗口期内进行的交易并不构成理论上的内幕交易。内幕交易原则上要求违反传统理论下的信义义务,如董事违反其忠实义务。而当外部投资者创建重大非公开信息时,就法理而言,其对其他投资者并不存在此类信义义务。④

不过,在社会外部性层面,内幕交易和收购方权益披露呈现一定的共性,即流动性降低和交易成本提升。禁止内幕交易的一个经济理由是,当做市商调整买卖差价以补偿与持有优质信息内幕交易方的交易损失时,信息不对称下的交易会导致交易成本增加和市场流动性降低。⑤ 诚如金伯利·克拉维克(Kimberly D. Krawiec)所言:"因内幕交易而引发的更为严重的担忧为,市场专业人士不会自己承担这些损失,而是通过改变价格来反映其承担的内幕交易风险,它将导致买卖价差增加,进而造成证券市场流动性降

---

① 参见解正山:《大额持股披露义务规制》,载《现代法学》2018 年第 3 期。

② See Slawotsky, Lawotsky, *Hedge Fund Activism in an Age of Global Collaboration and Financial Innovation: The Need for a Regulatory Update of United States Disclosure Rules*, Review of Banking and Financial Law, Vol. 35, No. 1, 2015, p. 278.

③ See Mitts, Joshua, *A Private Ordering Solution to Blockholder Disclosure*, North Carolina Central Law Review, Vol. 35, No. 1, 2013, p. 203.

④ Ibid., p. 228.

⑤ See Leland, Hayne E., *Insider Trading: Should It Be Prohibited?*, Journal of Political Economy, Vol. 100, No. 4, 1992, p. 859.

低……至少一些研究表明,对内幕交易规制力度较弱的市场的流动性低于那些严格执行禁止内幕交易市场的流动性。”[①]这些担忧同样适用于收购方权益披露制度。当对冲基金在10天窗口期届满才披露其权益时,出售给对冲基金的交易方将失去从披露溢价中获益的机会。事实上,披露后的溢价可能相当可观。随着10天窗口期内对冲基金积极行动和秘密收购的增加,做市商很可能会基于相应买卖价差对这种风险进行定价,从而削弱流动性,并提高市场参与者的交易成本。更严重的是,对冲基金10天后才披露收购信息,将引发投资者对资本市场的不信任,因为这破坏了资本市场平等、透明的价值观,使资本市场寒意骤升。

二是剥夺投资者的公平交易权。其基本要义为,违规披露者在窗口期内秘密购买股票是在信息不对称的基础上所进行的交易,此种信息不对称将会通过减少流动性和增加买卖价差损害市场中其他投资者的公平交易权。

(三)对上述学说的思辨

上述学说表明,放宽收购方权益披露法律规制的尺度,一方面有助于激励机构投资者通过积极介入公司管理经营,约束管理层和抬高股票价格,进而提升公司治理水平;另一方面,能够防止制度本身成为反收购的利器,造成规制天平向目标公司倾斜。但同时,积极投资者的短期主义和宽松的收购方权益披露制度引发的社会外部性问题亦不应忽视。原本,短期主义长久以来都是上市公司治理中不可避免的问题,做事偏激的股权基金、对冲基金的迅速激增和其争夺上市公司控制权的猛烈态势,则继续加深了他们给大众留下的“麻烦制造者”的印象,紧随其后的道德批判也就不难理解。[②] 另外,过于宽松的收购方权益披露法律规制会加剧社会外部性,即降低资本市场流动性和提升交易成本,进而剥夺投资者的公平交易权。

客观来看,从宽或收紧收购方权益披露法律规制的上述理由皆有一

---

① Krawiec, Kimberly D., *Fairness, Efficiency, and Insider Trading: Deconstructing the Coin of the Realm in the Information Age*, Northwestern University Law Review, Vol. 95, No. 2, 2001, p. 443.

② 参见解正山:《大额持股披露义务规制》,载《现代法学》2018年第3期。

定的道理，我们不能落入"孰是孰非"的判断陷阱。但可以明确的是，"从宽说"和"收紧说"从不同侧面共同证成了对收购方权益披露进行法律规制的必要性。至于规制的尺度是"从宽"抑或"收紧"，则应在增强规制的需要与避免削弱收购方提升公司治理热情之间进行权衡。需要把握的核心理路为，对于收购方权益披露的法律规制，一方面，要确保投资者的知情权和公平交易权，抑制收购方的投机主义与短视主义行动；另一方面，也应避免对收购方施加过重的监管负担。诚然，确保资本市场的透明度与公平性无可厚非，但不能矫枉过正。概言之，对于收购方权益披露法律规制的尺度应确保在"中立"法律立场的指引下，结合一国的具体情况予以形塑。

三、收购方权益披露法律规制的域外经验及启示

为规范收购方权益披露活动，寻求各方的利益平衡和实现本国的政策目标，诸多国家对收购方权益披露形成了不同样态的法律规制体系。各国法律规制的内容主要涵盖"披露触发线和权益变动报告的设置""报告期期限及期内交易行为规范""违规披露的法律后果"三大部分。

（一）披露触发线和权益变动报告设置的域外经验及评析

收购方履行披露义务并非无底线。考虑到其披露成本以及披露对收购方造成的负面影响，各国通常为披露设置了一个特定"门槛"，即符合一定的持股比例要求，方可进入强制规制程序，此即披露触发线。披露触发线通常包括首次披露触发线和增减持披露触发线两类。

在美国，根据《1934年证券交易法》第13D条，当收购方单独或与其一致行动人共同持有上市公司股份达5%以及其后每增持或减持1%时，需要向SEC提交一份13D表格披露相关信息；韩国《资本市场与金融投资商业法》（Capital Market and Finance Investment Business Law）的相关规定与美国一致；[①]欧盟的《透明度法令》（Transparency Directive）相对美国和韩国来讲更为宽松，因为其规定每增持或减持5%方须承担再次披露义务。[②]

---

① 参见韩国《资本市场与金融投资商业法》第2章。

② 欧盟《透明度法令》第10章。

上述国家规定的首次披露触发线皆为5%，而英国、德国则更为严苛，其首次披露触发线为3%。不过，英国和德国的增减持披露触发线稍有差异：英国《收购法典》第8.3条规定增减持的披露触发线为1%；德国《证券交易法》（Wertpapierhandelsgesetz）则对增减持披露触发线进行了具体设置，其第21条规定超过3%、5%、10%、15%、20%、25%、30%、50%、75%表决权股份的应予披露。

与上述国家设定单一触发线不同，意大利《全国证券交易委员会2019年第21016号修正条例》（Commissione Nazionale per le Società e la Borsa Regulation）第117条根据目标公司规模的差异性设定了不同层次的披露触发线：投资者持有收入在3亿欧元或市值在5亿欧元以上上市公司股份的首次披露触发线为3%，持有其余上市公司股份的首次披露出发线则为5%，投资者持有超过5%、10%、15%、20%、25%、30%、50%、66.6%、90%表决权股份的应予披露。

上述国家和地区关于收购方权益披露触发线的设置情况见表3-1。

表3-1　部分国家和地区关于收购方权益披露触发线的设置情况

	首次披露触发线	增减持披露触发线
美国	5%	1%
韩国	5%	1%
欧盟	5%	5%
英国	3%	1%
德国	3%	持股达到固定比例：5%、10%、15%、20%、25%、30%、50%、75%
意大利	投资者持有收入在3亿欧元或市值在5亿欧元以上上市公司股份的首次披露触发线为3%；持有其余上市公司股份的首次披露出发线为5%	持股达到固定比例：5%、10%、15%、20%、25%、30%、50%、66.6%、90%

资料来源：美国《1934年证券交易法》第13D条；韩国《资本市场与金融投资商业法》第2章；欧盟《透明度法令》第10章；英国《收购法典》第8.3条；德国《证券交易法》第21条；意大利《全国证券交易委员会2019年第21016号修正条例》第117条。

关于权益变动披露报告的区分标准，目前规定最为详细且历经多年实践检验的典型代表为美国。根据SEC制定的权益变动披露规则，权益变动报告分为以13D表格为代表的“详式权益变动报告”和以13G表格为代表的“简式权益变动报告”。原则上，持有上市公司5%股权的投资者皆应提交详式权益变动报告，除非其符合简式权益变动报告的要求。

根据《1934年证券交易法》第13G条，以下三种类型的投资者可以提交简式权益变动报告：一是适格的机构投资者。但该机构投资者必须为合法注册的金融机构，其购买股票属于正常业务范畴，并且无争夺控制权之意图。二是被动投资者。此类投资者应声明不以获取或影响公司控制权为目的，且持股比例低于20%。但是相对于对适格机构投资者的披露要求，对被动投资者的披露要求应更为严格，以防范有控制权争夺目的的投资者谎称自己为被动投资者而逃过预警规制。三是豁免投资者。豁免投资者包括在发行人根据《1934年证券交易法》注册公司之前购买其所有股票的投资者以及在12个月内增持不超过2%的投资者等。需要指出的是，为防止简式权益变动报告被滥用，SEC还另外创设了“冷却期”(cooling-off period)规则。[①] 具体而言，若上述三类投资者失去了简化权益披露报告的适用条件，如被动投资者具有了获取控制权目的或持股超过20%、适格机构投资者丧失机构投资者身份或具有获取控制权的目的，则应在规定期限内转而提交详式权益变动表格，且在此期间不得增持股份以及行使表决权。

上述国家和地区对于收购方权益披露触发线设置的数值差异，事实上反映出其本土的股权结构和资本市场活跃情况的不同。如美国、韩国、英国等国家的股权结构整体上呈相对分散态势，这意味着，控制股东的持股比例相对较低，因而规定较低的增减持披露触发线1%也就不难理解。值得注意的是，意大利针对不同公司规模设置了差异化首次披露触发线，此种多元化的披露触发线设置因考虑到不同公司的实际情况而更为合理、有效。另外，是否具有获取控制权意图乃美国区分权益变动报告的重要标准，辅之以较为严苛的冷却期规则，合力达成了公平与效率

① See Sher, Byron, *The Cooling-Off Period in Door-to-Door Sales*, UCLA Law Review, Vol. 15, No. 3, 1967, p. 717.

的平衡。

(二)报告期期限及期内交易行为规范的域外经验及启示

在收购方持股达到一定比例后,法律通常会为收购方预留公开披露的准备期限,收购方必须在该期限内履行权益披露义务。同时,在报告期期限内,法律是否允许收购方继续增减持股票以及通过其他方式处置股票,亦为需要探讨的问题。世界各国和相关地区对权益披露报告期期限的规制宽严有别,但大多未禁止报告期期限内收购方的继续交易行为。比如,美国的报告期期限最为宽容,为10个工作日。[①] 当然,该期限在美国一直饱受争议,尤其是2010年后爆发的系列违规披露事件再一次将报告期期限争议推向高潮。2010年秋季,激进的对冲基金在达到持股5%的门槛后,利用10天窗口期,以接近2.3亿美元的折扣价秘密收购了大型百货彭尼公司(J. C. Penney)26.7%的股份和美国富俊国际公司(Fortune Brands)10.9%的股份。2012年10月,卡尔·伊坎(Carl Ichan)利用10天窗口期秘密收购了网飞(Netflix)9.98%的股份,仅在10天窗口期内就获得了5200万美元的利润。对此,沃奇尔立普顿律师事务所(Wachtell Lipton)向SEC递交了请愿书,要求SEC行使《多德—弗兰克华尔街改革和消费者保护法》(Dodd - Frank Wall Street Reform and Consumer Protection Act)的规则制定权,将10天报告期期限缩短至1天。[②] 该请愿书立即遭到了美国诸多学者的反对,例如,卢西恩·贝布楚克(Lucian A. Bebchuk)和罗伯克·杰克逊(Robert J. Jackson)通过经济分析证明,对冲基金的积极主义与提升股东价值之间存在相关性,10天窗口期为法律对收购方约束目标公司管理层的合理补偿。[③] 对于行政机构SEC而言,其有义务考虑各种政策的成本和收益,且应保证相关规则能够促进公共利益。鉴于此,本着谨慎的态度,SEC至今尚未对10天报告期期限作出变更。

---

① 参见美国《1934年证券交易法》第13D条。

② See Wachtell & Lipton & Rosen & Katz A Letter to Elizabeth M. Murphy, Sec'y, U. S. Sec. & Exch. Comm'n, http://www.sec.gov/rules/petitions/2011/petn4-624.pdf, 2019-11-02.

③ See Bebchuk, Lucian A. & Jackson, Robert J. Jr., *The Law and Economics of Blockholder Disclosure*, Harvard Business Law Review, Vol. 2, No. 1, 2012, p. 39.

其他国家和地区的报告期期限则相对较短，如意大利的权益披露报告期为 5 天，[①]法国、西班牙、德国、瑞士的权益披露报告期为 4 天，[②]澳大利亚和英国的权益披露报告期为 2 天（上述国家和地区有关报告期期限及期内交易行为的规范情况详见表 3－2）。[③]

表 3－2　部分国家和地区对报告期期限及期内交易行为的规范情况

	报告期之期限（天）	是否禁止报告期期内的交易行为
美国	10	否
意大利	5	否
法国	4	否
西班牙	4	否
德国	4	否
瑞士	4	否
澳大利亚	2	否
英国	2	否

资料来源：美国《1934 年证券交易法》第 13D 条；意大利《全国证券交易委员会 2019 年第 21016 号修正条例》第 131.3 条；法国《商法典》第 L225－248 条；西班牙《证券市场法》第 35－4 条；德国《证券交易法》第 21 条；瑞士《证券交易法》第 20 条；澳大利亚《2001 年公司法》第 247 条；英国《收购法典》第 8.1 条。

收购方权益披露报告期期限的设置，应当在保护其他投资者知情权和降低收购方披露成本间予以妥善平衡。上述国家和地区设置的报告期期限宽严不一，便是立法者衡量上述因素后的博弈结果。另外，一个显著的共性表征为，上述国家和地区皆未对报告期内收购方继续增减持股票的行为予以限制，这也是利益衡量的理性结果。其背后的法理为，收购方权益披露遵循的是信息不对称的反向披露原理，收购方作为信息劣势方，增持目标公司股票本就属于市场行为，披露相关权益事实上是法律为确保其他投资者的知情权和公平交易权而强制要求收购方作出的一定"牺

① 意大利《全国证券交易委员会 2019 年第 21016 号修正条例》第 131.3 条。

② 法国《商法典》第 L225－248 条、西班牙《证券市场法》第 35－4 条、德国《证券交易法》第 21 条、瑞士《证券交易法》第 20 条。

③ 澳大利亚《2001 年公司法》第 247 条、英国《收购法典》第 8.1 条。

牲”。为确保利益平衡且坚守法律规制的中立立场，此种牺牲并非毫无限度，没有必要在权益披露之上另外剥夺或限制投资者买卖股票的固有权利。

（三）违规披露的法律后果的域外经验及思辨

收购方权益披露违规的法律后果通常包括以下三个层面问题：一是收购方持股超过披露触发线后继续违规增减持股票的行为是否有效；二是对收购方持股超过披露触发线后的违规增持股份之权利是否予以限制；三是对收购方违规披露行为应施以何种性质的处罚以及何种程度的处罚。

第一，关于收购方持股超过披露触发线后继续违规增减持股票的行为效力，域外立法绝大多数并未涉及该项规定，从而推定其至少不否认该行为的效力。

第二，关于收购方持股超过披露触发线后的违规增持股份之权利限制，内含表决权限制以及强制处分股票两方面内容。首先，韩国的规定最为严格。韩国《资本市场与金融投资商业法》第147条和第150条规定，违规增持股份者，就违规增持部分股票不享有表决权，且金融委员会可视情况责令其在6个月内转卖相应股份。总结起来，韩国立法明确对违规披露方的表决权予以限制，并强制其处分股票。其次，美国《1934年证券交易法》并未对违规披露者的表决权予以限制，但司法实践的立场存在分歧，主要表现为美国联邦最高法院和联邦巡回法院的立场差异：美国联邦最高法院在1975年的“朗多诉莫西尼造纸公司（Rondeau v. Mosinee Paper）案”中，明确反对对违规增持者实施限制表决权的法律责任；[①]相反，在“盖福公司诉米尔斯坦（GAF Corp. v. Milstain）案”中，第二巡回法院则认为可以对违规增持者的表决权予以限制。[②] 第一巡回法院在“通用飞机公司诉兰珀特（General Aircraft Corp. v. Lampert）案”中秉持同样观点。[③] 尽管在表决权限制问题上，美国法院呈现出不同的司法态度，但皆未判决强制违规披露方处分股票。

---

① See Rondeau v. Mosinee Paper Corp. ,422 U. S. 49(1975).

② See GAF Corp. v. Milstain,453 F. 2d 709(2nd Cir. 1971).

③ See General Aircraft Corp. v. Lampert,556 F. 2d 90(1st Cir. 1977).

最后，德国、日本、法国皆不强制处分违规披露方股票，但在表决权限制上有所差异：其中，德国、法国立法皆明确规定限制违规披露方的表决权，①而日本的立法对此并未提及（上述国家和地区对收购方违规增持股份之权利限制情况详见表3-3）。

表3-3 部分国家和地区对收购方违规增持股份之权利的限制情况

	表决权限制	强制处分股票
韩国	违规增持的部分股票不享有表决权	金融委员会可视情况责令其在6个月内转卖相应股份
德国	违规者在履行义务前及履行义务后6个月内的表决均无效	立法无规定
法国	违反持股披露义务者，就其超过应予披露之额度的股份，自履行披露义务之日起2年内不具有表决权	立法无规定
美国	立法无规定，司法存争议	立法无规定
日本	立法无规定	立法无规定

资料来源：韩国《资本市场与金融投资商业法》第147条和第150条；德国《证券交易法》第28条；法国《商法典》第L233-14条；Rondeau v. Mosinee Paper Corp.，422 U.S. 49（1975）；GAF Corp. v. Milstain，453 F.2d 709（2nd Cir. 1971）；General Aircraft Corp. v. Lampert，556 F.2d 90（1st Cir. 1977）.

第三，关于对收购方违规披露行为的处罚方式和处罚程度。首先，最为严苛的是韩国、日本，其皆对违规披露者施以刑事处罚，但对财产刑和自由刑的单一适用或并行适用有所区别；②其次，德国、法国的处罚程度居中，

① 德国《证券交易法》第28条规定："因故意或重大过失而未履行持股披露义务，违规者在履行义务前及履行义务后6个月内的表决权均无效。"法国《商法典》第L233-14条规定："违反持股披露义务者，就其超过应予披露之额度的股份，自履行披露义务之日起2年内不具有表决权。"

② 韩国《资本市场与金融投资商业法》第445条第20款规定："对违反本法第147条第1款、第3款或者第4款的规定不进行报告者处三年以下有期徒刑或者单处一亿韩元以下的罚金。"该法第444条第18款规定："对本法第147条规定的报告文件或者第151条第2款规定的更正报告书中关于总统令规定的重要事项有虚假记载或者标注、或者未记载或标注者，处五年以下有期徒刑或者单处两亿韩元以下罚金。"日本《金融商品交易法》规定了两种处罚，一是罚款，该法第172条第7款规定："不提交大量持有报告书或者变更报告书时，内阁总理大臣应按照节次规定的程序，令其向国库缴纳相当于第1项所列金额乘以第2项所列比例后所得金额的罚款。"二是刑罚，该法第197条第2款规定："对未提交第27条之23第1款规定的大量持有报告书等人员，处五年以下有期徒刑或者五百万日元以下罚金，或者并处之。"

其在立法中皆未规定对违规披露者施以罚款甚至刑事处罚;最后,美国的处罚最为宽容。尽管根据反证券欺诈的兜底条款《1934 年证券交易法》第 10b－5 条,违反相应条款者须承担民事、行政、刑事等责任,如罚款、制止令、刑事处罚等,但迄今 SEC 以严厉姿态纠察权益披露违规者实属罕见,大多数情况是仅签发制止令,辅之对违规者处以行政小额罚款。[①]

通过分析上述域外经验可知,尽管各国家和地区对收购方违规披露的法律后果宽严有别,但其共性为不涉及对收购方违规增减持股票的行为效力判断,由此反映出立法者对资本市场"交易恒定原则"的坚守。笔者也赞同此种立法主张,因为证券交易具有不同于一般买卖的特殊性。证券交易虽在法律属性上属于买卖行为,但又与一般的买卖行为存在显著区别。一般买卖合同发生于特定交易主体之间,而证券交易系在证券交易所以集合竞价、自动撮合方式进行的交易,涉及众多证券投资者,且交易对手间无法一一对应。[②] 若随意改变交易结果,不仅会影响证券交易市场秩序,还会涉及众多投资者的利益。此外,对于违规披露者表决权和股票的处分,以及处罚方式和处罚程度,上述国家和地区也昭示出不同的立场,这主要根植于上述国家和地区差异化的上市公司敌意收购的发展情况、制度体系和文化传统。因此,对于收购方违规披露法律后果,还需结合具体情况予以针对性设置。

第二节 收购方适用杠杆融资工具的法律规制

著名金融学家迈克尔·詹森(Michael Jensen)在 20 世纪 80 年代曾提出:"公司管理层各种'乱政'的重要根源是掌握了过多的自由现金流,而杠

---

① 如在 Eberwein、Gillman、Heartland 与 Digirad、Aetrium 等公司的控制权争夺中,对于违规披露者 SEC 仅签发了制止令,要求其不得进一步违反证券交易法及其项下规则的规定,并处以最高 18 万美元最低 3 万美元的罚款。在之前的诸多案例中,SEC 的处罚也基本保持了上述尺度。See Davidoff, Steven M., *The SEC and the Failure of Federal Takeover Regulation*, Florida State University Law Review, Vol. 34, No. 2, 2007, p. 221.

② 上海市第一中级人民法院民事判决书,(2015)沪一中民六(商)初字第 66 号。

杆收购迫使公司背上债务负担，收购方将设法挤出目标公司的自由现金流，进而遏制'乱政'之源。"[①]布赖恩·伯勒(Bryan Buffough)和约翰·希利亚尔(John Helyar)在其经典著作《门口的野蛮人Ⅰ：史上最强悍的资本收购》中所言的"杠杆收购剥下公司无用的肥膘，让公司苗条轻巧"，[②]正是该道理。无疑，在上市公司敌意收购中，杠杆收购的作用尤为重要。对于收购方而言，杠杆收购是为其扩大资金体量以及隐藏其争夺控制权的目的之重要手段；对于目标公司而言，杠杆收购有助于减轻过多的自由现金流从而降低代理成本。但是，在此过程中，杠杆融资工具的运用颇为复杂、隐秘而极具风险，对法律规制提出了极大挑战。

一、杠杆融资工具的类型解读及其适用的风险剖析

(一)杠杆融资工具的类型

在上市公司敌意收购过程中，收购方通常会综合考虑资金占用、资金成本、原有股东控股权、并购后业务协同、融资便捷性等多方面因素，最终确定杠杆融资工具。依据杠杆融资工具的创新程度，笔者将其划分为传统杠杆融资工具和新型杠杆融资工具两种类型。

1. 传统杠杆融资工具

传统杠杆融资工具主要包括债权融资和股权融资两大类，其各自优劣势较为明显：债权融资无需稀释股权，但需要抵质押等增信措施，易增加企业的财务成本；股权融资更为易得便捷，但容易稀释企业股权。

(1)债权融资

债权融资，是指企业通过举债的方式进行的融资，在上市公司敌意收购中使用最多的是银行贷款和发行债券两种方式。

一方面，银行贷款是传统的、最为常见的融资工具，指公司按照法律和银行规定，向银行进行贷款的融资行为，并且在规定时间内应当还本付息。通常来说，为预防风险，公司需要向银行提供担保人或担保物。在实践中，

---

① Jensen, Michael, *Agency Cost of Free Cash Flow, Corporate Finance and Takeovers*, American Economic Review, Vol. 76, No. 2, 1986, p. 325.

② [美]布赖恩·伯勒、[美]约翰·希利亚尔：《门口的野蛮人Ⅰ：史上最强悍的资本收购》，张振华译，机械工业出版社2018年版，第34页。

银行对贷款审查十分严苛，因而一般只有中大型公司才能申请到银行贷款。

另一方面，发行债券也是公司最常见的融资方式，债券是指融资方为了筹集所需资金，直接向社会借债并给付给投资者，承诺按一定利率支付利息并按约定条件偿还本金的债权债务凭证。其中，并购债券是专为企业并购而发行的债券，是高收益债券的主要品种之一。并购债券具有票息高、期限长、本金非摊还、优先级低、无担保等特征，其产生和发展得益于20世纪80年代美国发生的企业并购浪潮。到20世纪90年代，并购债券在欧洲和亚洲起步。

(2)股权融资

股权融资应当说是公司融资的最常见、最基本的手段，且成本和风险皆较低。其具体指公司股东愿意让出部分公司所有权，通过公司增资引进新股东的融资方式。当然，此种融资方式本身也有较高的要求，即公司的经营管理应当良好，且具有较高的声誉。值得注意的是，股权融资也会产生负面效应，也即分散公司股权，且容易暴露对公司发展至关重要的商业信息。

2. 新型杠杆融资工具

从世界范围看，近40年来上市公司敌意收购市场蓬勃发展，出现了许多新型杠杆融资工具，如资产管理计划、保险资金、股票收益互换等。

首先，资产管理计划具体指经批准符合一定条件的金融机构为资产委托人提供资产管理服务，担任资产管理人，运用委托资产进行投资的理财产品。其中，结构化资产管理计划在上市公司敌意收购中颇受青睐。所谓结构化资产管理计划，是指委托人所持有的受益份额根据风险收益特征被划分为不同级别，不同级别的委托人所享有的收益和承担的亏损比例有所不同。

其次，与市场上常见的其他杠杆融资工具相比，保险资金涉入敌意收购具有独特的优势：一是对资本市场而言，保险公司这类长期投资者的进入，有利于资本市场的长期稳定和价值回归，这更符合保险公司资金体量大、投资期限长、追求绝对收益的特性；二是保险公司作为机构投资者，更加看重上市公司敌意收购的战略意义，其着眼于与目标公司实现战略协同，积极参与目标公司的经营管理，这对参与上市公司敌意收购的双方而言是一种共赢，也是保险行业直接服务于实体经济的重要途径。

最后，股票收益互换是一种创新型的融资手段，是指投资者根据其股票的潜在收益,与券商约定以其未来持股收益和利益进行现金流置换。无疑,股票收益互换是一种有利的权益衍生工具。

(二)杠杆融资工具适用的潜在风险

分析上市公司敌意收购中出现的高杠杆、复合型融资工具为资本市场带来的潜在风险,是科学规制收购方适用杠杆融资工具的关键环节。具体而言,杠杆融资工具在适用中往往存在以下风险。

1. 流动性风险

流动性风险是收购方在引入杠杆资金后面临的主要挑战之一。以保险资金为例,保险资金入市很容易诱发流动性风险。保险行业为负债经营的行业,资产与负债的匹配颇为关键。原则上,为避免风险,保险机构需要以“负债驱动资产”为核心手段,而保险资金入市的运行逻辑刚好相反,采用的是“资产驱动负债”的手段。现实中,诸多保险机构利用销售期限短、利率高的万能险的资金大量投入到期限长的资本市场中,很容易因资金链断裂而无力偿还投保方和受益人,流动性风险一触即发。①

2. 系统性风险

首先,目标公司股价波动直接影响保险险种(如万能险)的收益率,若股价下跌,风险则会从资本市场转嫁到保险市场。其次,目标公司股价的波动可能会引发收购方与融资机构的“抽屉协议”,②导致融资机构撤回资金,进而削弱收购方偿本付息的能力,引发违约风险。最后,资管计划持有股份的股价若下跌到一定程度,则面临被平仓的风险;同时加剧杠杆的提升,对收购方施加了更大的压力。个别情形下,收购方抛售部分流动性尚可的股票为唯一选择,由此其他股价大跌,导致相互关联的资管产品之间的逼仓现象发生。无疑,杠杆融资工具在适用中极容易发生“交叉感染”,进而导致系统性风险。

3. 公司稳定经营风险

以产品归集股份的模式将导致控制权不稳定,进而严重影响上市公司

---

① 参见宋昊轩:《保险资金入市规范的法律问题研究》,载《北方经贸》2018 年第 4 期。

② 所谓抽屉协议,是指金融机构与企业一同签订的私下协议,没事的时候放在抽屉里,一旦有相关情况发生就拿出来,金融机构可以据此追索。参见肖建国:《金融机构同业业务创新:典型案例与风险分析》,载《南方金融》2014 年第 5 期。

的日常经营。以我国饱受争议的"宝万之争"为例,宝能系购入的股份,约占万科股份的15%,其中,万能险占股约5%,多个资管计划占股约10%。所有资管计划合同的生效时间一致,存续期间为24个月到36个月不等。而在存续期满后,持股较大的宝能系对万科公司经营治理的影响力极大,可能会影响公司的稳定经营风险。① 除此之外,华润的退股、恒大的举牌以及深圳地铁的持股都会加剧公司经营治理的不确定性。

二、收购方适用杠杆融资工具法律规制的应然逻辑

在上市公司敌意收购融资中,如果杠杆融资工具单一,又不能利用结构化设计妥当界分风险与收益,则很可能导致金融风险累积、风险收益错配,进而损害投资者利益和影响金融市场稳定。为有效防范风险,一方面,需要为金融市场发展多元化的杠杆融资工具提供法律空间,满足各类风险偏好和并购需求,实现风险与收益的再匹配;另一方面,法律应当对风险的合理防控作出回应与支持,强调对新型杠杆融资工具在上市公司敌意收购中的适用保持警惕,坚守不发生系统性风险的底线。

(一)激励性规制:推动传统杠杆融资工具适用的市场自主性

尽管新型杠杆融资工具的开拓能够推动上市公司敌意收购的蓬勃发展,提升资本市场的活跃程度,但如前文所述,流动性风险、系统性风险等主要源自新型杠杆融资工具的适用。法律的规制逻辑应当为,对传统杠杆融资工具提供相对宽松的适用环境,从而避免收购方对资金缺口部分实行更多高风险高成本的融资,加剧整个交易中的风险。

传统杠杆融资工具的适用蕴含如下优势:第一,传统杠杆投资机构对收购方的信息掌握更为透彻。以商业银行为例,其作为企业的重要合作伙伴,一直以来都是企业壮大发展的有力保障。而作为商业化运作的机构,银行亦必须要对企业有一个深入了解的过程才会加深自己与企业合作的程度。相较而言,其他投资机构对企业信息的掌握不如商业银行全面和深入。在此意义上,商业银行更加了解自己的客户,当客户提出并购贷款需求时,商业银行能够更加清楚这笔并购贷款是否符合企业的战略需求,是否在企业

---

① 参见孙即、万丽梅:《宝万之争看杠杆资金风险》,载《中国金融》2018年第3期。

的承受范围之内，以及是否会对企业其他融资性负债形成交叉风险。第二，传统杠杆投资机构具有较强的风险化解能力。银行和债券市场经过多年的发展业已形成一套相对完备的风险体系，对风险的把控能力很强，对风险的审核也较为严格。当企业发生风险事件时，银行和债券市场能够根据事前的风险防范措施予以有效化解。此种风险防范能力也对金融系统的稳定发挥了重要作用。① 第三，传统股权融资兼具低成本和低风险的优势，对于收购方而言是一种稳妥的融资方式。

无疑，传统杠杆融资工具应当在上市公司敌意收购融资结构中发挥主导作用，并且采用激励性规制范式。激励性规制理论来源于博弈论和信息经济学，其应用原理为，规制机构应采用合适的激励工具，自主激发金融机构投资的动机，从而减少逆向选择和道德风险。② 站在法律的视角，激励性规制要求相关法律规制能够彰显市场在资源配置中的决定性作用，尊重市场自主选择的权威性。③ 法律激励工具是使激励性策略真正落地的制度设计，具有保证实现规制目标的诸多优点。故而在对传统杠杆融资工具适用的法律规制中，应选择市场准入、税收减免、放宽融资比例和期限等激励规制工具，优化法律制度设计，构建差异化、多样性的规制机制，形成科学的法律激励结构。④

（二）穿透式监管：强化新型杠杆融资工具的风险防范

资本市场日益崇尚发展具有跨行业性质的新型业务，而这些新型业务的交易链和交易结构往往极为复杂，其资金来源和资金投向冲破了资本约束、市场准入、杠杆比例等相关监管规则，极易导致风险的跨行业传播。事实上，近些年我国所发生的系统性风险事例，大多与新型业务紧密相关。以“宝万之争”为例，宝能系的资金链包含银行资金、保险资金、自由资金等，内含诸多杠杆。从表面上看，宝能系的资金运作符合各自行业的监管要求。

---

① 参见中国财富管理50人论坛和清华大学国家金融研究院联合课题组：《规范杠杆收购，促进经济结构调整》，中国财富管理50人论坛和清华大学国家金融研究院2016年版。

② See Laffont, Jean-Jacques & Martimort, David, *Transaction Costs, Institutional Design and the Separation of Powers*, European Economic Review, Vol. 42, No. 3, 1998, p. 675.

③ 参见方桂荣：《信息偏在条件下环境金融的法律激励机制构建》，载《法商研究》2015年第4期。

④ 参见岳彩申：《民间借贷的激励性法律规制》，载《中国社会科学》2013年第10期。

但从深层次观察，宝能系的资金链结构复杂，层层嵌套，为资本市场埋下了严重的风险隐患。[①] 作为回应，“穿透式监管”近年来逐渐进入大众视野，国务院和各金融监管部门在发布的文件中明确强调实行“穿透式监管”。[②]

所谓穿透式监管，即监管者对金融交易背后的当事人进行穿透式识别，利用适当的法律规制工具和模式，对金融交易进行深度调整。[③] 其理论基础包含两个层面：一是实质重于形式，旨在防止被“虚假伪造的结构”掩盖真相；二是提升市场透明度，揭示市场风险，促使投资者知晓并防范市场风险。穿透式监管的对象主要有二：一是资本端穿透。资本端与公司兑付能力紧密相关。具体而言，上市公司可能虚增资本以及与关联方进行内幕交易等，使公司资本金的净值受影响，进而加大了金融市场的风险。是故，有必要对公司的实际控制方、资本端的最终来源以及上市公司与关联人间的资金往来进行穿透式识别与监管。二是资产端穿透。这主要是对金融产品的属性和投向进行深度监管。一方面，要甄别金融产品的本质特征，透过现象看本质，从而选择适合的法律进行规制；另一方面，应识别金融产品的投向是否遵循法律规定的监管比例、投资范围等要求。

总之，新型杠杆融资工具在适用中存在多层嵌套、杠杆不清、名股实债、监管套利等重重乱象，这显著加剧了金融风险和金融体系的脆弱性。而穿透式监管提供了一种知晓本象的监管思路，不但能防范收购方适用杠杆融资工具的潜在风险，而且有助于重塑金融监管框架，因此其贯彻和实施有正当性和必要性。

（三）培育社会责任意识：加强金融机构参与敌意收购的行为约束

“现代社会经济学理论”的学者指出，公司不应仅仅是经济实体，其应

---

① 参见荀文均：《穿透式监管与资产管理》，载《中国金融》2017年第8期。

② 如国务院在2016年4月发布的《互联网金融风险专项整治工作实施方案》中提出“采取‘穿透式’监管方法，根据业务实质明确责任”；中国人民银行、中国银行保险监督管理委员会、中国证券监督管理委员会、国家外汇管理局在2018年4月联合发布的《关于规范金融机构资产管理业务的指导意见》第27条规定：“实行穿透式监管，对于多层嵌套资产管理产品，向上识别产品的最终投资者，向下识别产品的底层资产。”证监会在2018年10月发布的《证券期货经营机构私募资产管理业务管理办法》及《证券期货经营机构私募资产管理计划运作管理规定》中提出，要“向上穿透最终资金来源，向下穿透最终资金投向”。

③ 参见叶林、吴烨：《金融市场的“穿透式”监管论纲》，载《法学》2017年第12期。

兼顾实现股东利益最大化和社会利益最大化。① 在该立场下，金融机构同样应当注重履行社会责任，在其进行自身管理与业务创新的同时，更应致力于促进与其他公司的共同发展。②

收购方为确保上市公司敌意收购成功，往往需要借助金融机构的平台实现杠杆收购。事实上，金融机构在公司治理中承担着“治理者”和“被治理者”的双重身份，承载着履行社会责任的重要使命。一方面，金融机构的“治理者”身份要求其履行如下社会责任：其一，金融机构作为大股东，应当积极履行大股东的义务，强调其认真介入公司的经营治理活动，确保外部治理机制的有效运行；其二，从风险防范的层面对金融机构重大投资进行监管，确保保险资金、资管计划等在并购市场中的风险可控。另一方面，金融机构的“被治理者”身份要求其履行如下社会责任：其一，提供资金的金融机构应注重公司的内部风险预防机制建设，强调利润最大化和风险防范并行，避免资产负债端错配的发生；其二，若金融机构有一致行动人，还应告知产品投资者相关表决权的分配情况，注重发挥独立董事的职能，广泛听取其他股东，尤其是中小股东的意见。③ 显然，金融机构“治理者”身份的着力点在于履行对公司外部利益相关者的社会责任，“被治理者”身份的着力点则在于履行对公司内部利益相关者的社会责任。正是由于金融机构担负着不同维度的社会责任，其在上市公司敌意收购中应当成为市场上的价值发现者与价值创造者，而非风险的“助力者”。

以上市公司敌意收购中保险资金的运用为例。保险行业担负着社会补偿、社会保障等多项职能，乃金融体系的重要支柱，理应牢固树立“保险姓保”的业务经营理念。就产品设计而言，保险机构应强调产品的保险保障功能，防止其成为变相的简单理财产品，盲目走粗放式高资本消耗业务的“野蛮”扩张之路。鉴于此，保险机构对收购方的资金支持，应以推动保险机构可持续

---

① See Logsdon, J. M. & Wood, D. J., *Business Citizenship: From Domestic to Global Level of Analysis*, Business Ethics Quarterly, Vol. 12, No. 2, 2002, p. 160.

② 参见刘志云等：《新发展理念下中国金融机构社会责任立法问题研究》，法律出版社2019年版，第67页。

③ 参见李维安、齐鲁骏、李元祯：《从“宝万之争”的治理启示解读“杠杆收购”》，载《清华金融评论》2017年第1期。

发展、促进被保险人和股东利益最大化、提升目标公司的治理水平为圭臬，发挥其作为"治理者"和"被治理者"的双重职能，严格履行社会责任。

三、收购方适用杠杆融资工具法律规制的域外实践及评析

(一)传统杠杆融资工具适用的法律规制之域外发展及启示

传统杠杆融资工具主要包括债权融资和股权融资两大类，因此域外经验介绍也围绕上述类别展开。

1. 债权融资法律规制的域外发展

(1)并购贷款

美国《1934年证券交易法》规定，美联储有权就证券融资事宜设置相关细则。实践中，美联储于1934年、1936年、1968年制定了《T规则》《U规则》《G规则》，分别监管券商、银行、其他非银行出借人向购买股票的融资方提供融资的行为。因此，美国关于并购贷款的立法主要体现于美联储制定的《U规则》。《U规则》的核心内容主要包含以下几方面：一是信息披露要求，贷款双方皆承担信息披露义务，从而有助于监管机构及时了解贷款情况；二是目的贷款额度限制，即所能贷到的款项额度必须等于或低于最大担保物价值。其中，依据不同计算方式和担保物类别的差异，最大担保物价值有所不同。如当担保物为股票时，贷款的最大额度应当小于或等于该股票市值的一半。总体而言，美国银行主要根据企业的信用情况及企业能否提供抵押物或担保决定是否向企业提供贷款，而较少通过评估企业的并购项目来决定是否向企业提供资金。

日本的并购贷款业务的制度模式较为独特，其实行"主银行制度"，具体是指一家公司并购的资金皆由一家银行提供，银行与公司之间属于稳定合作的伙伴关系。主银行制度主要具有如下特征：[①]第一，主银行可以向公司选派自己的人作为股东和管理人员；第二，公司的账户管理结算银行即为主银行；第三，主银行为公司长期提供资金贷款；第四，主银行是公司的股东。主银行制度的宗旨在于利用主银行的股东身份，监督和指导公司的经营运作，以保证自己的投资能够获得可靠回报。可见，日本银行的并购贷款

---

① 参见于潇：《日本主银行制度演变的路径分析》，载《现代日本经济》2003年第6期。

在参与目标公司治理中亦具有积极意义。

(2)发行债券

美国历史上第四次企业并购潮的发生源于杠杆收购的广泛使用,其中以并购债券为代表的高收益债券创新是其重要力量。关于并购债券的发行,根据《1933 年证券法 144A 条例》(Rule 144A under the Securities Act of 1933),公开发行并购债券实施注册制,可以省去法律规定的登记义务和信息披露义务,以节约发行成本。不过,发行人以及作为机构投资者的转让人应当为购买方制作与提供备忘录。关于相关法律责任,美国《1933 年证券法》第 11 条和第 12 条规定,若在上市登记表或函件中出现错误,并购债券发行的所有参与方皆应共同承担法律责任。关于并购债券的信用评级,美国历来较为严格。1986 年,美国保险监督管理协会(National Association of Insurance Commissioners,NAIC)对并购债券引入了相当严格的评级分类标准,对并购债券执行远高于其他投资的风险权重。SEC 也规定信用评级机构应当对受评公司的管理经营实时跟进,保持关注。[①] 由此可知,美国关于并购债券的规制秉持宽严相济的立场,对发行程序给予一定的简化,同时又在实体方面如法律责任和信用评级方面较为严苛。

英国债券市场起步较早,发展较为成熟,但由于依赖债券融资的主体主要是大公司而非中小公司,因而债券发行量和美国相比有很大差距。[②] 英国国内债券市场主要包括英国公债、公司债券、国库券和地方当局债券等。英国的债券发行分为公募和私募两种,均实行核准制。可见,英国的债券发行标准较为严格,这也是英国杠杆融资工具多以银行贷款为主的重要原因。

2. 股权融资法律规制的域外发展

普通股融资的最大问题是程序复杂且稀释公司股权,故而很多收购方转而采取优先股融资的方式,在确保股权结构不变的前提下以发股方式获

① See Arena, Matteo P., *The Corporate Choice between Public Debt, Bank Loans, Traditional Private Debt Placements and 144A Debt Issues*, Review of Quantitative Finance and Accounting, Vol. 36, No. 3, 2010, p. 402.

② 据估计,美国高收益债券的发行量是欧洲的 5 倍。参见余桂荣:《英国公司债券市场发展及启示》,载《青海金融》2011 年第 3 期。

取资金。概言之,优先股是享有优先权的股票,持有该股的股东对公司资产、利润分配等享有优先权,其风险较小,但优先股股东对公司事务无表决权。[①] 可见,对于具有巩固控制权意图的收购方而言,以优先股进行融资无疑是绝佳选择。优先股在上市公司敌意收购中可发挥的作用与一国法律安排密切相关。

第一,关于优先股的制度安排。美国属于授权型公司法国家,在公司法领域遵循“无契约情况下的替补法规”,即公司在制定公司章程方面享有极大自由权,公司章程未作规定的,才由法律法规予以规制。比如,2002 年修订的美国《标准商事公司法》(Revised Model Business Corporation Act)仅对优先股的种类、权利作出了简单规定;对于优先股的设置权,该法规定管理层可在未经股东大会同意的情况下结合公司运营情况灵活设置优先股;优先股行使表决权的唯一情形是其权益面临威胁。对于其他内容,美国相关法律并未提及,绝大多数内容是由各公司管理层制定和执行。[②] 与此相反,法国、日本等国家则在基本法律制度中全面、详细规定了优先股的各项问题,带有更多的强制性。例如,法国《商法典》第 2 编第 8 章、日本《公司法典》第 2 编第 2 章、德国《股份公司法》第 4 部分第 4 章对于优先股的发行、种类、权利、回购等皆作出了细致规定。

第二,关于优先股的制度内容。如前所述,优先股的制度内容包含多个层面,对于收购方而言,优先股的发行条件为影响其融资的关键内容,故笔者重点介绍域外优先股的发行条件内容。优先股的发行条件包括发行程序和发行实体两方面内容。一方面,关于优先股发行条件的程序要求,各国一般都规定了发行优先股应经股东大会 2/3 以上股东决议通过,大多属于特殊决议范畴(因涉及公司收购)。当然,亦有国家设置 3/4 比例等更高要求,如德国。[③] 另一方面,关于优先股发行的实体要求,主要体现在发行人的资质和优先股种类上。对此,域外大多数国家未有特殊安排,各公司可按

---

① 参见侯丽艳、梁平主编:《经济法概论》,中国政法大学出版社 2012 年版,第 12 页。

② 参见梁胜、易琦:《境外优先股法律制度比较研究》,载《证券法苑》2013 年第 1 期。

③ 德国《股份公司法》第 141 条。

照需求决定是否发行优先股以及相关种类,[①]从而为收购方以优先股进行融资提供了较为宽松的法律空间。

3. 经验启示

上述发展表明,收购方对传统杠杆融资工具的依赖程度与该国相关法律规制的宽严程度、商业文化等因素紧密相关。总体而言,美国有关传统杠杆融资工具适用的法律规制较为宽松。例如,美国银行主要根据企业的信用情况及企业能否提供抵押物或担保决定是否向企业提供贷款,而较少通过评估企业的并购项目来决定是否向企业提供资金;美国赋予公司董事较多自由裁量权以决定优先股发行的具体安排,等等。当然,美国优先股享有更多的自治权与其"董事会中心主义"的公司治理文化密不可分。宽松的法律规制环境,使传统杠杆融资工具近些年一直受到美国收购方的青睐。相反,英国对债券发行实行核准制,故而此种融资方式在实践中应用较少。另外,基于特殊的商业文化,日本的并购贷款业务实行"主银行制度",因而其本国收购方通常可以得到稳健的银行贷款。

当然,采取"宽进严管"的法律规制立场,能够有效平衡金融效率与金融安全,确保资本市场交易的有序进行。

(二)新型杠杆融资工具适用的法律规制之域外经验及评析

1. 资管计划涉入敌意收购法律规制的域外经验

对于资管计划参与上市公司敌意收购过程中的投资计划和表决权行使等问题,国外通常并无法律予以规定,一般由资管计划内部合同进行自治规范。例如,美国规制资产管理人的主要法规为 1940 年《投资顾问法》(Investment Advisers Act),其对投资顾问的适用主体、业务范围、信息披露和审慎监管作了较为严格的规定,但不涉及资管计划参与敌意收购后的相关问题。在实践中,资管计划中的原始投资者几乎没有任何股份权利行使权,因为在外观上,他们并非目标公司股份的持有者,资管计划管理人通常

---

① 如美国《特拉华州普通公司法》第 151 条规定:"任何公司都可以发行具有完整或部分表决权、无表决权、有优先权、参与权、选择权或其他特殊权利或限制的股票,公司章程、其修正案或者董事会根据公司章程条款的授权发行该等股票的决议中应该对这些特殊权利和限制有明确规定。"日本《公司法》第 108 条规定:"股份公司可发行的不同种类的股份包括优先股和劣后股,可以根据需要发行累积优先股或非累积优先股、参与优先股和非参与优先股。"

代为行使投资权、投票权、同意权和其他股东权利。① 事实上，协商确定共同投资计划和表决权是一项耗时且分散注意力的工作，“授予所有投资者共同表决权既不具有战略意义，也不明智，因为实施这些权利的过程将是沉重的，而且不可能满足共同投资者的所有需求”。② 因此，通常情况下，资管计划会委任一个“共同投资权接受者”（recipient of co-investment rights），凭借其专业能力迅速作出决定。③ 当然，在任何共同投资安排中，都有足够的机会产生利益冲突。为避免共同投资权接受者谋求不当利益，资管计划应设立有关共同投资权接受者的行为运作道德规范和合规手册，构建相关的激励与约束机制。④

2. 保险资金参加敌意收购法律规制的域外经验

保险公司参与上市公司敌意收购的现象与日俱增。事实上，保险资金的主要来源为保险准备金，其具有稳定性、长期性和规模性。故而保险机构作为大型机构投资者，应当积极投入公司的日常经营中，从而确保保险准备金获得稳定收益，此乃保险机构履行社会责任和保护客户权益的重要途径。在此层面上，保险机构的战略投资应更注重长期价值。⑤ 然而，在实践中，保险公司股东往往将保险资金的投资杠杆化，即利用少数自有资金撬动大量保险准备金，专注财务性投资以获得短期收益。面对资本市场的巨大诱惑，作为经济理性人的保险公司股东天生具有追逐暴利的原始冲动。如是，战略投资者和财务投资者的两重角色在保险机构中存在难以避免的冲突。如何平衡此冲突以及消减该冲突造成的损失，即为法律规制的目的所在。

---

① See Tipalti, *How Are Investor Rights Exercised in A SPV?*, https://www.quora.com/How-are-investor -rights-exercised-in-a-SPV-Venture-Capital, 2019 – 09 – 23.

② Corelli, Julia & Christopher, Catherine, Best Practices in Structuring Co-investments, https://www.pepperlaw.com/publications/best-practices-in-structuring-co-investments-2013-04-01, 2019 – 09 – 23.

③ See Groenewegen, John & Abbott, Mary, *Co-investment Rights in Private Equity Funds: Here to Say*, https://www.osler.com/en/about-us/press-room/2016/co-investment-rights-in-private-equity-funds-here, 2019 – 12 – 07.

④ See Corelli, Julia & Christopher, Catherine, *Best Practices in Structuring Co-investments*, https://www.pepperlaw.com/publications/best-practices-in-structuring-co-investments-2013-04-01, 2019 – 09 – 23.

⑤ 参见陈文辉等：《新常态下的中国保险资金运用研究》，中国金融出版社 2016 年版，第 18 页。

美国资本市场发展较为成熟,股市一般不会大起大落,其保险公司主要将资产投资于ETF指数类基金,鲜见大量投资于单一公司。因此,美国立法对于保险资金涉入上市公司敌意收购的现象并未作出特别说明。相比之下,近些年我国台湾地区频繁发生保险资金涉足上市公司敌意收购领域事件以及相关违规投票行为。相应地,我国台湾地区相关规定对此作出了积极回应,具体包括以下几方面。

第一,构建战略性投资和财务性投资的差异化监管理念。针对保险机构作为战略性投资者和财务性投资者所肩负的不同社会责任和风险偏好的差异,我国台湾地区"保险法"作出了差异化设置。投资于"非保险相关事业"属于财务投资,为预防风险,其中第146-1条遵循投资分散性原则,对投资主体比例、单一资产比例、大类资产比例等设置了诸多限制。投资于"保险相关事业"则属于战略投资,获取短期利润仅为投资的其中一个目的,更关键的是通过介入公司经营获取控制权,从而获得长远利益。对此,"保险法"免除了第146-1条的各项比例限制。此外,为了大力推进与鼓励公共事业建设,"保险法"第146-5条对前述两层规定进行了折中,规定经由主管机构批准,符合"办理项目运用、公共及社会福利事业投资"等相关情形的,不适用第146-1条的规定,前提是保险机构在目标公司选派的董监事人数不能多于目标公司总人数的1/3。

第二,界定"与保险相关事业"的范围。保险机构立业的核心要旨为建立完善的风险保障系统,对于非保险相关事业的财务投资不能转化为争夺控制权。对此,关键在于如何认定与保险相关事业的具体范围。我国台湾地区"保险法"第146-4条规定,保险相关事业,系指银行、票券、证券、期货、信用卡、融资性租赁、保险、信托事业及其他经主管机关认定之保险相关事业。关于"其他经主管机关认定之保险相关事业",我国台湾地区金融监督机构进一步指出,从事大数据资料分析、界面设计、软件研发、物联网及无线通信业务,且符合金融科技事业的相关规定,属"保险法"第146-4条所称其他经主管机关认定之保险相关事业。①

---

① 我国台湾地区"金融监督管理委员会"发布的"订定保险法第146条第4项所定保险相关事业范围"。

第三,对财务性投资的表决权予以剥夺。[①]"保险法"第146－1条规定,保险业依第1项第3款及第6款投资(财务性投资),不得行使对被投资公司董事、监察人选举之表决权。该条款一经发布,就引发了学术界和实务界的极大争议。显然,对财务性投资表决权的剥夺旨在使保险机构专注于提升公司经营绩效,防范为其一致行动人并购抬轿。但是,反对方认为,该条文违背股东平等原则之基本法理,表决权不应被不平等剥夺,同时参与公司治理有助于保险机构更好地了解公司运营,从而降低投资风险。[②]

3. 一致行动人认定标准的域外经验

一致行动人概念和收购方权益披露密切相关,对其作出的法律认定旨在预防收购方为规避监管而利用多个"马甲"购买股票。若新型杠杆融资工具涉入上市公司敌意收购,将引发一致行动人的认定难题。以资管计划为例,管理人通常持有多个资管计划,若其中某个资管计划持有某一公司股票的比例未超过披露触发线,但多个资管计划持股之和突破了披露触发线,此时是否按照一致行动人规则进行监管?这就涉及一致行动人的认定标准问题。对此,域外有关一致行动人的认定标准可被划分为如下三类。

(1)主观标准

奉行主观标准的代表性国家为美国。美国《1934年证券交易法》第13(d)(3)条明确规定,若两个或两个以上的团体以获得、持有或处理发行人的证券为共同目的,则该等团体应视为一致行动人。显然,"共同目的"为美国认定一致行动人的唯一要件。由于该规定过于原则与抽象,故而在实践中,解决一致行动人认定难题的一般是法院。在实践中,美国法院认定"共同目的"的依据主要是相关客观事实,如投资者之间的股份互持、短期内的共同行为、互相贷款、通讯情况等。诚如"莫拉莱斯诉昆泰尔娱乐公司(Morales v. Quintel Entertainment, Inc.)案"的法官所言:"一致行动人认定的证据可以是直接或间接的,签订的相关协议可以是正式或非正式的。只

---

① 参见李伟群、胡鹏:《保险机构股票投资行为的法律规制——以"金融与商业分离原则"为视角》,载《法学》2018年第8期。

② 参见江朝国:《保险法修正评释》,载《月旦法学杂志》2009年第1期。

要投资者之间符合上述任何一种情形，就可以推定其因拥有‘共同目的’而构成一致行动人。”①同样，“火炬公司诉比克斯比（Torchmark Corp. v. Bixby, Inc.）案”的法官也指出，投资者之间有亲属关系不是认定一致行动人的相关要件，因为其不一定具有持股的共同目的。②

（2）主客观双重标准

与美国相比，英国关于一致行动人的法律规定更为明确和具体。《收购法典》采取了定义与列举相结合的方式界定一致行动人。一方面，其对一致行动人作出了原则定义，即根据协议或谅解（正式或非正式）而合作，以获得、巩固公司控制权或挫败公司成功要约为目的而一致行动的联合体。③ 显然，该规定涵盖了主观和客观双重标准。另一方面，其又列举了9种属于一致行动人的客观情形，并指出推定适用的前提为符合原则定义，即符合“主客观双重标准”要件。具体包括：①公司和其母公司、附属公司、同系附属公司及其联营公司，以及该等公司为联营公司的子公司之间；②公司及其董事（连同其近亲属及其相关信托）之间；③公司和其退休金计划之间；④基金管理人（包括获豁免的基金管理人）在任何投资公司、单位信托基金或其他相关投资之间，就有关投资账户进行投资；⑤公司员工与其近亲属之间；⑥本法适用的公司创始人的近亲属与其相关信托之间；⑦委托人和顾问之间；⑧收购方与面临要约的公司董事，或有理由相信其公司的真诚要约可能即将来临的董事之间；⑨公司与特殊股东之间，该特殊股东就新股发行的问题卖掉了私人公司股份。

（3）主客观择一标准

相较之下，日本对一致行动人的认定最为宽泛，其奉行主客观择一标准。根据日本《证券交易法》第27条第23款第4项和第5项，一致行动人是指，投资者之间对某股票共同取得、转让，或具有共同目的，或相互之间存在亲属关系、股份互持关系，或有其他法律规定的关系。通过上述规定不难看出，日本法律对一致行动人的界定相当宽泛：投资者之间具有资本关

① 符望：《上市公司收购中的报告义务及一致行动人法律问题研究——从新梅诉讼到万科事件》，载《证券法苑》2017年第4期。

② See Torchmark Corp. v. Bixby, Inc., 708 F. Supp. 1070, W. D. Mo. 1988.

③ 指《收购法典》“定义”（definitions）中的“一致行动”（acting in concert）。

系、亲属关系、共同目的等，即可推定相互之间构成一致行动人。遵循该种路径，日本在实践中对一致行动人的认定颇为容易。

4. 经验启示

各国或地区由于杠杆融资的传统不同，相关法律规制的重心也有所差异。例如，在美国，传统杠杆融资工具对于收购方发挥了更大作用，资管计划、保险资金的鲜少适用导致立法罕见相关规定。

此外，就一致行动人的认定标准而言，无论是美国的"主观标准"、英国的"主客观双重标准"，还是日本的"主客观择一标准"，"主观标准"皆为认定一致行动人的主导依据。这是因为，具有"共同投资"的目的方为一致行动的实质，可以覆盖所有客观情形。未来我国相关立法应对此问题予以审慎对待。

本章小结

收购方权益披露和适用杠杆融资工具为法律规制的重要面向。前者涉及对市场投资者的权益保护，后者则关涉整个资本市场的金融稳定。

一方面，对收购方权益披露的法律规制不容忽视。其一，在收购方权益披露的制度逻辑维度，收购方权益披露的运行机理与信息偏在的逻辑相悖，但因有助于提升市场效率和改善公司治理而获得正当性。关于收购方权益披露的权利指向，学界主要提出了"知情权"、"公平交易权"和"控制权与反收购权"三种学说。从法理学视角审视，"控制权与反收购权"学说难寻支撑。相反，"知情权"和"公平交易权"因密切联系中小投资者利益而成为收购方权益披露的正当权利指向。其二，在收购方权益披露法律规制的立场维度，收购方权益披露法律规制的宽严立场乃社会争议的焦点，目前主要存在从宽说和收紧说两种理论争议。激励机构投资者提升公司治理、防止成为反收购的利器是从宽说的主要理论依据，而收紧说则从遏制机构投资者的短期主义、消减社会外部性等角度出发进行论证。笔者认为，收紧说的上述理由仅仅说明有必要对收购方权益披露在一定限度内进行监管，但这并不构成收紧规制的充分理由。对利弊并存的收购方权益披露制度的法律规制还须结合多重因素,根据本国具体情况形塑介入尺度。其三,在收购方权益披露法律规制的域外实践维度,为规范收购方权益披露活动,诸多国家对收购方权益披露形成了不同样态的法律规制体系,主要包括披露触发线和权益变动报告的设置、报告期期限及期内交易行为的规范、违规披露的法律后果三大部分内容,为我国提供了宝贵的比较法经验。

另一方面,对收购方适用杠杆融资工具的法律规制颇为必要。依据杠杆融资工具的创新程度,可将其划分为传统杠杆融资工具和新型杠杆融资工具两种类型。当杠杆融资工具适用于上市公司敌意收购中时,存在流动性风险、系统性风险、公司稳定经营风险等隐患。为有效防范风险,一是应对传统杠杆融资工具的适用采取激励性规制范式,以最大限度尊重市场权威;二是对新型杠杆融资工具的适用实施穿透式监管,以实现对金融交易关系的深度和有效调整;三是积极培育金融机构履行社会责任的意识,强化金融机构参与敌意收购的行为约束。在具体规则的制定层面,梳理与比较域外有关收购方适用杠杆融资工具的法律规制的经验尤为关键,可为我国相应制度的完善提供改进方向。

第四章　上市公司敌意收购之目标公司的法律规制

上市公司敌意收购本质上属于中性行为，但在目标公司董事看来，任何对其控制地位存在威胁的行为皆是“恶意”。显然，在上市公司敌意收购中，收购方与目标公司存在天然的利益冲突，奋起抵抗乃目标公司捍卫控制地位的唯一选择。诚如华尔街投行拉扎德CEO布鲁斯·瓦瑟斯坦(Bruce Wasserstein)所言：“公司董事年事已高或无能、股票价值被低估、具有充足的现金流等皆会吸引他人的注意，而原地不动的目标就是一只待宰的呆鸭。”①法律的功能即在于，将“防止出现短期主义的暴政”②作为反收购唯一宗旨嵌入权利(力)义务的配置和相关制度的安排之中，对目标公司施以有效规范。其中，“目标公司反收购的权力配置模式”、“目标公司董事信义义务的判定标准”以及“目标公司反收购条款”是法律规制的核心内容。需要说明的是，尽管目标公司

---

① See Morales v. Quintel Entertainment, Inc. ,249 F. 3d 115,2d 23 Cir. ,2001.

② Dominic Barton & Mark Wiseman, *Focusing Capital on the Long Term*, Harvard Business Review, Vol. 92, No. 1, 2014, p. 44.

信息披露的法律规制亦是资本市场领域的重要议题,但和上述内容相比,其在上市公司敌意收购场域中的现实疑惑性和紧迫性并不显著,故而笔者主要将该议题放置于反收购权力配置模式中一起进行讨论。

第一节 目标公司反收购权力配置模式的类型化图谱

内部权力配置是公司治理的永恒主题。[①] 如学者所言,公司架构内包含两大法权支柱——"权利"和"权力",两种法权形态的性质具有本质差异:公司中的"权利"是一种在权利主体之间平等的对称性权利,而公司中的"权力"则是一种非对称性的支配权或管理权。[②] 显然,本书所研究的反收购"决定权"属于公司法中的"权力"形态,其宗旨是通过建立合理的反收购权力配置结构,实现股东和其他利益相关者的利益最大化。依循反收购决定权归属主体的不同,当今理论和实践主要形成了三种反收购权力配置模式——股东大会中心主义模式、董事会中心主义模式和监事会中心主义模式。

一、股东大会中心主义模式

(一)股东大会中心主义的理论依据

1. 股东主权理论

关于股东与董事的关系,当前世界各国呈现出不同的理论学说,如美国推崇委托代理关系、英国信奉准信托关系以及日本推崇委任关系等。尽管理论各异,但其体现的现代公司制度的核心要件一致,即奉股东主权为圭臬。[③] 对此,著名学者阿道夫·伯尔(Adolph A. Berle)坚持认为,授予一个

① 参见汪青松、赵万一:《股份公司内部权力配置的结构性变革——以股东"同质化"假定到"异质化"现实的演进为视角》,载《现代法学》2001 年第 3 期。

② 参见郭富青:《公司法权形态二元配置的法理解析》,载《甘肃政法学院学报》2010 年第 2 期。

③ 参见胡鸿高、赵丽梅:《论目标公司反收购行为的决定权及其规制》,载《中国法学》2001 年第 2 期。

公司或一个公司的管理层，或公司内任何集团的所有权力，在任何时候都只能为了所有股东的利益而行使。[①] 米尔顿·弗里德曼（Milton Friedman）指出，公司的经营是为了股东的最大利益，公司的目标是通过赋予董事一项隐性义务，确保股东财富最大化。其提出这样一个假设的依据为，公司的股东是企业的所有者，“企业的社会责任的唯一目标为增加利润”。[②]

基于此，股东主权理论的拥护者通常反对董事会干涉参与上市公司敌意收购过程，并认为企业所有者，即股东必须享有自行决定是否接受或拒绝上市公司敌意收购的权力，董事无权干预公司控制权问题。反收购事关公司重大资产与财务变动，影响公司的拥有者——股东的切身利益。因此，股东主权理论的拥护者认为只有股东能决定控制权的走向，董事会无权干预。

2. 外部惩戒理论

上市公司敌意收购可以受很多原因驱动，此为收购动机研究领域。这一领域的理论颇为丰富并伴有一定程度的争议，如弗里德利希·特劳特温（Friedrich Trautwein）确立了 7 种动机理论：效率理论、垄断理论、估值理论、帝国建立理论、过程理论、袭击者理论和干扰理论。[③] 另有学者认为，通过更换管理层来增加目标公司的利润也是敌意收购的动机之一，此即外部惩戒理论。[④] 由于管理层效率低下，一些公司的表现不佳，而上市公司敌意收购将提供一种“纯粹”的公司治理功能。此时，敌意收购成为了一种约束与惩治手段，激励新的管理层更专注于利润最大化，而不太倾向于追求自身利益，从而降低代理成本。因此，控制权争夺市场将激励公司董事会勤勉、忠实地经营管理业务，以实现公司价值的最大化。

基于外部惩戒理论，如果上市公司敌意收购的唯一目的是驱逐没有尽职的董事，那么就没有理由让这些董事决定是否采取反收购措施。事实上，

---

① See Berle, Adolph A., *Corporate Powers as Powers in Trust*, Harvard Law Review, Vol. 44, No. 7, 1931, p. 1049.

② Friedman, Milton, *The Social Responsibility of Business Is to Increase Its Profits*, New York Times Magazine, 1970 - 09 - 13.

③ See Trautwein, Friedrich, *Merger Motives and Merger Prescriptions*, Strategic Management Journal, Vol. 11, No. 4, 1990, p. 283.

④ See Smadja, Clement, *Hostile Takeovers and Directors' Duties: From Delaware to Brussels, What's Best for Shareholders*, Montreal: McGill University, 2008, p. 42 - 43.

如果我们假设外部惩戒理论有利于股东利益，那么，董事会对上市公司敌意收购的否决则会削弱收购威胁对在职者施加的惩戒约束力，从而导致“管理绩效较差、利润率较低、股本回报率较低、销售增长放缓、企业价值整体下降”。[①]

3. 股东“神圣空间”(sacred space)理论

有学者试图通过界分出股东的决策空间来论证上市公司敌意收购决策由股东作出的正当性。[②] 股东应当有权终决性地决定公司的方向，因为他们有权选举董事。正如卢西恩·贝布丘克(Lucian Bebchuk)所确认的，“董事会之所以被赋予业务管理上的广泛的自由裁量权，是因为股东保留了使他们有权通过投票或出售方式罢免董事的‘剩余控制权’(residual control rights)”。[③] 换言之，股东的监督对董事权力的合法性至关重要。股东投票不应被理解为公司决策结构的一个组成部分，而应更多地被视为不时使用的作为最后手段的责任机制。“布拉西诉阿特拉斯公司(Blasius Indus. v. Atlas Corp.)案”的审理恰好反映了此理念。该案审理法官指出：“董事权力正当性的前置要件是股东享有至高无上的特权。”[④]因此，在股东选举董事的权利和董事会管理公司的权力之间保持适当的平衡的关键，在于“股东在董事选举或罢免中拥有不受阻碍的有效投票权”。[⑤] 更进一步讲，正如罗伯特·克拉克(Robert Clark)所观察到的，股东投票权是被用于督促公司董事和高级管理人员履行职责的正确方式。[⑥]

基于上述理念，罗伯特·汤普森(Robert Thompson)和戈登·史密斯(Gordon Smith)指出存在一个“神圣空间”，在该空间内股东应行使不可侵犯的投票权和出售权，这将允许股东“采取行动将公司出售，交由董事会进

---

① Bebchuk, Lucian, *The Case for Increasing Shareholder Power*, Harvard Law Review, Vol. 118, No. 3, 2005, p. 849.

② See Thompson, Robert B. & Smith, Gordon D., *Toward a New Theory of the Shareholder Role: "Sacred Space" in Corporate Transactions*, Texas Law Review, Vol. 80, No. 2, 2001, p. 265.

③ Bebchuk, Lucian A., *Toward Undistorted Choice and Equal Treatment in Corporate Takeovers*, Harvard Law Review, Vol. 98, No. 8, 1985, p. 1723.

④ See Blasius Indus., Inc. v. Atlas Corp., 564 A. 2d 651 (Del. Ch. 1988).

⑤ See MM Cos. v. Liquid Audio, Inc., 813 A. 2d 1118 (Del. 2003).

⑥ Clark, Robert C, Corporation Law, New York: Aspen Publishers, 1986. 95 – 96.

行拍卖”。[①] 该理论指出,“神圣空间”体现在由公司法所建立的股东直接参与核心治理决策的结构上。应当说,“神圣空间”是对董事决策缺陷的必要平衡,股东决策在公司治理中具有受人尊敬的地位。在这种权力平衡的概念上,特洛伊·派瑞得(Troy Paredes)教授指出,若将剩余控制权分配给董事会,将破坏公司的权力平衡以及董事会的合法性,法律有责任确保董事不会剥夺股东的投票权和出售权。[②] 董事不应干涉股东行使控制权,就像股东不应干涉董事会的努力一样。“神圣空间”理论也是当下股东积极主义趋势的必然走向,随着越来越多的活跃的机构投资者致力于公司治理,这些股东更加渴望自己决定收购是否合适。

(二)股东大会中心主义模式的实践——英国

受机构投资者的影响,以及英国商界对上市公司敌意收购的强烈偏好,英国形成了以股东大会为核心的反收购权力配置模式。[③] 这主要体现在以保护股东利益为核心的《收购法典》中。《收购法典》第21.1(a)条确立了著名的“不阻挠”规则。[④] 这是一条颇为严厉的规则。和普通法有关“不当目的”的规定不同,《收购法典》上述规则仅探究董事行动的结果,而非其目的。从整体效果来看,上述规则仅为目标公司董事会预留了三种可供选择的反收购措施空间:一是说服股东相信,现任管理层比起收购方更能让他们的未来一片光明;二是说服反垄断机构相信,在本国层面上,应当基于公共利益对收购活动进行审查;三是鼓励其他收购方作为“白衣骑士”现身,向

---

① Thompson, Robert B. & Smith, Gordon D., *Toward a New Theory of the Shareholder Role: "Sacred Space" in Corporate Transactions*, Texas Law Review, Vol. 80, No. 2, 2001, p. 299.

② See Paredes, Troy A., *The Firm and the Nature of Control: Toward a Theory of Takeover Law*, Washington U. School of Law Working Paper, 2003, p. 122 – 123.

③ See Armour, John & Jacobs, Jack & Milhaupt, Curtis J., *The Evolution of Hostile Takeover Regimes in Developed and Emerging Markets*, Harvard International Law Journal, Vol. 52, No. 1, 2011, p. 244.

④ 《收购法典》第21.1(a)条规定:“在收购过程中,甚至在目标公司董事会有理由相信迫在眉睫的收购发起之前,董事会不得在未经股东大会批准的情况下采取任何可能导致任何要约或潜在要约受阻的行动,不得剥夺股东决定反收购与否的机会,以及不得(i)发行任何股份,或转让或出售,或同意转让或出售任何库存股份,或由公司赎回或购买其自有股份;(ii)就任何未发行股份发行或授予期权;(iii)创设、发行或允许创设或发行任何附有转换股份或认购股份权利的证券;(iv)出售、处置或获取,或同意出售、处置或获取金额重大的资产;或(v)非在常规业务过程中订立合约。”

股东发出另一份要约。在上述三种情形中,目标公司董事会皆只能靠说服别人来抵御收购。

尽管董事在未获得股东批准的前提下不能采取反收购措施,但《收购法典》赋予了董事通知义务和提议义务。根据《收购法典》第 3 条,受要约公司的董事会必须就任何要约的财务条款是否公平合理获得有效的独立意见,并且必须将该意见的实质告知其股东。根据《收购法典》第 15(b)条,受要约公司的董事会必须就向股东发出的要约或建议获得独立的有效意见,并且必须向其股东告知该等意见的实质内容,以及告知股东董事会对该要约或建议的意见。由此,英国形成了以股东大会决策权为中心、辅以董事会建议义务的反收购权力配置模式。

值得注意的是,也存在《收购法典》无"用武之地"的情形。第 21.1(a)条仅适用于上市公司敌意收购已经发生或迫在眉睫之时,而在此之前,敌意收购的可能性尚且"遥不可及"时,则不需要严格执行该项规则。之所以要区分这两种情形,是因为唯有上市公司敌意收购"箭在弦上",严格执行不阻挠规则才会更加有理有据。而在上市公司敌意收购尚未"兵临城下"之际,若再严格执行该项规则亦会增加股东压力,因为这消减了股东通过集中式管理结构而获得的好处,而此刻董事会作出利己决策的风险又并非很大。[①] 在上市公司敌意收购活动尚未迫在眉睫之时,董事会采取预防性反收购措施的行为将由英国《2006 年公司法》予以规制。根据该法第 171 条,董事必须出于正当目的履行职权。尽管董事会有权进行事前防御,但英国事前防御的例子罕见,董事会反收购决定权基本被架空,[②]故而笔者仍将英国反收购决定模式归纳为股东大会中心主义模式。

---

① 参见[英]保罗·戴维斯、[英]莎拉·沃辛顿:《现代公司法原理》(第 9 版),罗培新等译,法律出版社 2016 年版,第 1033 ~1034 页。

② 英国界定"正当目的"的司法实践历经了从主观标准向客观标准的转变过程。依照客观标准,无论董事认为其行为在多大程度上维护公司和股东最大利益,只要其行为致力于争夺控制权,就具有不正当性。而反收购条款的提前制定在司法实践中一般很难证明其正当目的,如在具有典型示范效应的著名案例"Hogg v. Cramphom Lim ited. 案"和"Howard Smith Ltd. v. Ampol Petroleum Ltd. 案"中,法官皆否定了目标公司董事采取反收购措施的正当性。这也是英国一直以来反收购条款制定并未流行的主要原因。

二、董事会中心主义模式

（一）董事会中心主义的理论依据

1. 信息不对称理论

相对而言，董事比股东更容易获得公司经营信息。同时，即使股东获取适当的通知，他们也因缺乏商业头脑而无法作出正确的决策，加之股东决策所固有的集体行动困境，皆会削弱决策制定的效果。[①] 事实上，董事往往更了解情况的说法早已被美国收购治理框架接受。比如，在“派拉蒙通信公司诉时代公司案”中，大法官艾伦（Allen）断言，没有人能比董事更了解公司当前和未来的状况。[②] 这一理由是可以理解的。因为在大多数情况下，董事会拥有更多的专业知识，并且能投入更多的时间和精力去评估公司的信息。更重要的是，资本市场信息颇为复杂，尤其在公司价值方面，董事们往往掌握着公众投资者不具备的私人信息。正如贝纳德·布雷克（Bernard Black）和莱纳·克拉克曼（Reinier Kraakman）所言，目标的“隐藏价值”，即目标的真实价值，只能被目标公司的董事而非股东觉察。[③] 显然，董事的该项能力在上市公司敌意收购中尤为重要，因为收购方倾向于低估目标公司的价值，此时目标公司董事可以基于其信息敏锐性，提示股东目标公司的价值高于收购方估计的水平。若董事的角色完全被动，股东很可能会错误地接受一个不充分的报价，此种情形亦被称为“实质性的胁迫”。[④] 特拉华州法院很早就承认，现实中股东们很有可能错误地认为收购要约是充分的，而董事对此的担忧合理合法。[⑤] 鉴于此，股东们将反收购决定权委托给董事

---

① See Easterbrook, Frank H. & Fischel, Daniel R, *The Economic Structure of Corporate Law*, Harvard: Harvard University Press, 1991, p. 171 – 174.

② See Paramount Communications, Inc. v. QVC Network, Inc., 637 A. 2d 34 (Del. 1994).

③ See Black, Bernard & Kraakman, Reinier, *Delaware's Takeover Law: The Uncertain Search for Hidden Value*, Northwestern University Law Review, Vol. 96, No. 2, 2002, p. 530.

④ Gilson, Ronald J. & Kraakman, Reinier, *Delaware's Intermediate Standard for Defensive Tactics: Is There Substance to Proportionality Review?*, The Business Lawyer, Vol. 44, No. 2, 1989, p. 248.

⑤ See Armour, John & Jacobs, Jack & Milhaupt, Curtis J., *The Evolution of Hostile Takeover Regimes in Developed and Emerging Markets*, Harvard International Law Journal, Vol. 52, No. 1, 2011, p. 244.

会将更符合自身利益，因为董事更容易获得关乎公司前景和价值的信息流。①

2. 投标压力理论

该理论主要建基于美国自愿要约收购制度的法律框架之上。面临收购要约的股东们可能会面临投标的压力。② 一般认为，在没有董事介入的情况下，股东往往会接受要约收购，即使收购不符合其最佳利益，因为提前接受收购可避免非投标股份的价值在收购后变低。卢西恩·贝布丘克（Lucian Bebchuk）教授对投标压力问题给出了一个简短而伟大的解释："无论何时皆存在这样一种可能，即部分股票收购后价格低于收购价格，此种可能性将会对股东施加投标压力。因此，即使大多数股东未将敌意收购视为集体行动，股东也可能形成接受投标的一致行动，从而导致敌意收购的成功。"③

可以说，股东之间的任何协调要么不可能，要么代价太高，因此每位股东皆无法猜测其他股东是否会接受要约收购。但可以确定的是，如果收购成功，没有接受要约的股东可能持有收购后价值变低的股票，而接受要约收购似乎为最佳选择。最终，尽管股东认为收购价格低于目标公司独立的价值，其依然可能会接受报价转卖股份。此种压力主要来自买方的合同自由，买方可以根据自己的意愿制定报价。投标压力的典型情况发生在自愿要约收购的法律框架中，此种操作在欧洲很少见，因为大多数欧盟成员国如英国一般实行全面强制要约收购规则。

（二）董事会中心主义模式的实践——美国

推行董事会中心主义模式的典型代表为美国。总结起来，美国董事会中心主义模式具有如下特征：第一，董事对公司控制权之争享有采取反收购措施的决定权，前提是董事没有利益冲突且决策独立；第二，法院审查董事

---

① See Smadja, Clement, *Hostile Takeovers and Directors' Duties: From Delaware to Brussels, What's Best for Shareholders*, McGill University, 2008, p. 36 – 37.

② See Bebchuk, Lucian A., *Toward Undistorted Choice and Equal Treatment in Corporate Takeovers*, Harvard Law Review, Vol. 98, No. 8, 1985, p. 1723.

③ Bebchuk, Lucian A., *The Case against the Board Veto in Corporate Takeovers*, The University of Chicago Law Review, Vol. 69, No. 3, 2002, p. 981.

的决策程序与独立性。① 事实上,美国的 SEC 和法院享有对收购事项的管辖权,其中,收购要约本身主要由 SEC 监管并评估是否符合披露程序规则。相比之下,目标公司管理层对上市公司敌意收购的反应则主要由州法院监管——这通常意味着监管法院为特拉华州法院和最高法院。当收购方认为目标公司的董事会不恰当地阻碍其投标时,其通常会向特拉华州法院提起诉讼。收购方若在诉讼中辩称,目标公司的董事违背了他们的信义义务,董事的抵抗力是不可估量的,法院应判决撤销反收购措施,以便目标公司股东有机会考虑收购。②

根据《特拉华州普通公司法》第 251 条,如果投标采用合并提案的形式,董事有权通过一项决议,批准合并并声明其合理性。但是,针对以要约收购形式进行的合并董事是否有权介入,该法令尚未予以回应。对此,一些法律评论员认为,由于要约收购是收购方与目标股东之间的交易,董事会不应扮演任何角色,只有股东才能决定接受或拒绝该报价。③ 其他法律评论员以同样的热情予以反驳,认为董事会应有权对此作出决定。④ 直到 1985 年,特拉华州最高法院在"优尼科公司诉梅萨石油公司(Unocal Corp. v. Mesa Petroleum Co.)案"中结束了上述争议。特拉华州最高法院在该案中对商业判断规则作出了重新诠释,认为董事有权并有义务在收购方和目标公司股东之间进行干预,但应通过两项测试:⑤一是合理性测试(the reasonableness test),即董事会开展了合理的调研,以及有合理理由相信收购存在威胁;二是相当性测试(the proportionality test),即反收购措施与威胁

① 参见徐洪涛:《公司反收购法律制度研究》,深圳证券交易所综合研究所 2006 年版。

② See Armour, Johnand & Skeel, David A. J. R., *Who Writes the Rules for Hostile Takeovers, and Why? -The Peculiar Divergence of U. S. and U. K. Takeover Regulation*, Georgetown Law Journal, Vol. 95, No. 6, 2007, p. 1743.

③ See Matin Lipton, *Corporate Governance in the Age of Finance Corporation*, University of Pennsylvania Law Review, Vol. 136, No. 1, 1852, p. 18; Bainbridge, Stephen M, *Director Primacy in Corporate Takeovers: Preliminary Reflections*, Stanford Law Review, Vol. 55, No. 3, 2002, p. 818.

④ See Easterbrook, Frank H. & Fischel, Daniel R, *The Proper Role of a Target's Management in Responding to a Tender Offer*, Harvard Law Review, Vol. 94, No. 6, 1981, p. 1161; Gilson, Ronld J, *A Structural Approach to Corporations: The Case Against Defensive Tactics in Tender Offers*, Stanford Law Review, Vol. 33, No. 5, 1981, p. 819.

⑤ See Unocal Corp. v. Mesa Petroleum Co., 493 A. 2d (Del. 1985).

相比是成比例的。"优尼科公司诉梅萨石油公司案"对董事会介入控制权争夺的权力给予了广泛的司法尊重。对此,有学者强调,"优尼科公司诉梅萨石油公司案"确立的规则旨在为管理层应对上市公司敌意收购提供更大的灵活性,但是董事介入其中时应确保其仍然受信义义务之约束。①

尽管判例法赋予了董事有关反收购的广泛的自由裁量权,但目标公司董事依然试图说服州立法机关给予他们更多的保护。到20世纪80年代末,已有40多个州颁布了反收购法,保护在该州注册的公司的管理层。②美国各州,尤其是特拉华州颇为重视目标公司董事会的偏好之原因为,董事会在决定一家公司是否与另一个州合并方面扮演着关键的角色。如果一个州希望最大限度地增加在该州注册的公司数量,那么该州将重点关注公司的初始注册决策和随后的重组决策。以特拉华州为例,有大量的公司在该州注册,而使已经在该州注册的公司保持独立性对于特拉华州的经济发展至关重要。因为经验表明,特拉华州的公司在以往的重组损失都大于公司刚成立时的收益,因此,特拉华州致力于阻止其公司重新合并到另一个州。此外,诱使在其他地方注册的公司合并到特拉华州也至关重要。基于这些原因,州公司法通常会竭尽所能迎合管理者的偏好。

需要指出的是,随着股东积极主义的崛起,近些年美国公司治理的情势发生了重大改变,公司治理的权力正在实现重新分配——董事会中心主义正逐步转向股东大会中心主义。③ 尽管过去几十年美国的股东都较为被动并且力量薄弱,但不可否认的是,如今的股东积极主义在很大程度上是由机构投资者推动的。随着机构投资者的增长和股份所有权的集中,机构投资者变得更有能力也更加渴望积极参与包括敌意收购议题在内的公司治理。而在反收购领域,董事会中心主义向股东大会中心主义逐渐变革的重要体

---

① See Ventoruzzo, Marco, *The Thirteenth Directive and the Contrasts Between European and U. S. Takeover Regulation: Different (Regulatory) Means, Not So Different (Political and Economic) Ends?*, Bocconi Legal Studies Research Paper, 2006, p. 43 – 44.

② See Romano, Roberta, *The Political Economy of Takeover Statutes*, Virginia Law Review, Vol. 73, No. 1, 1987, p. 120.

③ See Coffee, John C. Jr. & Palia, Dariys, *The Wolf at the Door: The Impact of Hedge Fund Activism on Corporate Governance*, Annals of Corporate Governance, Vol. 1, No. 1, 2016, p. 603.

现为“交错董事会”(staggered board)和“毒丸计划”(poison pills)的衰亡。① 事实上,“毒丸计划”顺利实施的前提是交错董事会的实行,因为交错董事会制度可以阻碍机构投资者同时替换大部分董事,而只有董事会全部投票通过,才能撤销“毒丸计划”。基于此,近20年废除交错董事会的股东提议逐年增加。② 基于股东权益的倡导和机构投资者的压力,大多数以前致力于使用交错董事会措施的大公司纷纷撤销交错董事会制度,从而导致“毒丸计划”的衰亡。③ 尽管法院和立法并未正面回应股东是否享有反收购决定权,但可以肯定的是,股东积极主义的崛起正促使美国上市公司敌意收购反收购权力配置的重新分配,未来法院和政府的态度将会更加明朗。

三、监事会中心主义模式

(一)监事会中心主义的理论依据

利益相关者理论为支撑监事会中心主义的核心依据。传统的企业理论认为,经济利益最大化是企业经营的唯一目标,股东拥有企业控制权和剩余索取权。然而,民众对企业社会责任理念的愈加关注、物质资本社会化的强化和证券化程度的加深对上述理论构成极大挑战。利益相关者理论认为,企业在本质上就是相关主体之间签订的“一组契约”,这说明:④第一,企业的整体利益不仅是股东利益,而是企业所有利益相关者的合计利益;换言之,企业应当以实现股东和其他利益相关者的利益最大化为总体经营目标。第二,企业的发展壮大依托于全体利益相关者的共同努力,而非股东的一己之力,只有如此企业方能集合所有利益相关者的全部资源,从而实现企业整体价值的最大化。第三,所有利益相关者的各自资本和资源形成企业运行的物质保障,这些资本和资源不能仅来自股东,还应囊括债权人、员工、客户等其他主体的资源。在此意义上,企业本质上就是集合不同资本而联结

---

① See Matheson, John H., *Corporate Governance at the Millennium: The Decline of the Poison Pill Anti-Takeover Defense*, Hamline Law Review, Vol. 22, No. 3, 1999, p. 703.

② Ibid., p. 739.

③ See Catan, Emiliano & Kahan, Marcel, *The Law and Finance of Anti-Takeover Statutes*, Stanford Law Review, Vol. 68, No. 3, 2016, p. 667.

④ 参见张兆国:《利益相关者视角下企业社会责任问题研究》,中国财政经济出版社2014年版,第44~46页。

的契约。第四,追求利润最大化并非企业经营的唯一目标,追求企业整体价值的最大化也是企业经营目标的应有之义。这意味着,尽管企业不同主体有着差异化的利益诉求,如股东的诉求是实现资本最大化、债权人的诉求是及时收到本息、员工的诉求是获得高薪。但这些差异化诉求皆可融入追求企业整体价值最大化的目标中。诚如梅里克·多德(Merrick Dodd)教授所主张的:"应将商业公司视为一个兼具社会服务和创造盈利之双重功能的经济机构。"①

为了实现这一目标,利益相关者理论的支持者认为应强调监事会的决策功能。监事会被视为一个中介机构和监督机构,负责"打造一条为所有利益相关者带来最大利益的长期经营之路"。② 公司的发展目标比股东的财富更广泛,所有利益相关者之利益皆应得到监事会的审慎考量,包括为雇员提供更安全的工作、为消费者提供更优质的产品、为社区整体福利做出更大贡献等。因此,在上市公司敌意收购场域中,根据利益相关者理论,必须赋予监事会反收购决定权,令其为所有利益相关者之最大利益行事。

(二)监事会中心主义模式的实践——德国

德国拥有全世界独一无二的反收购权力配置模式。面对上市公司敌意收购,目标公司监事会享有绝对的决策权。根据德国《证券交易与收购法》第 33 条,在公布要约收购结果之前,目标公司的董事会不得采取任何可阻止要约成功的措施,除非获得目标公司监事会的批准;在要约期限届满以前,经过股东大会的代表 3/4 以上表决权的股东同意,可以提前明确董事会可以采取的妨碍要约成功的措施,授权期限最长为 18 个月。但是,目标公司董事会在执行措施时依然需要获得监事会的同意。无疑,在德国上市公司敌意收购活动中,目标公司监事会担任了决定收购成功与否的重要角色。

从深层次分析,德国特殊的双层董事结构造就了反收购监事会中心主义权力配置模式。具体而言,根据 1976 年《共同决策法典》(Mitbestimmungsgesetz),所有股份公司和其他商业实体,如有限责任公司、股份有限合伙企业和有限

---

① Dodd, E. Merrick, *For Whom Are Corporate Managers Trustees?*, Harvard Law Review, Vol. 45, No. 7, 1932, p. 1148.

② Blair, Margaret M & Stout, LynnA, *A Team Production Theory of Corporate Law*, Virginia Law Review, Vol. 85, No. 2, 1999, p. 291.

责任合伙企业,必须具有两级董事会结构,包括管理委员会和具有员工代表的监事会。① 其中,监事会是一个共同决策系统,兼具股东和员工选举的代表。对于拥有500~2000名员工的企业,监事会必须有1/3以上的员工;对于拥有2000名或以上员工的企业,监事会必须有一半以上的员工,其中一部分必须是工会代表。② 此时,董事和监事因组成成员不同,可能具有不同的价值观和利益,而股东和员工共同选举的监事则有同等义务为公司的最大利益行事。③ 根据德国《股份公司法》,监事会主要负责监督董事会、审查公司账簿、审查公司资产、批准某些董事决定,并在符合公司最大利益的情况下召开股东大会。尽管监事会不能作出管理决策,但它可以事前批准董事会采取的某些行动,反收购决定权即是典型例证。如前所述,监事会享有绝对的反收购决定权,董事会在采取任何措施之前皆应获得监事会批准,即使事先获得股东大会许可,在执行时依然需要征求监事会的同意。

四、比较法视角下目标公司反收购权力配置模式的经验启示

(一)反收购权力配置模式的差异化影响因素

如前所述,英国、美国、德国等典型代表国家在反收购权力配置的设计中呈现截然不同的图景,分别形塑了股东大会中心主义、董事会中心主义和监事会中心主义三种模式。究其原因,反收购权力配置模式的分歧主要根源于各国制度土壤的差异。

1.法律制度维度:寻求法律整体的宽严相济

综观上述国家有关上市公司敌意收购的立法文本,其规制天平皆保持中立,毕竟,上市公司敌意收购是一种利弊互现的中性行为。④ 微观制度之间的宽严相济乃立法中立在法律文本中的表现形式。以要约收购制度与反收购权力配置制度为例,上述国家致力于使两种制度协同联动,相互配合,

---

① 德国《共同决策法典》第1153条。

② See Loewenstein, Mark J, *What Can We Learn from Foreign System?: Stakeholder Protection in Germany and Japan*, Tulane Law Review, Vol. 76, No. 1, 2002, p. 1677.

③ See Chen, Li-Juian, *The Defensive Measures in Case of Takeover under German Takeover Act and Delaware Corporate Law*, National Taiwan University Law Review, Vol. 2, No. 2, 2007, p. 98.

④ 参见傅穹:《敌意收购的法律立场》,载《中国法学》2017年第3期。

塑造出整体中立的上市公司敌意收购规制生态。

英国和德国皆实行强制全面要约规则，为上市公司敌意收购设立了较高的门槛。相应地，反收购权力配置模式相对于敌意收购而言则趋向宽松，以尊重市场权威。具体而言，在英国，《收购法典》将“平等对待目标公司股东”的理念奉为上市公司敌意收购法律规制的基本方针。该理念主要反映在英国《收购法典》第1条，该条规定：“同一类受要约公司的所有证券持有人必须获得同等待遇；此外，如果一个人获得了公司的控制权，其他证券持有人必须受到保护。”作为平等对待目标公司股东理念的贯彻，英国《收购法典》第9.1条确立了严厉的“强制全面要约”制度。该条规定：“任何人取得了代表一家公司30%或以上表决权的股票（任何与其共同行动者所持股票应合并计算）中之权益，或任何人（与共同行动者一道）已经持有了公司中不少于30%但不超过50%的表决权，而且该人（无论单独行动还是与别人共同行动）进一步取得了其他股票上的权益，从而导致其持有的表决权比例上升。在上述两种情况下，除非经过并购小组的特别同意，否则该人必须将其要约对象扩展至公司所有类别的权益股本的拥有者，以及任何其他类别的附表决权之可转让证券的持有者。”英国虽对收购方施加了严苛的约束条件，但为确保市场活力，其确立了股东大会中心主义反收购权力配置模式，以便削弱收购成本，避免董事会肆意实施反收购措施。

与之类似，德国也遵循了同样的考量思路。根据德国《证券交易与收购法》第29条，如果收购方直接或通过转买接手获得目标公司30%或以上的投票权，则必须向所有股东作出强制性报价。与之相对应，德国采取了监事会中心主义反收购权力配置模式，将反收购决定权授予了监事会而非董事会，从而在一定程度上防范目标公司董事为谋求私利而不顾一切采取反收购措施。由此，可以在一定程度上消减强制全面要约制度的严苛性，实现立法的宽严相济。

美国在要约收购规制上的态度则较为缓和。根据《威廉姆斯法案》第14(d)(6)条，一是如果要约被超额认购，要约人在规定的时间内应按比例接受每个股东的投标，禁止以先到先得的方式提出部分要约；二是遵循“最惠股东”条款，要求在要约过程中，任何价格的上涨都必须给予那些先前已接受报价的股东；三是法案要求报价至少保持20个工作日。总的来看，《威廉姆斯法案》的要旨在于不要求收购方向所有股东发出要约，但要求给每个股东的报价一样、按比例购买每个股东的股份以及要约至少维持 20 天，以此保护目标公司股东的合法权益。① 显然，与英国、德国采取强制全面要约收购制度不同，美国实行自愿要约收购制度，故而遭遇上市公司敌意收购的概率较英国更高。与此相适应，其建立了更加及时和有针对性的董事会中心主义反收购权力配置模式，从而实现了反收购方与收购方力量之平衡。

2. 公共选择维度：方法论个人主义的动机使然

公共选择理论（public choice theory）的开创者将以经济学交换范式和"经济人"假说作为核心内容的研究方式，称为方法论的个人主义。② 方法论的个人主义乃公共选择理论的重要方法论，其核心思想为，集体行为为个体行为的累积之和。是故，个人的动机是解释政治、经济以及其他社会现象的正确路径。如布坎南所言："方法论个人主义的一个基本出发点为'经济人'假设，即个人具有与生俱来的追逐利益最大化的动机。"③此外，无论是政治关系抑或经济关系，都是多人之间的协作关系。公共选择理论旨在表达，在政治活动或市场活动中，个人才是决定者和执行者，个人追求利益最大化的动机以及相互合作的过程决定政治、经济制度。同理，反收购权力配置模式作为政治产物之法律制度的组成部分，其制度模式的形成与个人力量（尤其是主导力量）、相互协作及动机相关。

在英国，机构投资者在商业领域一直拥有举足轻重的地位。自英国第一次上市公司敌意收购战役伊始，机构投资者正逐渐成为英国上市公司的主要力量。1959 年的"英国铝业敌意收购"战役尤为重要，因为在此期间，一批重要的诸如养老基金和保险公司的机构投资者第一次会面，试图讨论他们的共同利益并发表联合声明，强调股东意见在上市公司敌意收购中的重要性。在"英国铝业敌意收购"战役结束后不久，1959 年 7 月，英格兰银行行长秘密邀请了由商业银行、机构投资者和伦敦证券交易所 3 家代表组

---

① See Hill, Caire & Quinn, Brian Jm & Solomon, Steven Davidoff, *Mergers and Acquisitions: Law, Theory and Practice*, St. Paul: West Academic Publisher, 2019, p. 94 – 97.

② 参见[美]詹姆斯·M. 布坎南：《自由、市场与国家》，北京经济学院出版社 1988 年版，第 24 页。

③ 同上。

成的委员会，设计能够规制上市公司敌意收购行为的规则。直至1968年，《收购法典》正式发布，自律性组织并购小组也相继成立。[①] 在20世纪60年代和70年代，养老基金、保险公司和单位信托持有的英国股票比例开始急剧上升。这些机构投资者代表皆参与至《收购法典》的立法过程以及并购小组的日常运作中，对英国上市公司敌意收购法律规制起着重要的主导作用。是故，机构投资者团体的意识形态决定着反收购权力配置的设计，代表广大股东利益的机构投资者绝不希望反收购决定权落到其他利益主体手中（尤其是董事会团体），由此推动了股东大会中心主义反收购权力配置模式的问世。

在美国，董事和政府之间进入一种“交换”关系，两者把资源投入建设共同物品——董事会中心模式，从而使双方互惠共赢。联邦立法《威廉姆斯法案》重点规制包括信息披露、要约收购程序等在内的收购行为，而对于反收购行为则主要由各州立法予以规制。目前绝大部分州的反收购立法皆将反收购决定权赋予目标公司董事会。例如，《特拉华州普通公司法》赋予董事会广泛权力对抗敌意收购，包括资本重组、“白衣骑士”、“毒丸计划”、出售皇冠珠宝、锁定协议、“绿色邮件”和“黄金降落伞”等。[②] 而促成董事会中心主义的州立法形成的关键主体为政府和董事会。一方面，董事会在美国商界和政治界颇具影响力，州反收购立法通常是由公司的管理层推动的，他们忌惮自己的地位被收购主体取代。一般来说，州反收购立法往往是在没有公开评论的情况下通过的，在各自的州立法机构中讨论得也很少。[③] 另一方面，美国各州政府亦颇为重视目标公司董事会，因为董事会在决定一家公司是否与另一个州合并方面扮演着关键的角色。如果一个州希望最大限度地增加在该州注册的公司的数量，那么该州将重点关注公司的初始注册决策和随后的重组决策。在此过程中，董事会和政府形成利益共同体，通

---

① See Armour, John & Jacobs, Jack & Milhaupt, Curtis J., *The Evolution of Hostile Takeover Regimes in Developed and Emerging Markets*, Harvard International Law Journal, Vol. 52, No. 1, 2011, p. 266.

② See Matheson, John H, *Corporate Governance at the Millennium: The Decline of the Poison Pill Anti-Takeover Defense*, Hamline Law Review, Vol. 22, No. 3, 1999, p. 729.

③ See Anjier, John C, *Anti-Takeover Statutes, Shareholders, Stakeholders and Risk*, Louisiana Law Review, Vol. 51, No. 3, 1991, p. 568.

过利益交换获得共同的产出——董事会反收购能力的增强以提升公司存立的稳固性。

德国监事会中心主义模式的形成源于利益相关者(尤其是雇员)对公司治理的广泛影响力。德国的公司法律制度严格奉行社会责任理念,员工福利为公司治理重要的考量因素。德国时任总理施罗德(Schroeder)曾指出:"敌意收购从来没有帮助,因为其破坏了企业文化并削弱了公司对员工的承诺。"①正因如此,股东大会没有任何理由掌控公司控制权的更迭,双层董事结构下的董事会和监事会更有该事项的发言权。其中,监事会致力于共同决策制,员工被赋予广泛权利参与监事会的决议程序。鉴于雇员文化和利益相关者保护理念在德国根深蒂固,立法机关最终将反收购决定权授予监事会乃顺应情势之举。

(二)利益衡平:反收购权力配置模式须辅以配套机制

反收购决定权的赋予导致该权力主体与其他主体的平衡利益关系被打破,失衡的强势反收购决定权主体和弱势主体间的利益关系须被修正。当然,反收购权力配置模式的差异性导致利益冲突形态迥异:股东大会中心主义模式下的利益冲突主要集中在控制股东和少数股东之间;董事会中心主义模式下的利益冲突主要表现在股东与管理层之间;而监事会中心主义模式下的利益冲突主要体现在股东与监事会之间。相应地,为衡平利益冲突而构建的配套机制也因利益冲突形式的不同而有所差异。

1. 股东大会中心主义模式下的利益冲突与配套机制

股东大会中心主义模式下,控制股东与中小股东之间的利益冲突不容忽视。在上市公司敌意收购中,相较于控制股东,中小股东在对信息的掌握、讨价还价的能力等方面处于明显的弱势地位。② 实践中经常出现控制股东为追求自身利益最大化,明知收购方实力不足或具有短期主义倾向仍然在决议中支持收购,进而导致中小股东利益受损的情形。此时,构建一个增强中小股东权益保护的机制是采取股东大会中心主义反收购权力配置模

---

① Mitnick, Scott, *Cross-border Mergers and Acquisitions in Europe: Reforming Barriers to Takeovers*, Columbia Business Law Review, Vol. 24, No. 1, 2001, p. 683.

② 参见朱谦:《论公开要约收购与中小股东利益之保护》,载《法学》2003 年第 8 期。

式国家的必然选择。

英国主要通过如下三种途径规制控制股东滥用控制地位的行为：第一，控制股东信义义务的确立。传统的英国判例法认为，公司股东的投票权为一种财产。该财产的拥有者可以为任何希望之事，其对公司和其他股东不负担任何义务。诚如齐波拉·科恩(Zipora Cohen)所言："拥有财产权的人有权行使他们的权利，无论他们的动机为何，皆不可令其履行额外义务。"[①]但是，控制股东侵犯中小股东利益的事例不断涌现，英国政府与法院的态度由此发生转变，尝试对控制股东施加信义义务以阻却其滥用控制地位的行为。[②] 具体体现在英国法发展的独特的"影子董事"制度。英国《2006年公司法》第251条规定，影子董事是指公司董事习惯于按照其指示和意旨行事。同时第170条规定，本法所规定的董事义务规则类推适用于影子董事。由此表明只要控制股东被认定为影子董事，则会受信义义务的限制。第二，加强对控制股东表决权的限制。英国司法实践的经验表明，公司整体利益原则、善意原则、自主决定原则等可以作为甄别控制股东行使表决权正当性的依据。[③] 第三，股东派生诉讼制度的构建。股东派生诉讼最早起源于英国审理的1843年"福斯诉哈尔波特"经典案例，[④]并在其后的审判实践中逐步改革与完善，被纳入英国《2006年公司法》。根据英国《2006年公司法》第260条，股东有权就公司董事或影子董事的疏忽、违约、失职或违反信托的实际或拟议行为或不作为提起诉讼。英国《2006年公司法》在第11部分中详细阐述了股东派生诉讼的原告资格、起诉原因、起诉程序以及法院认可派生诉讼的条件，由此形成了英国完善的股东派生诉讼体系。

2. 董事会中心主义模式下的利益冲突与配套机制

采取董事会中心主义模式的国家一般具有非常分散的股权结构，股东

---

① Cohen, Zipora, *Fiduciary Duties of Controlling Shareholders: A Comparative View*, University of Pennsylvania Journal of International Business Law, Vol. 12, No. 3, 1991, p. 381.

② 参见甘培忠：《公司控制权的正当行使》，法律出版社2006年版，第35页。

③ See Cohen, Zipora, *Fiduciary Duties of Controlling Shareholders: A Comparative View*, University of Pennsylvania Journal of International Business Law, Vol. 12, No. 3, 1991, p. 400.

④ See Foss v. Harbottle (1843) 2 Hare 461; 67 ER. 189.

往往将公司委托给董事进行管理,构成委托代理关系。面对可能导致董事地位不保的上市公司敌意收购,如果要求具有经济人属性的董事无私地为股东利益最大化行事则过于苛刻,董事与股东之间在此场域具有天然的利益冲突,西方产权经济学称之为“代理问题”。无疑,构筑确保董事以最大限度维护股东利益和公司利益的利益平衡机制,是采取董事会中心主义模式国家的重要任务。

以奉行董事会中心主义模式的典型代表美国为例。美国经过长期的实践检验,逐步形成了“弱激励、强约束”的董事监管格局。具体而言:

第一,董事薪酬的激励功能。美国具有多元化的薪酬结构,包括金钱类薪酬、福利类薪酬和权益类薪酬三种形式,形成了不同级别程度的激励机制。其中,股权激励作为一种长期激励权益类形式,在美国上市公司的高管薪酬政策中扮演了极为重要的角色。但是,为获取丰厚的回报,董事往往利用其优势地位对股价的变化施加影响,股权激励计划渐渐偏离了初始的目的。21世纪初,安然事件的爆发使以股票期权为主的薪酬模式饱受争议,直至2002年7月颁布的《萨班斯—奥克斯利法案》(Sarbanes-Oxley Act),对传统的股票期权监管理念和手段作出了重大变革。① 尽管董事薪酬制度是一把“双刃剑”,但总体上对于董事在上市公司敌意收购中为实现公司和股东最大利益行事发挥了一定的激励作用。

第二,董事信义义务司法审查的约束作用。为了防止董事滥用权力损害公司与股东的合法权益,由法院对董事信义义务进行事后审查成为最为重要的约束形式。作为传统的判例法国家,美国富有高水平的法官、丰富的审理经验和强大的司法体系。多年来特拉华州法院在上市公司敌意收购审判中逐步形成的修正的商业判断规则、中间审查标准、拍卖标准等,被世界诸多国家效仿与借鉴,由此奠定了美国作为上市公司敌意收购法律规制的先驱地位。②

第三,独立董事的约束作用。基于降低代理成本的考量,肇始于美国的

---

① 参见李建伟:《高管薪酬规范与法律的有限干预》,载《政法论坛》2008年第3期。

② See Magnuson, William J, *Takeover Regulation in the United States and Europe: An Institutional Approach*, Pace International Law Review, Vol. 21, No. 1, 2009, p. 214.

独立董事制度目前已盛行于世界诸多国家。在美国,公司的董事会由内部董事和外部董事组成,其中内部董事主要负责执行公司事务,外部董事主要负责监督公司的业务活动。美国实行单层董事治理机构,和德国的双层董事结构存在实质性区别,缺乏监事会的美国则将外部监督的重任托付给独立董事。经过多年的发展,美国独立董事制度已经相当成熟。独立董事功能的发挥取决于如何切实保障其独立性和专业性,此为美国规制独立董事的基本出发点。具体体现在:一是确保选任的独立性。在美国,董事会下设的专门委员会应事先提名独立董事人选,然后股东大会决议通过独立董事的最终人选。二是保证独立董事人数和任期期限的独立性。通常美国的公司规定独立董事只能任职一届,享有三年任期,禁止连选连任。同时规定,独立董事人数应占董事会中审计委员会人数的2/3以上,从而确保独立董事实现充分的意思自由。三是确保专业性。美国上市公司中的独立董事大多由会计师、律师、商人等专业人员兼任,并且对执业经验也有一定的要求。①

3. 监事会中心主义模式下的利益冲突与配套机制

监事会中心主义模式下的利益冲突因双层董事结构而具有独特性。总体而言,利益冲突主要源于两方面:一是雇员作为监事会的重要成员,基于敌意收购引致的失业考量,可能会作出影响公司利益的决策;二是兼具金融职能和监督职能的银行存在角色冲突。典型例证为,通常银行既为收购方提供收购贷款,同时该银行又在目标公司担任监事会成员(作为股东),这使银行难以保持客观中立。② 对此,德国构建了健全的内部监督机制以对监事会可能存在的利益冲突进行防范。

为保证监事会的独立性,德国《股份公司法》第107条第3款规定,监事会可以在其成员中任命一个或多个委员会,为审议和决议作筹备,或者监督其决议的执行情况。该规定可以在一定程度上避免利益冲突,因为从内部成员中选拔相关委员会成员,可基于利益冲突的考量要求相关监事不能加

① 参见彭丁带:《美国的独立董事制度及其对我国的启示》,载《法学评论》2007年第5期。

② See Lieder, Jon, *The German Supervisory Board on Its Way to Professionalism*, German Law Journal, Vol. 11, No. 2, 2010, p. 132.

入，且委员会可以单独开会，避免个别监事身上的暂时利益冲突发挥作用。另外，柏林公司治理中心（Berlin Center of Corporate Governance，BCCG）的圆桌会议曾建议，将雇员从监事会中除名，转而组成一个单独的咨询委员会。该咨询委员会作为一个制度化的机构，主要负责对监事会相关决定的初步讨论。具体而言，在监事会会议召开前，必须将要作出的所有决定通知咨询委员会，同时咨询委员会在监事会决议中有权发表意见。该建议旨在确保共同决策制成为一种良性的公司治理方式，不会损害其他各方利益，特别是股东利益。当然，厘定授予咨询委员会对监事会决议发表意见的权力界限乃须重点解决的问题。对此，BCCG 建议，可以同时根据受议程项目（定量划分）影响的员工人数，以及受影响的严重程度（定性划分）两项标准，确定咨询委员会参与决议的程度。换言之，咨询委员会权力的界限由个案决定。[①] 该建议引起了德国社会的广泛关注，尽管至今该建议尚未被纳入立法，但至少为德国共同决策制的进一步变革提供了一个可供考量的方向。

第二节　目标公司董事信义义务的判定标准

在复杂跌宕的商业环境中，赋予董事会一定权力对公司有效运行有十分重要的意义，但所有权与经营权的分离催生出严重的“代理问题”。为防止权力滥用，董事信义义务（fiduciary duty）应运而生。在上市公司敌意收购领域，公司无论采取何种反收购权力配置模式，董事会皆为具体拟定和执行反收购措施的主体，“天然的利益分歧使目标公司董事的反收购策略面临动机不纯、探求个人利益的拷问”。[②] 在此层面上，明晰目标公司董事的

---

① See Saenger，Ingo，*Conflicts of Interest of Supervisory Board Members in a German Stock Corporation and the Demand for Their Independence*，The Corporate Governance Law Review，Vol. 1，No. 1，2005，p. 167.

② 郑佳宁：《目标公司董事信义义务客观标准之构建》，载《东方法学》2017 年第 4 期。

信义义务至关重要。[①] 然而,各国关于目标公司董事信义义务的立法文本普遍抽象和笼统,法院便肩负起判定目标公司董事行为是否违反信义义务的重要使命。厘清目标公司董事信义义务的判定标准,对于充实信义义务理论和保护中小股东权益尤为关键。

一、目标公司董事信义义务判定标准的逻辑起点

(一)董事信义义务的理论基础

董事信义义务的理论根基为董事与股东、公司之间的关系属性,对此学界和司法界仍是见仁见智,莫衷一是。主流学说可以归纳为以下 4 种。[②]

第一,信托关系说。该学说认为英美的信托关系(fiduciary relationship)为董事信义义务的起源,"信托关系亦为信任关系,即委托人基于信任而将财产托付给受托人代为管理处分,由此衍生出董事的衡平法义务"。[③] 然而,"信托关系说"至今饱受质疑,争论焦点包括:一是信托受托人一般为个人,而公司则由多个董事组成;二是信托关系中的受益人不像受托人拥有财产的处分权,其不能随意解除受托人的管理权限,而公司的股东则可通过"用脚投票"的方式轻松解除其与公司间的关系;三是信托关系中受托人享有财产的所有权,而公司财产的所有权只能是公司;四是信托关系中的受托人应当保守地管理财产,而公司的董事则应积极为股东和公司最大化利益行事。

第二,合同关系说。该学说认为公司为一种集合性的合同,合同的当事人为股东、董事等参与公司治理经营的主体。这表明,股东、董事可自由、灵活安排合同关系。但是,自由的合同论很可能破坏公司法严谨的成文体系,致使公司法的制定与执行过于模糊。

第三,代理关系说。该学说以德国为代表,认为公司作为法律上的拟制

---

① 参见赵万一:《公司收购中目标公司董事信义义务研究》,载《河南财经政法大学学报》2012 年第 2 期。

② 参见梁爽:《董事信义义务结构重组及对中国模式的反思——以美、日商业判断规则的运用为借镜》,载《中外法学》2016 年第 1 期。

③ Cohen, Zipora, *Fiduciary Duties of Controlling Shareholders: A Comparative View*, University of Pennsylvania Journal of International Business Law, Vol. 12, No. 3, 1991, p. 366.

主体,自身无法进行公司经营,只能通过其代理人——董事对外建立法律关系。作为公司的代理人,董事必须承担“受人之托,忠人之事”的义务。然而,该学说的侧重点为公司外部的交易安全等而非内部的权利义务关系,由此并未对董事产生强有力的约束。

第四,委任关系说。该学说的典型代表为日本。日本在其《商法典》第254条第3款中规定,公司与董事之间的关系,依照关于委任的规定。由于“委任关系说”更关注受任人对委任人的权利义务关系,相较而言更符合我国的传统和习惯,故成为我国公司法学界的多数说。

关于董事信义义务的内涵,不同国家在其立法中采用了不同措辞。例如,英国《2006年公司法》第174、175条分别规定董事应当履行谨慎的勤勉义务、避免利益冲突的义务;美国《特拉华州普通公司法》第141(a)条规定公司董事对公司和股东负有谨慎义务和忠实义务。尽管表达有别,但就其实质内涵而言,董事信义义务可被诠释为“注意义务”和“忠实义务”两方面内容。前者为能力要求,强调董事在决策时要保持注意和谨慎;后者为道德要求,强调董事应始终把公司的利益放在自己的利益之上,杜绝利益冲突。①

(二)敌意收购场域下目标公司董事信义义务判定标准的新挑战

1.目标公司董事的创新性与利己性的冲突扩张

无论采上述何种学说,所有权与经营权相分离的后果皆为“代理成本”的产生。对于董事,尽管有信义义务对其进行法律约束,但其难以内化于心,持续关注并致力于公司的长远发展。尤其在上市公司敌意收购背景下,董事面临着收购成功后被撤职的风险,该威胁将对董事反抗敌意收购形成极大的驱动力,由此产生的利益冲突也更为严峻。不可否认,在上市公司敌意收购中不能排除董事凭借专业优势和能力优势,在谈判与执行中为股东谋取更大利益的可能性,但通常而言,该种行为可能与董事自身利益出现竞合。“若过度限制公司董事,则会消减其积极为公司最大利益行事的动力,

---

① See Palmiter, Alan R. & Partnoy, Frank, *Corporations: A Contemporary Approach*, St. Paul: West Academic Publisher, 2014, p. 38 – 39.

进而阻碍公司的发展。”①无疑，上市公司敌意收购将使目标公司董事的创新性与利己性的冲突进一步凸显，进而对目标公司董事信义义务判定标准的形塑提出新的挑战。上市公司敌意收购场域下目标公司董事信义义务判定标准的形成与发展过程亦反映了法院巧妙的平衡艺术。

2. 目标公司董事违反信义义务的复杂性和隐秘性升级

面对上市公司敌意收购的威胁，目标公司董事通常会竭力实施反收购措施予以应对。但是，在公司自治理念下的庇护下，反收购措施不断突破常规和底线，从而使目标公司董事信义义务的违规行为更为复杂。比如，目标公司董事在敌意收购到来前通常会预先制定反收购条款，其中既包括限制股东表决权、“毒丸计划”等针对股东的限缩其行使股票权的措施，又内含交错董事会、“黄金降落伞”等捍卫董事权利的措施。上市公司敌意收购开始后，董事会还可采取“绿色邮件”“白衣骑士”等措施进行防御。特别是随着上市公司敌意收购的加剧，目标公司董事未来还会创造出更多形态各异的反收购措施，由此为目标公司董事信义义务判定标准的确立构成极大挑战。此外，目标公司董事往往声称其为了股东的最大利益和公司的合法权益而采取反收购措施，为其企图捍卫自身利益的目的披上道德外衣，更易混淆法官的判断，进而使目标公司董事信义义务判定标准的确立与细化更为艰难。

二、宽严不一：目标公司董事信义义务判定标准的发展样态

随着上市公司敌意收购不断地涌现与发展，各国法院也充分发挥司法能动性，创造与细化了目标公司董事信义义务的具体判定标准，以此回应新的挑战。事实上，目标公司董事信义义务判定标准亦是信义义务制度的一部分，是信义义务的判例法规则。目标公司董事信义义务判定标准将信义义务的规定贯彻到具体案件中，使信义义务的衡量标准具体化，从而不断填充目标公司董事信义义务的制度内容。

（一）美国模式：宽松的目标公司董事信义义务判定标准

相较于其他国家，美国赋予了目标公司董事较大自由裁量权。一方面

---

① 戴志杰：《公司法上“经营判断法则”之研究》，载《月旦法学杂志》2004 年第 3 期。

体现在美国采取的董事会中心主义模式赋予了董事反收购决定权；另一方面则反映在法院将改造的商业判断规则（business-judgment rule）适用于目标公司董事信义义务的判定中，通过推定目标董事对忠实义务的遵守而将审判重点落在注意义务的甄别上。① 综观美国有关目标公司董事注意义务判定的经典案例，法官通常采用商业判断规则标准，辅以同类职务人为参照的客观标准，二者结合以裁判目标公司董事是否违反注意义务。

1. 修正的商业判断规则标准

对于商业判断规则的含义和精神，“阿伦森诉路易斯（Aronson v. Lewis）案”中的审理法官作出了深入阐释：“在作出商业决定时，公司董事在知情的基础上，本着诚信和诚实的信念，认为所采取的行动符合公司的最佳利益。在此过程中若董事没有滥用自由裁量权，法院将尊重该决定，即使该商业决策最后使公司利益受损，也不能追究董事责任。”②换言之，商业判断规则直接推定董事作决策时符合忠实义务要求，只要其没有违背注意义务，就可豁免其相应的法律责任。商业判断规则的创造乃法院智慧的结晶，其主要蕴含如下重要功用：一方面，商业判断规则赋予了董事足够的信任和自由裁量权，从而激励董事充分发挥创新能力，为股东和公司谋取最大利益。“该规则的有效实施使董事会有足够的自由裁量权和信心制定动态和有效的政策，而无需担心司法事后诸葛亮式的二次猜测。”③另一方面，商业判断规则还可避免法官陷入对商业决策“地方性知识”的不专业和承担高昂的司法审查成本的困境。④ 法官毕竟不是商人，其由于缺乏商业背景，难以准确换位思考，以董事的立场考虑商业问题。若同时展开相关调查，则会付出大量的时间和金钱成本。⑤ 在“布雷姆诉艾斯纳（Brehm

---

① See Gevurta, Franklin A, *The Business Judgment Rule: Meaningless Verbiage of Misguided Notion?*, Southern California Law Review, Vol. 67, No. 1, 1994, p. 337.

② See Aronson v. Lewis, 473 A. 2d 812 (Del. 1984).

③ Devience, Alex JR, *A Hindsight Review of the Business Judgment Rule in a Takeover Environment: The State of the Business Judgment Rule after the Fall*, DePaul Business Law Journal, Vol. 5, No. 1, 1992, p. 115.

④ 参见罗培新、李剑、赵颖洁：《我国公司高管勤勉义务之司法裁量的实证分析》，载《证券法苑》2010 年第 2 期。

⑤ 参见郑佳宁：《美国经营判断规则在公司收购中的适用——兼论对我国目标公司董事注意义务之启迪》，载《暨南学报（哲学社会科学版）》2015 年第 4 期。

v. Eisner)案"中,法院阐述了商业判断规则所反映的法院避免陷入商业决策的基本精神,"法院不会测量、揣摩或计算董事的经营决策,我们甚至不会判断这些决策在其所处的环境下是否合理"。①

根据美国法学研究院发布的《公司治理原则:分析与建议》(Principles of Corporate Governance:Analysis and Recommendations)第6.01(a)条,在美国判例中,商业判断规则主要内含4个要件:一是必须在商业判断决策场合;二是董事作出的决策出于善意;三是董事在决策过程中不能存在利益冲突,应保持决策的独立性;四是决策必须建立在充足信息的基础上。原本,涉及公司法的很多案件都可以适用商业判断规则来判断董事行为,前提是推定董事不存在利益冲突。但是,在上市公司敌意收购背景下,董事难以冲破经济人理性而全心全意为公司和股东利益行事,控制权争夺是董事的核心追求。因此,在上市公司敌意收购场域下,商业判断规则是否依然有适用的空间?对此,绝大多数法官偏向于采纳商业判断规则,并尝试对商业判断规则进行严格化改造,以平衡各方利益冲突。如特拉华州最高法院法官所言:"由于普遍认为董事会行事主要是为了自身利益而非公司及其股东利益,因此,在授予商业判决规则保护之前,需要配置更高的司法审查门槛。"②实际上,这是间接承认了商业判断规则可以适用于上市公司敌意收购场合。

在上市公司敌意收购的司法实践中,法官主要对商业判断规则作出了如下几方面修正与增强:其一,弱化商业判断规则在上市公司敌意收购场域适用的利益冲突要件,依然事先推定董事履行了忠实义务。其二,改造程序性要件,通过举证责任倒置来严格董事责任。③ 美国敌意收购司法实践中采用举证责任倒置的第一个案件为"莫兰诉国际家居(Moran v. Household International)案"。④ 在该案中,特拉华州最高法院认为被告董事具有初步

---

① See Brehm v. Eisne,746 A.2d 244,264(Del.2000).

② See Unocal Corp. v. Mesa Petroleum Co.,493 A.2d (Del.1985).

③ 美国各州做法不一,具体分为纽约模式和特拉华州模式两种。纽约依然沿用"谁主张,谁举证"的传统原则,而特拉华州法院则采用举证责任倒置原则。由于特拉华州关于上市公司敌意收购的司法审判在美国影响重大,故笔者重点针对特拉华州法院的做法予以评析。

④ See Mora v. Household International,Inc.,Del. Supr.,500 A.2d 1346,1356(1985).

的自证义务，证明其在决策过程中严格遵守注意义务，然后举证责任转向原告。原告应当证明目标公司董事违反了忠实义务、目标公司董事没有在知情的情况下作决定或在决定的过程中存在重大过失。[①] 其三，细化实体性要件，在司法实践中进一步充实“善意”和“充足信息”要件。

关于商业判断规则实体性要件需区分以下两种情形。

第一，在保持公司独立性情形中，目标公司董事需要通过“合理性测试”和“相当性测试”。具体而言，合理性测试要求目标公司董事证明其开展了合理的调研，以及有合理理由相信敌意收购存在威胁；相当性测试要求目标公司董事证明其采取的反收购措施和威胁是成比例的。[②] 此证明逻辑乃“优尼科公司诉梅萨石油公司案”法官首创，[③]并在后续案件中得到了扩充与完善。其中，判定是否展开合理调研的具体因素包括董事在收到收购要约和作出决策之间间隔的时间长短、[④]决策中是否有外部独立董事的参与等。[⑤]

美国法院、评论员试图将合理威胁分为三种情形：[⑥]一是机会损失（opportunity loss），即上市公司敌意收购可能会剥夺目标公司股东选择目标公司董事提供的更优替代方案的机会；二是结构性胁迫（structural coercion），即目标公司的收购方案具有结构上胁迫股东服从收购的因素，美国历史上的“双层要约结构”即为典型例证；三是实质性胁迫（substantive coercion），即由于股东不相信董事对内在价值的陈述而错误地接受低价收购的风险。在判断目标公司董事采取的反收购措施和威胁是否成比例方面，“优尼科诉梅萨石油公司案”的法官并未予以明确，“优尼纯诉美国通用公司（Unitrin, Inc. v. American General Corp.）案”则弥补了这一遗憾，法官

---

① 参见朱锦清：《证券法学》，北京大学出版社2011年版，第273页。

② See Theobald, Tyler, *Hostile Takeovers and Hostile Defenses: A Comparative Look at U. S. Board Deference and the European Effort at Harmonization*, Currents: International Trade Law Journal, Vol. 15, No. 2, 2006, p. 16.

③ See Unocal Corp. v. Mesa Petroleum Co., 493 A. 2d (Del. 1985).

④ See Norlin Corp v. Rooney, Pace, inc., 744 F. 2d (2nd Cir. 1984).

⑤ “外部”董事一般被定义为非雇员和非管理董事，See Grobow v. Perot, 539 A. 2d 180, 184 N. 1 (Del. Supr. 1988)；“独立性”是指董事的决定是基于公司价值的考量而非外部考虑或影响。See Aronson v. Lewis, 473 A. 2d 812 (Del. 1984).

⑥ See Unitrin, Inc. v. American General Corp., 651 A. 2d 1361 (Del. 1995).

分别针对“毒丸计划”、提前通知条例和回购计划等措施并结合案情予以具体剖析“相当性”的适用逻辑。[①]

第二,在出售公司情形中,即目标公司董事在寻找“白衣骑士”或接受竞争者竞相报价的过程中,应始终以股东利益最大化为价值依归,将公司转卖给给予股东最高合理价格的收购方。经典案例为“露华浓公司诉马坎德罗和福布斯控股公司案”。该案法官指出,当公司处于拍卖阶段时,董事义务应当实现从维持公司独立性到转卖获得最大利益的内容转变。[②]

2. 以同类职务人为参照的客观标准

无论采取何种标准将董事信义义务予以细化,皆需借用一个标准人作为参照进行评价,只是因考量行为人自身状况的不同情形而形成了标准人建构的不同路径。[③] 根据《标准商事公司法》第 8.30(b)条,董事会在行事时应当秉持类似职位的人在类似情形下的谨慎义务。美国法学研究院发布的《公司治理原则:分析与建议》第 4.01(a)条中对注意义务判断的人格化标准作了更为细致的阐述:“公司董事所担负的勤勉义务的重要体现是,以类似职位的人在类似情形下的态度和做法为公司最大利益积极行事。”由此可见,美国关于董事信义义务认定的人格化标准为以同类职务人为参照的客观标准。

(二)英国模式:严格的目标公司董事信义义务判定标准

事实上,英国《收购法典》第 21 条已经对事后防御行为的正当性判定作出了明确规定,即从结果上考察董事行为是否挫败了敌意收购,而董事的正当目的无关紧要。[④] 对事前防御措施,在司法实践中主要依循“正当目的标准”和“利益标准”判定董事行事是否符合忠实义务,辅以主客观相结合的人格化标准判定董事行事是否符合注意义务。

---

① See Unitrin, Inc. v. American General Corp., 651 A. 2d 1361 (Del. 1995).

② See Revlon, Inc. v. MacAndrew & Forbes Holding, Inc. 506 A. 2d 173 (Del. 1985).

③ 参见叶金强:《董事违反勤勉义务判断标准的具体化》,载《比较法研究》2018 年第 6 期。

④ See Seretakis, Alexandros, *Hostile Takeovers and Defensive Mechanisms in the United Kingdom and the United States: A Case against the United States Regime*, The Ohio State Entrepreneurial Business Law Journal, Vol. 8, No. 2, 2013, p. 266.

1. 正当目的标准

根据英国《2006 年公司法》第 171 条,公司董事必须依据公司章程和公司授予的目的行事。此条的语义解释为,若公司董事在行事中违反了公司章程,以及违反了公司授予的特定目的,则可认为董事违背了忠实义务。在上市公司敌意收购的司法实践中,法院判例进一步充实了该条款,附加了更为严格的限制性条件——即便董事反收购行为可以使公司和股东利益最大化,只要董事具有维持控制地位之目的,仍应认定其违反忠实义务。在上市公司敌意收购领域,英国有关正当目的标准的运用主要体现于目标公司董事增发新股的场景。总的来看,英国法官普遍认为,董事增发新股的唯一正当目的是公司融资,而通过稀释股权来挫败上市公司敌意收购的目的明显背离了忠实义务之要求。典型例证如下。

在"霍格诉克拉霍姆有限公司(Hogg v. Cramphom Lim ited)案"中,目标公司克拉霍姆有限公司董事会认为,上市公司敌意收购会对公司雇员和股东的利益造成威胁。为抵御收购,公司应当建立一个信托组织管理公司资金,受托人为董事选派的人员。同时,该组织有权购买公司尚未发行上市的股份。对此,法官指出:"该计划的根本目的是确保董事会仍能控制公司,我们不接受董事声称的'我们真诚地相信,我们尝试阻碍有损公司和股东利益的行为,所以我们通过维持足够多的股份来武装自己和同盟军,从而在票数上压倒敌意股东。此种做法是在认真履行公司章程赋予的权利,其他人无权干预'这种说辞。即便理由充分,也不能掩盖董事企图维持控制地位的事实。①

"霍华德·史密斯有限公司诉安波尔石油有限公司(Howard Smith Ltd. v. Ampol Petroleum Ltd.)案"为另一个类似的涉及防御性股票发行的案例。米乐(Miller)公司面临霍华德公司和安波尔公司的两个竞争性投标,而米乐公司的董事向霍华德公司发行专项股票,目的是稀释安波尔公司和另一家货船公司的多数股权,并使霍华德公司能够继续其报价。该案审理法官认为:"米乐公司分配给霍华德公司的股份是对董事权力的不当使用,因为其分配股票的唯一目的是稀释大股东的投票权。董事不应纯粹为了摧

① See Hogg v. Cramphom Ltd. [1967] Ch. 254.

毁现有多数,或创造以前不存在的新多数而滥用其权力。董事也不能使用诸如'真诚地为了公司整体利益'或'为了公司的某一目的'等术语来为自己的不正当目的开脱。董事出于阻止收购出价的目的而发行股票的行为将导致其违反职责。"①

考察目标公司董事是否具有正当目的是较为主观的审理活动,而英国审判实践昭示了其将主观考察转化为客观检验的趋势。无论是"霍格诉克拉霍姆有限公司案"抑或是"霍华德 · 史密斯有限公司诉安波尔石油有限公司案",审理法官皆从客观出发,侧重于评判目标公司董事行为在结果上是否造成股权稀释,以达到维持其控制地位的目的。同时摒弃主观评判,无论董事认为其行为在多大程度上维护公司和股东最大利益,只要其致力于争夺控制权,则难逃忠实义务的诘问。

2. 利益标准

美国学者庞德认为,利益"为人们在集体中或个别地寻求得到满足的一种愿望,因此法律在调整主体间行为关系过程中,应当对此种愿望加以考量"。② 由于"利益的本质特征为片面性、盲目性",③故而利益衡量是法律规制的永恒主题。无疑,在庞德看来,"利益理论"乃法学理论的核心内容,法律规制的宗旨即为平衡与协调利益冲突。④ 英国的利益标准即建立在利益衡量理论上,法官在作利益取舍时应当综合考量不同当事人的价值诉求、公共政策、公众舆论等。

在上市公司敌意收购语境下,利益标准的具体面貌如下:⑤第一,对于上市公司敌意收购信息的分析,目标公司董事必须认真调研其真实性、准确性和可靠性;在拟定收购方案时,应当秉持公司利益最大化的理念;在公布

---

① See Howard Smith Ltd. v. Ampol Petroleum Ltd. [1974] A. C. 821.

② [美]罗斯科 · 庞德:《通过法律的社会控制——法律的任务》,沈宗灵、董世忠译,商务印书馆 1984 年版,第 81 页。

③ 马克思、[德]恩格斯:《马克思恩格斯全集》(第 1 卷),国家编译局译,人民出版社 1956 年版,第 179 页。

④ 参见[美]罗斯科 · 庞德:《通过法律的社会控制——法律的任务》,沈宗灵、董世忠译,商务印书馆 1984 年版,第 89 页。

⑤ 参见赵万一:《公司收购中目标公司董事信义义务研究》,载《河南财经政法大学学报》2012 年第 2 期。

收购信息和方案时,应当充分披露相关信息,确保投资者能够了解和吸收全部信息。第二,在公司出售阶段,目标公司董事应当平等对待所有竞价者,禁止其从自身利益出发对不同收购方实行差别对待。概言之,利益标准要求董事行事时应以公司利益最大化为宗旨。

对于公司利益的理解,开始很多学者倾向于将公司利益与股东利益混同。例如,在"鹭岛国际有限公司诉洛德格拉德(Heron International Ltd. v. Lord Grade)案"中,上诉法院指出:"面对敌对的投标者,董事在作出决定时应有助于实现公司利益的最大化,而公司利益只能解释为现有股东的利益。"①随着公司法理论研究的逐渐深化、细化,以及公司社会责任理论的盛行,人们开始认识到公司利益和股东利益之间的本质差别,英国《1985 年公司法》《收购法典》等相关法律也随之作出了回应。② 显然,公司利益的内涵在英国被逐步扩充,由股东利益扩大至其他利益相关者利益、公司整体利益等。

3. 主客观相结合的人格化标准

忠实义务的遵守与否是英国判断董事反收购行为正当性与否的首要考量因素。一旦通过正当目的标准和利益标准发现董事履行了忠实义务,审查重点则由忠实义务转为注意义务。从英国的成文法和司法实践来看,对于注意义务的判定经历了由主观标准到主客观相结合标准的变化历程。

早期,较为宽松的主观判断标准为英国判定董事注意义务的核心标准。该标准由英国高等法院法官罗默(Romer)在 1925 年审理"再保险城公平火灾保险公司(Re City Equitable Fire Insurance Co.)案"时创设,该法官提出了如下原则:③(1)董事在履行其职责时不需要表现出超过其知识和经验的更高技能。如林德利(Lindley M. R.)所言:"如果董事在其权力范围内行事,在考虑到他们的知识和经验的情况下,以合理预期的谨慎行事和为他们所代表的公司的利益而诚实行事,那么他们就已经履行了其对公司的公平

---

① See Heron International Ltd. v. Lord Grade, [1983] BCLC 244.

② 最早是英国《1985 年公司法》第 309 条规定:"公司董事履行其职责时也应当考虑公司雇员及债权人的利益。"此后,英国《收购法典》第 3 条也规定:"在董事向股东提供建议时,董事应当考虑股东的整体利益和公司雇员及债权人的利益。"

③ See Re City Equitable Fire Insurance Co. [1925] Ch. 407.

义务和法律义务。”[①](2)董事无义务持续关注其公司的事务。他的职责是间歇性、定期出席董事会会议和董事会委员会会议。然而,他没有义务出席所有此类会议,尽管他应该视自己合理的能力而尽量出席。(3)在考虑到业务紧急情况和公司章程的情况下,董事可以适当委托其他官员履行所有职责,在没有怀疑理由的情况下,应当相信该官员能够诚实地履行这些职责。然而,仅考察董事是否忠诚地贡献了其实际拥有全部能力的主观标准,将构成董事推卸责任的有利借口,并导致如下荒谬结果:公司选择了知识、经验不够丰富的董事,就应承担相应后果。[②]

鉴于主观标准的严重弊端,英国法院随后创设了比主观标准更为严格的客观标准。经典案例为 1989 年的“多尔切斯特金融公司诉斯特宾(Dorchester Finance Co. v Stebbing)案”。该案法官福斯特(Foster)指出,原则上不应区分执行董事和非执行董事,他们皆应具备必要的知识与技能,即评判标准为董事是否以一个谨慎的人的行为标准行事。[③]

显然,纯粹的客观标准对董事施加了更严苛的义务,其采取的是社会上所有董事管理水平的平均值,不符合公平理念,[④]因此英国又转而采用主客观相结合的双重标准。根据《2006 年公司法》第 174 条,公司董事应当履行谨慎的勤勉义务。无疑,该规定彰显了差异化的人格化标准理念,确立了主客观相结合的人格化判定标准。在实践中,该规定可被进一步细化为如下内容:[⑤](1)对于非执行董事,采取“中等偏下”的主客观相结合标准,即先客观推定其不具备某种专业资格和经验,并适用主观标准;(2)对于执行董事,采用“中等偏上”的主客观相结合标准,即先客观推定其具有执行董事应有的相关能力和资质,但对于高于该能力与资质的执行董事则采用主观标准。无疑,主客观相结合的双重标准因考虑了角色和个体间的差异性而具有相当的科学性。

---

① See Lagunas Nitrate Co. v. Lagunas Syndicate[1899] 2 Ch. 392,435.

② 参见张开平:《英、美公司法上的董事注意义务研究》,载王保树主编:《商事法论集》(第 2 卷),法律出版社 1997 年版,第 347 页。

③ See Dorchester Finance Co. v. Stebbing [1989] BCLC 498.

④ 参见童兆洪主编:《公司法法理与实证》,人民法院出版社 2003 年版,第 177 页。

⑤ 参见赵万一:《公司收购中目标公司董事信义义务研究》,载《河南财经政法大学学报》2012 年第 2 期。

(三)日本模式:折中的目标公司董事信义义务判定标准

正如学者指出的:“同绝大多数移植域外经验的考量相似,选择借鉴国际主流标准,要比独创本土标准更具正当性。”①面临上市公司敌意收购对日本社会和经济的重大影响,日本 METI 和 MOJ 联合成立的 CVSG 认为,唯一的解决办法应当是遵循一种被广泛采用的域外经验。由此,日本关于董事信义义务的判定标准综合借鉴了英国与美国的双重标准,并结合本国环境作出了适当调试。

1. 主要目的标准(primary purpose rule)

在日本,一旦发生上市公司敌意收购,目标公司中由终身员工主导的董事会往往向友好的稳定股东发行目标公司的股票,以此进行反收购防御。②根据日本公司法,此种情形不以股东大会批准为前提。对此,在其中几起案件中,收购方根据日本《1899 年商法典》第 280 - 10 条、第 280 - 39 条,通过寻求临时禁令,指出这样的股票发行是“极不公平的”,从而对上述防御措施予以回应。为应对逐渐增多的上市公司敌意收购诉讼难题,日本法院借鉴英国“正当目的标准”,在“活力门案”中正式确立了“主要目的标准”,以判定董事的行为是否违反忠实义务。根据主要目的标准,如果目标公司发行股票的主要目的是筹集资金而非维持对目标公司的控制,那么股票发行就不是“极不公平”的。③

从形式上看,日本的“主要目的标准”与英国的“正当目的标准”所适用的场域和表达的理念似乎一致,因为二者在司法实践中皆适用于发行新股场景,并且试图从目标公司董事的目的出发来评判其是否具有争夺控制权的意图。但实质上,日本的“主要目的标准”相对英国的“正当目的标准”来说更为宽松。如前所述,英国法院认为,即便董事反收购行为可以使公司和股东利益最大化,只要董事具有维持控制地位之目的,仍应认定其违反忠实义务。可见,英国坚持董事履行忠实义务的“纯粹性”,不容有任何的不忠

---

① 罗培新:《公司治理法律规则背后的经济与社会含义——以日本活力门收购事件为视角》,载《证券法苑》2010 年第 1 期。

② See Tokyo Dist. Ct. Jul. 25,1989,704 HANTA 84.

③ See Puchniak, Dan W. & Nakahigashi, Masafumi, *The Enigma of Hostile Takeovers in Japan: Bidder Beware*, Berkeley Business Law Journal, Vol. 15, No. 1, 2018, p. 38.

心欲求。反观日本,东京高级法院在“活力门案”中明确承认,在4种有限的情况下,目标公司的董事会可以发行股票或实施“毒丸计划”,即使其具有维持控制地位的“主要目的”。这4种情形发生在收购方:[①](1)收购目标公司的股份,目的是要求目标公司以更高的价格回购这些股份(所谓的“绿色邮件”);(2)为自身利益临时控制公司、经营公司,如以低价收购目标公司的重要资产,成本则由目标公司承担;(3)以目标公司资本作为自己债务的担保或直接偿还债务;(4)获得目标公司经营管理的控制地位,将与目标公司业务毫无关联的有价资产出售,并以取得的利润临时宣告发放高额股息。

事实上,上述4种例外情形很可能为目标公司董事维持控制地位提供了正当理由。同时,从“活力门案”判决至今,依然没有一个法理学能够阐明这4种情况的范围或应用。除了可以适用于股票发行场景外,尚不能明确主要目的标准是否可以适用于目标公司董事可能采取的其他防御措施。无疑,这种明晰度的缺失在一定程度上抑制了日本上市公司敌意收购市场的活力。

2. 商业判断规则标准

商业判断规则标准可以说是美国独创的判定董事信义义务的经典规则,为世界多国参照借鉴,日本亦不例外。2005年,CVSG发布了《收购指导规则》,其“主要彰显了美国特拉华州反收购立法的法理”。[②]《收购指导规则》第2.3条指出,面对上市公司敌意收购威胁所作出的反收购措施,应当与威胁成比例。无疑,这与特拉华州强调的商业判断规则的精神内核是一致的。

在司法实践中,日本法官也透露出对商业判断规则的偏爱。以“活力门案”为例,活力门公司的创始人兼总裁塔卡夫米·亨利是一位32岁的东京大学辍学者,他以互联网亿万富翁和企业掠夺者的身份出名。2005年2

---

① See Tomotaka, Fujjta, *Case No. 29: Corporate Law Takeovers Issuance of Share Options as Defence Measure Principal Purpose Rule*, Business Law in Japan: Cases and Comments, Vol. 3, No. 1, 2012, p. 319.

② 罗培新:《公司治理法律规则背后的经济与社会含义——以日本活力门收购事件为视角》,载《证券法苑》2010年第1期。

月初,活力门公司利用日本《证券交易法》中的一个漏洞,在盘后交易中秘密收购了NBS29.6%的股份,并宣布有意收购NBS,这一举动震惊了市场。NBS迅速作出回应,宣布将向友好的稳定股东发行认股权证作为防御措施。对此,活力门公司向东京地方法院申请禁令,根据“主要目的标准”,东京地方法院批准了禁令。NBS又向东京高级法院提起上诉。东京高级法院认为,董事会有正当理由和必要情形作出反收购回应,即使其发行新股的主要目的为保持对公司的控制地位。① 其中,法院所提及的“正当”“必要”与商业判断规则的“合理性测试”内涵类似。

3. 以同类职务人为参照的客观标准

日本《公司法》第330条规定,公司董事应当履行善良的管理者义务;日本《民法》第644条规定,应从委托业务的人的职业和作为专家的能力、社会地位等方面考虑通常被期待的注意义务。从法解释学的角度理解,日本立法对注意义务的判定采取了客观标准,即董事和单纯的员工不同,其需要具有作为董事应具备的高度的注意力。日本东京高级法院也指出:“董事因其职业的专业性被给予特别的期待,相应的注意义务标准也应高于一般期待的标准。”②显然,和美国类似,日本对于董事注意义务的判定也采取了以同类职务人为参照的客观标准。

三、比较法视野下目标公司董事信义义务判定标准的经验思辨

(一)判定标准宽严有别:规制重点的差异性及其根源

综观美国、英国和日本有关董事信义义务判定标准的立法与司法实践,不难发现,其分别呈现相对宽松、严格与折中的规制立场。宽严有别主要体现在对董事信义义务规制重点的差异上:美国侧重于注意义务的形式考察;英国偏向于忠实义务的实质考察;日本则融合了英美法制度规则,皆有之。

首先,美国法院独创与发展了修正的商业判断规则标准来判定注意义务,将举证责任分配给目标公司董事。若董事证明其符合该标准的合理性

---

① See Puchniak, Dan W. & Nakahigashi, Masafumi, *The Enigma of Hostile Takeovers in Japan: Bidder Beware*, Berkeley Business Law Journal, Vol. 15, No. 1, 2018, p. 38.

② 马太广:《董事责任制度研究》,法律出版社2009年版,第24页。

测试和相当性测试,且原告没有提出确切的反对证据,目标公司董事则免责。在此过程中,法院全程无需对目标公司董事反收购决议的实质内容进行评判,仅凭借目标公司提供的针对收购方行为是否具有威胁性的形式证据作最后裁判,相当于为目标公司董事提供了一个低门槛的“安全港”。同时,也避免了法官事前因判断董事是否在敌意收购中为自己谋取私利,违反忠实义务,而陷入审判难题。尽管相较于传统的商业判断规则标准,修正的商业判断规则标准采取举证责任倒置原则,看似加重了目标公司董事的负担。但总体而言,目标公司基于自身角色的优势,提供符合合理性测试和相当性测试的证据并非难事,故而以修正的商业判断规则标准考察董事信义义务是相对宽松的裁判路径。

其次,与美国不同,英国的考察重点为忠实义务的履行。英国司法实践逐渐发展出正当目的标准和利益标准对忠实义务予以判定,但在上市公司敌意收购中,正当目的标准为主流裁判依据。如前所述,英国法官普遍认为,董事增发新股的唯一正当目的是公司融资,而通过稀释股权来挫败敌意收购的目的明显背离了忠实义务之要求,即便该行为可能有助于股东利益最大化的实现。由此,诸如“毒丸计划”等在美国广为流行的反收购措施,在英国失去了适用基础。无疑,相比于美国,英国的董事信义义务的判定标准更为严苛,其留给目标公司董事可采取的反收购措施极为有限。概言之,英国和美国判断董事是否遵守信义义务的最大区别在于,前者更注重针对反收购措施本身影响的忠实义务判定,而后者更强调针对收购方行为是否具有危害性的注意义务判定。

最后,日本同时借鉴了美国修正的商业判断规则标准和英国的正当目的标准,发展出了较为折中的目标公司董事信义义务的判定范式。当然,日本对英国的正当目的标准进行了本土化改造,4 种例外情形可令目标公司董事跳出正当目的标准规制的樊篱。显然,相比于英国,日本修正后的主要目的标准更为宽松。但是,日本同英国类似,皆重点考察目标公司董事的忠实义务,故总体而言,日本的判定标准相对折中。

目标公司董事信义义务判定标准的宽严有别,归根结底,源于上述国家对上市公司敌意收购的规制立场差异。美国的职业董事拥有强势的专业能力,加之多年来发展日益成熟的董事信义义务制度体系以及司法体制,美国各界颇为信任目标公司董事面对上市公司敌意收购的应对能力。也正因如此，美国形塑了董事会中心主义的反收购决策模式。同时，给予目标公司董事充分信任的商业习惯衍生出商业判断规则，不断激发了董事经营管理的创造力。反观英国，机构投资者更具政治话语权，且英国政府倾向于相信“上市公司敌意收购会产生更多的正面价值”，①由此也决定了股东大会中心主义反收购决策模式的必然性以及对董事信义义务审查的严苛性。日本对于上市公司敌意收购法律规制的立场则处于折中态度。基于稳定持股和重视雇员的独特企业传统，日本法院持更为严格的态度判定目标公司董事行为的正当性，因此英国的正当目的标准自然是不二选择。但由于日本诸多律师、法官曾留学于美国，熟知特拉华州的法理与判例，②故而引入对董事较为宽容的商业判断规则也在情理之中。

（二）移植难题：各判定标准的局限性评析

上述国家创设与发展的目标公司董事信义义务判定标准尽管在实践应用中有助于充实与拓宽信义义务制度的内容，但在适用中也暴露了诸多问题，引发了对判定标准局限性的诘问。

第一，对于修正的商业判断规则标准，由于其起源于英美判例法，需要配置实质的公平正义法律土壤以及高素质法官的自由裁量权。是故，商业判断规则的移植势必会遭遇本土化适用困境，其在短期内难以像美国一样发挥应有功用。另外，上市公司敌意收购案件的复杂性、反收购措施的多元性决定了商业判断规则标准更加强调个案的具体适用。在美国，商业判断规则至今也未形成一个统一概念。《布莱克法律词典》尽管对商业判断规则作出了定义，但事实上是对创设商业判断规则首个案例“阿伦森诉路易斯案”中审理法官的经典陈述的复制，③美国成文法并未对商业判断规则作出统一解释。对于商业判断规则适用中的程序性和实质性要件，美国法院

---

① Armour, Johnand & Skeel, David A. J. R. , *Who Writes the Rules for Hostile Takeovers, and Why? -The Peculiar Divergence of U. S. and U. K. Takeover Regulation*, Georgetown Law Journal, Vol. 95, No. 6, 2007, p. 1771.

② 参见罗培新：《公司治理法律规则背后的经济与社会含义——以日本活力门收购事件为视角》，载《证券法苑》2010 年第 2 期。

③ See Garner, Bryan A, *Black's Law Dictionary*, Eagan: Thomson West Publisher, 2014, p. 248 – 249.

的立场和做法也有所差异，这导致同案不同判现象屡有发生。如学者所言："事实上，商业判断规则的不一致和不确定的方法已经导致它被称为'公司法中最神秘的教条'。"①

第二，根据正当目的标准的判定逻辑，目标公司董事之行为是否在客观上违反了法律法规和公司章程对董事的授权目的是首要关注重点。换言之，正当目的标准的适用有赖于成文法的完善。由于法官很难准确探测目标公司董事作出行为的内心活动，故英国和日本法官的通常做法为透过董事的特定行为性质来推断当时董事的目的。但是，无论如何，目标公司董事的行事目的很难通过客观行为准确表达，正如安德鲁·约翰斯顿（Andrew Johnston）所观察到的，"不确定性将是这种方法的结果"。② 事实上，在英国，很多投资者对法官发展的正当目的规则采取排斥态度，因为该规则存在较大的不确定性和滞后性，在一定程度上削弱了上市公司敌意收购成功的可能性。③

第三，利益标准要求董事行事时应以公司利益最大化为宗旨，关注股东、员工、债权人等利益相关者之利益。在司法实践中具体考察目标公司董事在披露信息环节和寻找"白衣骑士"环节中是否履行合法程序，以及在结果上是否给公司的长远利益造成损害。损害具体表现为公司的发展和存续受到重大影响、公司资产的价值发生不良减少、市场股票的价格引起异常的大幅下降等。④ 事实上，利益标准可以看作是正当目的标准的具体化，如果目标公司董事在上述环节中给公司和利益相关者造成损害，则可推定其违反正当目的。仔细探究利益标准的本质特征，不难发现，利益标准与商业判断规则标准的原理明显相悖。商业判断规则的核心精神为无论目标公司董事是否给公司造成损害，只要其通过了合理性测试和相当性测试，即可推定其履行了信义义务。而利益标准却更加注重结果，只要公司和利益相关者

---

① Smith, D. Gordon, MITH, D. GORDON. The Modern Business Judgment Rule, http://clsbluesky.law.columbia.edu/2015/08/06/the-modern-business-judgment-rule/, 2019-11-02.

② Johnston, Andrew, *Takeover Regulation: Historical and Theoretical Perspectives on the City Code*, The Cambridge Law Journal, Vol. 66, No. 2, 2007, p. 422.

③ Ibid.

④ 参见郑佳宁：《目标公司董事信义义务客观标准之构建》，载《东方法学》2017 年第 4 期。

利益受损，则可推定目标公司董事违反信义义务。无疑，相比于商业判断规则标准，利益标准的判定更为严格，在很大程度上限制了目标公司董事的积极性和创造功能。况且，究竟是否损害公司的长远利益在一时的诉讼中难以判定，其需要长期的实践检验。可见，利益标准似乎将法官推向了一个更为抽象与复杂的审判过程。

第四，在对目标公司董事的注意义务进行判定时，不可避免地会采用人格化标准，即需要为董事行为的评判树立一个特定的人格化标杆，借以衡量董事行为的正当与否。然而，无论是主观标准抑或客观标准，单一的人格化标准的最大弊端为未能结合实际情况考虑公司董事因角色、知识、经验的差异性而导致的义务承担程度的差异性。董事注意义务的人格化标准从单一性转向复合性是当前世界发展的主流趋势，尤以英国为代表。是故，在可预知的未来，主客观相结合的复合性人格化标准将是各国的主要发展方向。

第三节　目标公司反收购条款的法律规制

目标公司反收购条款又称“驱鲨剂条款”（shark repellant provisions）或“豪猪条款”（porcupine provisions），具体指目标公司为抵御不受欢迎的敌意收购，提前对其章程作出特别修改，旨在使敌意收购对收购方的吸引力或利润降低。[①] 概言之，目标公司反收购条款是抵御上市公司敌意收购的一种预防性反收购措施。[②] 目标公司反收购条款实质上是一种“公司自助机制”，用于阻止对管理层和股东利益可能造成的一切威胁。为引导目标公司合理、正确设计反收购条款，充分发挥其正面功用和消减其负面影响，适当的法律规制不可或缺。

---

① See M, Straska & G. Waller, *Do Anti-Takeover Provisions Harm Shareholders?*, Journal of Corporate Finance, Vol. 16, No. 4, 2010, p. 489.

② 参见王建文：《我国公司章程反收购条款：制度空间与适用方法》，载《法学评论》2007 年第 2 期。

一、目标公司反收购条款的性质解读与价值研判

(一)性质解读:目标公司反收购条款自治的理论基础

目标公司反收购条款的载体为公司章程,故而其和公司章程具有相同属性。

公司章程是公司治理的重要依据,是股东合意的产物,其对公司及其相关当事人具有内部拘束力。公司章程具有集体自我约束下的民主功能,诚如史蒂芬·霍姆斯(Stephen Holmes)所言:“自由的宪章框架是解决集体行动问题的经典方案。人们可以自愿放弃在某些事情上作出自由选择的能力,以完成在其他事情上的意志。因此,集体自我约束可以成为集体自治的工具。”①各国学者对于反收购条款所依托的公司章程之性质也是见仁见智,具体包括以下4种学说。

第一,自治法说。该学说认为,公司章程是公司自由订立的以履行国家赋予的自治权为核心要旨的自治规范。② 章程既对其制定者和发起者具有约束力,又对公司本身以及后来加入的公司成员具有约束力。章程可以根据公司成员的一般意思而作出变动;并且,即使公司股东发生变动,章程效力也不受影响。上述事实无不彰显出章程的自治规范的属性。并且,章程具有效力上的强制性。尽管章程一开始是由股东制定,但其效力可以推及被公司雇用的董事、监事和高级管理人员。此外,章程的修改采用资本多数决,而非股东全体通过,且决议对投反对票和未出席股东大会的股东具有同样效力。

第二,契约说。该学说认为,公司的股东与管理层之间缔结了契约关系。③ 契约说的基本原理为,在公司创立之初,股东通过创制最佳的契约,来吸引公众以最高的价格购买股票。④ 公司股票的定价高低事实上由公司

---

① Stephen Holmes, *Passions and Constraint: On the Theory of Liberal Democracy*, Chicago: University of Chicago Press, 1995, p. 173 - 174.

② 参见郭富青:《公司创制章程条款研究》,载《比较法研究》2015年第2期。

③ 参见王海平:《公司章程性质与股东权益保护的法理分析》,载《当代法学》2002年第3期。

④ See Klausner, Michael, *The Contractarian Theory of Corporate Law: A Generation Later*, Journal of Corporation Law, Vol. 31, No. 4, 2006, p. 782.

股东对公众作出的相关运行决策承诺所决定，该承诺乃公众出价的重要考量因素。对此，伊斯特布鲁克和费舍尔指出，契约说的核心要义为“公司为公众投资者提供最佳的契约，以换取高价上市的资格，而这需要付出高昂的缔结契约成本”。①

第三，共同行为说，即合同说。该学说认为，合同是由同一内容的多数意思表示合意而成立，这与契约具有本质区别。因为契约是由相对立的意思表示达成合意构成。② 多数意思表示具有共同指向，如共同出资或成立社团等。一般而言，达成共同意思表示的多数之间没有利益交换，因为他们具有共同的利益愿望。③ 我国台湾地区经济管理部门曾指出，公司章程是一种由多数人本着成立社团的共同意志，共同制定的意思表示一致的法律行为，属性为共同行为。④

第四，折中说。该学说认为共同行为说和自治法说并无冲突，正如学者所言：“公司的初始章程既有合同属性，又有自治属性，但后续章程的修订仅有自治属性。”⑤具体而言，初始章程的订立系由全体发行人和股东基于合意订立的，故而构成共同行为，即合同行为。但是，章程修正案须经股东大会作出，乃资本多数决的体现。从本质上看，股东大会决议是公司整体意思，无关个别股东意志，决议对反对的股东依然具有约束力。⑥故而，相较于强调股东个人意志的契约说，自治说解释章程修正案更具有正当性。

显然，4 种学说存在一定的异质性。自治法说强调公司作为整体意志的表达；契约说以股东意思自治为出发点，侧重双方当事人基于不同意见所达成的交叉合意；共同行为说强调所有当事人合意的一致性；而折中说则彰显了自治法说和共同行为说的双重属性。4 种学说尽管侧重点不同，但不约而同彰显了意思自治的私法精神。由此可见，对于作为公司章

① Easterbrook, Frank H & Fischel, Daniel R, *The Economic Structure of Corporate Law*, Harvard: Harvard University Press, 1991, p. 171 – 174.

② 参见王泽鉴：《民法总则》，中国政法大学出版社 2001 年版，第 261 页。

③ 参见放启扬：《民法总则》，台北，三民书局 2009 年版，第 241 页。

④ 我国台湾地区“经济部”1995 年 4 月 11 日经商字第 09602408460 号函。

⑤ 钱玉林：《公司章程对股权转让限制的效力》，载《法学》2012 年第 10 期。

⑥ 参见钱玉林：《公司章程“另有规定”检讨》，载《法学研究》2009 年第 2 期。

程体现的反收购条款,目标公司可以基于意思自治,结合实际情况进行自由设立。需要注意的是,反收购条款的设立是一种法律许可内的相对自由。换言之,目标公司反收购条款的自治存在边界。[①] 对此笔者将在后文作具体阐述。

(二)目标公司反收购条款的价值研判

迄今,国内外学术界和实务界关于目标公司反收购条款的价值功用始终争议不断,尚未达成共识。具体而言,当前存在目标公司反收购条款的价值肯定说和价值否定说两种立场,且实务界的研究呈现从否定到肯定的趋势。相关争论与评析如下。

1. 否定说:管理者防御理论(managerial entrenchment theory)

该理论认为,目标公司反收购条款通过降低上市公司敌意收购的可能性来巩固管理者之地位,使管理者脱离市场对公司治理的约束,而这以削弱股票价值为代价。公司现任管理层不仅因拥有公司股票而获得证券利益,同时也从控制中获得了私人利益。[②] 相较之下,外部股东仅能获得证券利益。而管理上的故步自封可能会让公司的管理层在公司经营中更为轻松地巩固自己的控制利益,这意味着经营质量低下的公司更有可能在上市时制定强大的反收购条款。此外,这一理论还表明,无论管理者的能力如何,强大的反收购条款会导致公司业绩下降和 IPO 估值下降,因为它们降低了市场对公司管理的约束效应。[③] 在该理论下,目标公司反收购条款是低效的,而这类条款的唯一作用是巩固现有的管理层,减少其失去控制利益的机会。

在实务界,诸多学者通过构建模型,试图证明目标公司反收购条款的应用会降低公司价值。早期,戈佩斯(Gompers)、艾西(Ishii)和迈特里克(Metrick)作出了详细分析,他们在 24 个反收购条款的基础上建构了著名的“治理指数”,以推论反收购条款和公司价值间的相互关系。数据显

---

① 参见郭富青:《公司创制章程条款研究》,载《比较法研究》2015 年第 2 期。

② See H. Deangelo & Rice E M. *Anti-Takeover Charter Amendments and Stockholder Wealth*, Journal of Financial Economics, Vol. 11, No. 1, 1983, p. 329.

③ See Anjier, John C, *Anti-Takeover Statutes, Shareholders, Stakeholders and Risk*, Louisiana Law Review, Vol. 51, No. 3, 1991, p. 582.

示,设置较少反收购条款的公司的业绩更好,从而推断公司价值更高。① 以该分析为基础,别布丘克(Bebchuk)、科恩(Cohen)和费雷尔(Ferrell)在6个反收购条款的基础上构建了"防御指数",从反面再次印证了上述结论,即反收购条款设置较多的公司价值更低。②

2. 肯定说:长期价值创造理论(long-term value creation theory)

针对上述否定说,富德(Field)和卡尔波夫(Karpoff)指出,没有发现有任何证据表明,反收购条款的设置会导致经营业绩不佳。事实上,他们的证据表明,在首次公开募股后的几年里,没有反收购条款的公司上市后的经营业绩要比有反收购条款的公司上市后的经营业绩差。③

尽管设置反收购条款可能会削弱对董事的约束作用,但是在拥有高质量(更有才能)管理者的公司中设置反收购条款反而会提升公司的长远价值。④ 对此,有学者对反收购条款在不同能力管理者控制下所起的作用进行了检验,并验证了上述推论。⑤ 该推论的逻辑为,反收购条款允许管理者通过投资高风险的长期项目来为公司创造更高的价值,而不必担心在控制权争夺中失去职位,尤其在公司项目处于暂时困难的情况下。长期项目本质上比短期项目更有价值,然而,投资长期项目可能会导致公司的股权在短期内被低估。换言之,长期项目需要更长的时间来应对外界对项目成功的不信任。因此,若现任董事倾向于投资长期项目,并且外部投资者认为公司的项目在短期内进展不顺利,那么该董事很有可能在控制权争夺中失利。而反收购条款的设置则有助于稳定高质量董事的信心,专注于提升公司的长期价值。

3. 对上述学说的评析

从表面上看,上述理论和实证结果呈现出两个相对立的观点,即否定说

---

① See P. A. Gompers & Lshii, L & Metrick, A, *Corporate Governance and Equity Prices*, Quarterly Journal of Economics, Vol. 118, No. 1, 2003, p. 107.

② See L. A, Bebchuk. & Cohen, A. & Ferrell, A, *What Matters in Corporate Governance?*, Review of Financial Studies, Vol. 22, No. 2, 2009, p. 783.

③ See Field, Laura Casares & Karpoff, Jonathan M, *Takeover Defenses of IPO Firms*, Journal of Finance, Vol. 57, No. 5, 2002, p. 1857.

④ See Thomas J, Chemmanur & Jiao, Yawen, *Dual Class IPOs: A Theoretical Analysis*, Journal of Banking and Finance, Vol. 36, No. 1, 2012, p. 305.

⑤ See Chernmanur, Thomas J. & Paeglis, Lrmants & Simonyan, Karen, *Management Quality and Anti-Takeover Provisions*, The Journal of Law and Economics, Vol. 54, No. 3, 2011, p. 654.

认为反收购条款的设置会降低对目标公司董事的约束作用,进而削弱公司价值;而肯定说则表明反收购条款的设置会有助于目标公司董事投身于公司长远利益发展,进而提升公司价值。事实上,笔者认为,上述观点并不矛盾,而可合力推导出如下共通结论:反收购条款的设置会提升拥有高质量董事的公司价值,削弱拥有低质量董事的公司价值。显然,目标公司董事能力的高低是甄别反收购条款价值高低的关键变量。现实却是,公司在设置反收购条款的过程中难以将董事能力的高低明确衡量,故而法律的功效即在于厘清一个反收购条款的自治边界,在此基础上明晰反收购条款的制度安排和微观构造,从而使反收购条款的作用最大化。换言之,对目标公司反收购条款的法律规制应秉持客观、中立立场,既要积极引导高质量董事合规设置反收购条款以应对短期主义和促进公司长期价值,又要警惕低质量董事利用法律漏洞实施恶意的防御行为。

二、边界厘定:目标公司反收购条款自治的法律空间

(一)目标公司反收购条款有限自治的正当性

尽管公司属于自治主体,但受收购方青睐的往往是上市公司,其发行股票的公众化、社会化与公共利益息息相关。这意味着,目标公司反收购条款自治的法律空间应受到限制与约束,其自治是一种相对的自由。正如英国自由主义哲学大师哈耶克所言:“无止境的自由将会使人们敌视束缚而恣意妄为,即便有边界的自由会增加人们的福利。”①具体而言,不加限制的目标公司反收购条款自治将面临如下风险。

一是控制股东的滥权风险。在大陆法系国家,目标公司反收购条款的制定与修改往往需要股东大会决议通过,但资本多数决制度导致控制股东拥有了一票否决权,控制股东实质上决定了公司整体的命运。同时,公司中的小股东因知识、能力与信息的局限,对公司事务漠不关心,“用脚投票”成为其表明立场的常态化方式。② 尽管从公司运作的基础看,由大股东控制

① [英]弗里德利希·奥古斯特·冯·哈耶克:《通往奴役之路》,王明毅等译,中国社会科学出版社1997年版,第6页。

② 参见郭奕:《论公司章程自治的界限》,载《浙江社会科学》2008年第4期。

公司具有一定的合理性,但这种控制常常异化为恶意操纵,表现为以牺牲中小股东以及债权人的合法权益为代价而谋求个人利益。比如,控制股东私下与收购方提前结盟,为降低收购方的收购成本和获得竞争优势,订立与通过更符合结盟收购方利益的反收购条款。如此一来,中小股东的利益难以保障,故而亟须对目标公司反收购条款自治加以限制。

二是董事的滥权风险。在英美法系国家,股权分离的特征显著。股东对于目标公司董事给予充足的信任,诸如修订公司章程等事宜无需股东大会批准,董事可以基于其能力、经验等自由决定。而在上市公司敌意收购语境下,目标公司董事面临地位不保的风险,其会想方设法创设具有高强度防御作用的反收购条款,进而损害股东利益和资本市场秩序。法律的功用则在于为反收购条款明确相应边界,警惕与防范目标公司董事的滥权行为。

法律对公司章程自治的干预与限制,或者说是对公司章程自治的修补,正是为了避免大股东和董事披着自治的外衣恣意操纵公司,从而切实保护中小股东的合法权益。

(二)目标公司反收购条款自治的边界厘定

公司法兼具程序法和组织法的双重特性,这决定了必须通过统一的标准来规范公司活动,确保公司运行的安全和效率。因此,目标公司反收购条款的自治应限制在一定范围内,并应注意遵循如下边界。

1. 基本边界:符合强制性规范

所谓强制性规范,是指直接适用于当事人的不能被拒绝的规范。① "强行法不问当事人意愿,在任何情况下皆具有强制力,当事人不能随意改变。"②笔者认为,强制性规范可采取如下认定规则。

第一,在语义解释维度,法条中带有禁止性命令性质的词语,如"不得""必须"等即属于强制性规范,目标公司反收购条款的设立不得与此类规定相抵牾。比如我国《上市公司收购管理办法》第 8 条第 2 款之规定显然属

---

① 参见郭富青:《公司创制章程条款研究》,载《比较法研究》2015 年第 2 期。

② [苏]H. 马穆托夫:《论"凡未经法律禁止的,都是许可的"原则》,陈文译,载《环球法律评论》1990 年第 1 期。

于禁止性规范。[①] 在美国,有学者指出,基于目标公司反收购条款未能遵守公司法的规定(强制性规定),该条款理应无效。[②]《特拉华州普通公司法》第102(b)(1)条规定:"在不违反本州法律的前提下,公司可以自由创制任何有关业务管理经营、董事、股东或任何类别股东权利的任何规定。"

第二,在法理维度,章程的契约性决定股东固有权利不受侵犯,有关股东固有权利的条款则属于强制性规范。前已述及,契约说以股东意思自治为核心,认为股东创制行为规则系基于一致合意,由此论证出相应的默示规则:公司章程在制定或修改中涉及股东固有权利和义务的事项必须经股东同意。英国《1985年公司法》第16条即指出,章程创制条款的效力受股东个人意思的制约。[③] 这无不彰显了"法律通过权利来界定人自由活动的空间,而只有当事人才能自由决定其权利的运行规则"的法理。[④] 因此,股东的固有权利,如表决权、提案权、质询权等皆是由法律赋予股东的权利,股东大会或公司章程无权对其剥夺。对于诸如分红权等非固有权利,公司章程则可在一定的范围内自行规定。[⑤]

第三,在法规性质维度,诸如证券法等法律规范事关社会经济的稳定,超出了公司内部治理的范畴,因而天然具有强制法属性。具体而言,证券法律法规中有关大额持股信息披露的规则即为强制性规则。比如,我国2019年12月通过的《中华人民共和国证券法》(以下简称《证券法》)第63条和第65条针对要约收购信息披露的持股百分比和全面要约收购的持股百分

---

① 《上市公司收购管理办法》第8条第2款规定:"被收购公司董事会针对收购所做出的决策及采取的措施,应当有利于维护公司及其股东的利益,不得滥用职权对收购设置不适当的障碍,不得利用公司资源向收购方提供任何形式的财务资助,不得损害公司及其股东的合法权益。"

② See Black, Lewis JR. & Smith, Craig B, *Anti-Takeover Charter Provisions: Defending Self-help for Takeover Targets*, Washington and Lee Law Review, Vol. 36, No. 3, 1979, p. 720.

③ 英国《1985年公司法》第16条规定:"如果任何对组织大纲和章程的修改要求某个股东取得或认购比他在修改之日所持有的股份更多的股份,或者该修改增大了该股东缴付股本或向公司支付金钱的责任,那么股东可以不接受该修改。但是,如果全体股东无论在修改作出之前或之后,以书面形式作出承诺,同意受该修改约束,那么这个法定限制将不再适用。"

④ 参见周永坤:《法理学:全球视野》(第3版),法律出版社2010年版,第7页。

⑤ 参见邓峰:《普通公司法》,中国人民大学出版社2009年版,第361页。

比规定了明确数额,对此目标公司反收购条款不能任意变更。[①] 事实上,大额持股信息披露制度的设计致力于平衡维护控制权竞争和透明度之间的关系,其信息披露触发线等相关规则是立法者权衡多种价值与因素的结果。[②] 因此,社会应尊重和信赖立法者的能力,反收购条款不能对该制度作有悖于立法的变更,否则即因违反强制性规范而无效。

第四,在法律原则维度,一般法律原则皆有强行法属性,故而目标公司反收购条款的创制必须遵守《公司法》《证券法》等内含包括诸如股东平等待遇原则、维护中小股东利益原则和公序良俗原则等基本原则。具体而言,其一,在传统理论中,股东平等待遇原则主要针对的是目标公司的股东,即收购方对于目标公司的所有股东应当给予同等对待。[③] 但是,当收购方已持有目标公司一定股份且目标公司采取反收购措施时,股东平等待遇原则应惠及包括收购方在内的所有股东。比如,目标公司若增发新股,应当面向所有股东,且认购条件应当一致而不应有所区别;收购方股东和目标公司股东有同样的表决权和提案权等股东固有权利。其二,在上市公司收购中,相对于中小股东而言,目标公司大股东和董事在信息获取与分析能力、专业性、权威性等方面皆具有明显的优势,而在制定反收购条款过程中,中小股东往往缺失话语权,在控制权争夺中其权利难以得到保障。鉴于此,维护中小股东利益原则理应成为目标公司创制反收购条款秉持的核心原则,不能为争夺控制权以及投机目标的私心而损害中小股东的合法权益。其三,反收购条款的制定和修改不能损害社会公共利益,应遵循公序良俗原则。[④] 如在美国,有学者指出反收购条款的制定应当符合公共政策,"反收购条款的创制不能违反公司法中隐含的公共政策,即多数人的权利不受任何不合

---

① 我国《证券法》(2019 年 12 月通过)第 63 条第 1 款规定,"通过证券交易所的证券交易,投资者持有或者通过协议、其他安排与他人共同持有一个上市公司已发行的有表决权股份达到百分之五时,应当……但国务院证券监督管理机构规定的情形除外";第 65 条第 1 款规定,"通过证券交易所的证券交易,投资者持有或者通过协议、其他安排与他人共同持有一个上市公司已发行的有表决权股份达到百分之三十时,继续进行收购的,应当依法向该上市公司所有股东发出收购上市公司全部或者部分股份的要约"。

② 参见陈霖:《上市公司修改章程设置反收购条款的合法性检视与监管探讨》,载《证券法苑》2017 年第 1 期。

③ 参见刘俊海:《股东权法律保护概论》,人民法院出版社 1995 年版,第 47 页。

④ 参见郭富青:《公司创制章程条款研究》,载《比较法研究》2015 年第 2 期。

理的少数人意愿的制约。反对多数票以上的规定和类似的防御技术可能会将否决权交到少数人手中,此种反收购条款因违反公共政策而无效”。[①]

2. 价值边界:实现宏观与微观价值的平衡

强制性规范作为国家对上市公司敌意收购的权威规制,其着眼点在于维护上市公司敌意收购市场正常安全的经济秩序以及实现整体公平,严禁个人以自由意志排除适用强制性规范,彰显了对秩序价值和公平价值的追求。而目标公司的章程自治更强调公司的经营效率和个人的自由,赋予当事人变更协议的权利,兼顾自由价值和效率价值。[②] 在此意义上,目标公司反收购条款的自治应当实现秩序与自由、公平与效率价值的兼顾,其自治边界是这两组价值的平衡点。

一方面,反收购条款的自治应是一种合乎秩序价值的自由,是在秩序范围内主体个性的发挥。在法律的价值体系中,自由与秩序经常处于对立状态,这主要源于人们总是对自由怀有无尽的期盼,从而与秩序形成强烈冲突。[③] 事实上,自由与秩序价值并非不能共存,二者应当构成一种矛盾对立的统一体。具体而言,自由应是受秩序制约的一种相对自由,这可以从自由的含义中窥探。从哲学层面讲,自由意味着对必然性的把握和对客观规律的认同;就法学意义而言,自由指的是在国家权力允许的范围内活动。对客观规律的认同,意味着个体必须接受社会秩序的制约,不可彻底摆脱拘束,只能以忍受一些拘束为代价而获取相对不受拘束的生活。因此站在法律的高度,个体的自由必须在国家权力允许的范围内,由国家通过制订规范、建立秩序为人们的行为提供一种标准、规则和尺度。[④] 具体到上市公司敌意收购场域,尽管《公司法》《证券法》等法规在一定程度上干预了个体的意思自治,为反收购条款的制定设立了不可逾越的樊篱;但从整体上看,牺牲一定程度的自由会换来更稳定的市场秩序和更高效的公司运作。反过来明确

① Black, Lewis JR. & Smith, Craig B, *Anti-Takeover Charter Provisions: Defending Self-help for Takeover Targets*, Washington and Lee Law Review, Vol. 36, No. 3, 1979, p. 723.

② 参见管人庆:《论公司章程自治的边界》,载《理论界》2009 年第 5 期。

③ 参见陈福大:《法律价值中自由与秩序的冲突》,载《甘肃行政学院学报》2004 年第 3 期。

④ 参见龙文懋:《“自由与秩序的法律价值冲突”辨析》,载《北京大学学报(哲学社会科学版)》2000 年第 4 期。

的秩序也会降低当事人的谈判交易成本，实现更有效率的自由。

另一方面，反收购条款的自治应当追求符合市场整体公平的效率最大化，以实现效率价值与公平价值的协调统一。近年来，法律经济学一度成为学界关注的热点，对此很多学者进行了批判，指出法律经济学过于追求效率而漠视公平价值。[①] 契约说正是法律经济学的典型代表。该学说认为，公司所有当事人共同联结组成了一个整体契约，该契约以实现所有当事人利益最大化为宗旨，更多地强调效率价值。而公司所得收益是否公平分配于每个当事人并非其关注的内容。[②] 由此，公平和效率在公司法领域成了对立面。在上市公司敌意收购语境下，协调二者关系的核心理念在于，在一定范围内牺牲公司个体运作效率换来社会整体财富的分配公平，以实现公司个体效率与社会整体公平的平衡。反收购条款在很大程度上是董事捍卫自身地位的有力武器，因而难以保证创制目的的纯粹性与正当性。这意味着，法律唯有介入其中明确反收购条款的界限，适当削弱董事因私利而竭力追求效率的原始冲动，方能确保上市公司敌意收购市场财富与资源的合理分配。

总之，目标公司反收购条款的自治边界应当平衡自由与秩序价值、效率与公平价值，承认它们的矛盾冲突但又致力于将其协调统一。价值间的矛盾冲突可以提醒人们意识到实践中出现的偏颇，确保公司运行的良性秩序和效率提升；而价值间唯有协调统一方能使公司更好地发挥潜能，并在此基础上达到整体的高效、公平与稳定运作。目标公司反收购条款自治的边界在这些价值的交叉中被勾勒出来。

三、制度安排：目标公司反收购条款自治的选择架构

如果说边界的厘定为目标公司反收购条款的自治勾勒出法律空间的轮廓与不可逾越的红线，那么选择架构的规划则旨在影响目标公司反收购条款的具体设计。所谓选择架构，即影响主体选择的社会背景，在章程自治语

---

① 参见钱弘道：《法律经济学的理论基础》，载《法学研究》2002 年第 4 期；曲振涛：《论法经济学的发展、逻辑基础及其基本理论》，载《经济研究》2005 年第 9 期。

② 参见赵学刚：《效率的公平矫正——债权人视野下公司法对经济学理论的超越》，载《政法论坛》2009 年第 6 期。

境下指可以影响反收购条款创制结果的任意性规范之设计安排。[①] 选择架构是对目标公司反收购条款自治信息偏在、集体困境等造成的效率低下难题作出的回应。行为法律经济学的研究表明，选择架构的设计虽然不能限制或替代主体选择，但会影响主体选择。"在保留选择自由的前提下对个体决策进行干预"是选择架构的核心内涵与价值依归，有学者称之为"软家长主义式干预"。[②]

（一）选择架构要素：任意性规范的类型与功用

依不同标准，公司法任意性规范可划分为不同类型。本书主要根据强制性程度的不同，将公司法任意性规范分为赋权性规则（enabling rules）和缺省性规则（defaults rules）两种类型，后者比前者的强制性更高。[③] 所谓赋权性规则，指立法主体提供章程示范清单，只有在公司参与方主动选入（opt in）的情况下，该条款才因适用而生效；缺省性规则是指立法主体推定其列明的章程条款适用于相应公司，除非公司参与方主动选出（opt out）这一规则。[④] 概言之，对于同样的章程示范清单，赋权性规则需要公司明示采用，而缺省性规则需要公司明示不采用。相较之下，默认清单直接适用的缺省性规则具有更强的强制性，其独特功能在于：其一，缺省性规则具有指导性功能，因为若私人不主动排除规则适用，该规则将自动适用于公司；其二，缺省性规则所调整的问题往往具有重大意义，而私人安排在相关问题调整上很容易出现疏漏；其三，即便缺省性规则调整的事项颇为重要，但立法者也预料到其未必符合公司的实际诉求，故而允许该规则被私人排除适用。此外，缺省性规则的排除因变更规则（altering rule）的宽严不一而呈现不同

---

① 参见伍坚：《论公司法上的缺省性规则——兼评新〈公司法〉相关规定之得失》，载《法学》2007 年第 5 期。

② 软家长主义和硬家长主义相对，二者同为法律对主体选择进行干预的极端立场。硬家长主义强调对主体选择施加强制性干预，软家长主义则在为主体保留自治空间的同时提供相应策略，从而影响主体选择。参见潘林：《论公司法任意性规范中的软家长主义——以股东压制问题为例》，载《法制与社会发展》2017 年第 1 期。

③ See Eisenberg, Melvin Aron, *The Structure of Corporation Law*, Columbia Law Review, Vol. 89, No. 7, 1989, p. 1461.

④ Ibid.

程度的强制力。[①] 变更规则可包括要求全体股东的简单多数、绝对多数或者一致同意等内容,不同的变更规则决定了缺省性规则的选出难度,同时也代表了立法者就某一问题的立场和态度。

根据合同存在漏洞的不同原因,缺省性规则还可被进一步划分为鼓励性规则和惩罚性规则。二者皆出于弥补合同漏洞之考量而设立。[②] 因此,合同漏洞发生的缘由共包括三种:交易成本、认知能力以及策略考虑。其中,基于前两种原因产生的漏洞,只需要由公司法制定鼓励性规则进行弥补,而基于策略考虑产生的合同漏洞则需要由公司法制定惩罚性规则予以回应。基于策略考虑产生的合同漏洞具体指,合同的一方比另一方更有信息优势,其可能故意隐瞒信息,并从战略上决定适用有利于自身权益的规则。对此,立法者可以通过建立惩罚性规则来削弱这种战略寻租的动机,鼓励更知情的当事人在适用缺省性规则的过程中披露其信息。概言之,惩罚性规则旨在设定一方当事人(通常指大股东和董事)不期望的条款,以鼓励公司内部之间或向第三方(尤其是法院)披露重要信息。[③]

(二)目标公司反收购条款选择架构的域外实践及启示

国外有学者指出,目标公司反收购条款选择架构的合理设计能够通过减少反收购条款的起草和协调成本,敦促选择主体及时采用更加高效的反收购条款。[④] 在实践中,美国各州立法机关为规范反收购活动,创设与发展了很多示范性章程清单,而英国和日本历来反对主动介入目标公司自主制定反收购条款活动,故而笔者主要围绕美国实践进行阐述论证。整体而言,美国有关目标公司反收购条款选择架构的实践如下。

第一,公平价格条款的选择架构。公平价格条款是指发出要约收购的收购方必须给予前后出售股票的投资者以同样报价,旨在防止强迫性的两

---

① See Listokin, Yair, *What do Corporate Default Rules and Menus Do? An Empirical Analysis*, Journal of Empirical Legal Studies, Vol. 6, No. 2, 2009, p. 285.

② 参见伍坚:《论公司法上的缺省性规则——兼评新〈公司法〉相关规定之得失》,载《法学》2007 年第 5 期。

③ See Ayres, Lan & Gertner, Robert, *Filling Gaps in Incomplete Contracts: An Economic Theory of Default Rules*, The Yale Law Journal, Vol. 99, No. 1, 1989, p. 91.

④ See Listokin, Yair, *What do Corporate Default Rules and Menus Do? An Empirical Analysis*, Journal of Empirical Legal Studies, Vol. 6, No. 2, 2009, p. 285.

级投标报价损害投资者利益。在两级投标报价中,一个收购方对一部分股票提供高价格,然后以较低的价格购买剩余的股票。这意味着,两级投标报价具有很大的强迫性,因为一个股东在面对这样的报价时,必须马上接受,否则收购要约成功后其只能被迫接受较低的价格。在1983~2001年,美国有24个州针对公平价格条款制定了相关示范清单,其选择架构情况为,1个州确定为赋权性规则,23个州确定为缺省性规则。①

第二,企业合并禁止条款的选择架构。企业合并禁止条款是指在投资者购买股票数超过预先规定的数额后,禁止其与目标公司之间进行多年交易(如合并或出售资产),除非有董事会的事前批准。企业合并禁止条款主要通过阻止收购方在初始收购后的很长一段时间内获得收购的全部利益,从而阻碍敌意收购。很多州的企业合并禁止条款与公平价格条款同时通过。在1983~2001年,美国有28个州制定了相关示范清单,其选择架构情况为,1个州确定为赋权性规则,27个州确定为缺省性规则。

第三,控制性股份收购条款的选择架构。控制性股份收购条款是指收购方购买的控制性股份不能确保其投票权的实现。该条款可以达到阻碍收购方收购的效果,因为收购方不能确信自己的控制权可以顺利行使。在1983~2001年,美国有26个州制定了相关示范清单,其选择架构面貌为,1个州确定为赋权性规则,25个州确定为缺省性规则。②

显然,美国针对上市公司反收购措施的选择架构态度不一,设置赋权性规则、缺省性规则或没有设置任意性规范的州皆有。实证研究表明,任意性规范具有一定的设置反收购条款的敦促功能,典型例证为,反收购措施的应用率最高的是设置缺省性规则的州,其次是设置赋权性规则的州,最后是没有设置任意性规范的州。③ 上述经验数据表明,立法通过合理设计包括赋权性规则和缺省性规则在内的选择架构,有助于解决目标公司反收购条款

---

① See Listokin, Yair, *What do Corporate Default Rules and Menus Do? An Empirical Analysis*, Journal of Empirical Legal Studies, Vol. 6, No. 2, 2009, p. 286.

② See Armour, John & Jacobs, Jack & Milhaupt, Curtis J., *The Evolution of Hostile Takeover Regimes in Developed and Emerging Markets*, Harvard International Law Journal, Vol. 52, No. 1, 2011, p. 262.

③ See Listokun, Yair, *What Do Corporate Default Rules and Memos Do? An Empirical Examination*, Journal of Empirical Legal Studies, Vol. 6, No. 2, 2009, p. 292.

自治信息偏在、集体困境等造成的效率低下难题，而选择架构的具体设计还需综合考量各地不同的文化、制度和经济背景。

四、微观构造：目标公司反收购条款的类型化法律规制

目前，各个国家创造和发展出了纷繁复杂的反收购条款。[①] 囿于篇幅，笔者仅筛选出具有普遍性的主流条款作为研究对象，将其分为控制股东大会条款、控制董事会条款和其他条款三种类型，并对其基本内涵和域外法律规制实践进行简要梳理并总结相关经验。

（一）控制股东大会条款法律规制的域外实践

控制股东大会条款旨在针对收购方股权实施各种打击手段，从而增加其争夺控制权的难度。域外对控制股东大会条款的法律规制形态如下。

第一，“毒丸计划”（poison pill）。“毒丸计划”在20世纪80年代由美国并购律师马丁·立普顿（Martin Lipton）、罗森（Rosen）和卡茨（Katz）首创。[②] “毒丸计划”背后的关键理念为，通过稀释股权阻碍潜在收购方购买目标公司股票。“毒丸”通常分为两种类型：“内翻式”（flip-in）毒丸和“外翻式”（flip-over）毒丸。[③] 它们有类似的效果，通常是同时采用的。当被触发时，“内翻式”毒丸允许除收购方及其关联公司以外的其他目标公司股东以低于实际价值的价格买入其他股份，从而稀释收购方持股的价值。“外翻式”毒丸主要允许股东在目标公司并入收购方时能购买收购方的股票。[④] 在成文法方面，美国《特拉华州普通公司法》第157条有关公司增发股票的规定和第141条对董事经营管理权的明确为董事实施“毒丸计划”提供了适当授权。同时，法院也在司法实践中进一步确立了“毒丸计划”的合法地

---

① 仅在美国，上市公司可以设置的反收购条款就达24种之多，包括空白支票优先股条款、交错董事会条款、特别会议限制条款、控制权改变薪酬计划条款、累积投票制、绝大多数条款、不平等投票权条款等。See P. A. Gompers & Lshii, L & Metrick, A, *Corporate Governance and Equity Prices*, Quarterly Journal of Economics, Vol. 118, No. 1, 2003, p. 107.

② See Wilson, Chase Dekay, *Marty Lipton's Poison Pill*, International Financial Law Review, Vol. 3, No. 1, 1984, p. 10.

③ See Barry, Jordan M & Hatfield, Jogn & William Hatfield, *Pills and Partisans: Understanding Takeover Defenses*, University of Pennsylvania Law Review, Vol. 160, No. 1, 2012, p. 633.

④ Ibid.

位,经典案例为1985年的“莫兰诉国际家居案”。该案的诉讼焦点为“毒丸”本身是否受商业判断规则的保护。① 在该案中,法院首先援引了《特拉华州普通公司法》的上述规定,认为董事有权实施“毒丸计划”。其后指出董事在实施过程中符合“优尼科公司诉梅萨石油公司案”中确立的合理性测试和相当性测试,进而判决董事实施“毒丸计划”受商业判断规则的保护。②

虽然“毒丸计划”是美国目标公司针对上市公司敌意收购设计的一种公认的主要防御手段,但在许多司法管辖区,如英国和爱尔兰等不允许进行此种防御。在加拿大,监管机构通常会命令目标公司董事会在几个月后解除一粒“毒丸”,其原则是“毒丸计划”仅作为防御的短期喘息手段,而不能持续使用。③

第二,绝对多数表决条款。绝对多数表决条款要求对于涉及上市公司敌意收购的特别决议事项必须经过股东的超级多数表决同意通过,旨在防范收购方控制股东大会决议投票废除不利于自己的反收购条款。至于“绝对多数”的具体表决权比例,各国立法有所差异。④ 当然,为确保董事处理公司事务的灵活性和主动性,在美国,公司章程一般会另行设置一个特别条款,即董事可以决定绝对多数条款生效和失效的时间和情形。“塞伯特诉古尔顿工业公司(Seibert v. Gulton Industries, Inc.)案”奠定了绝对多数表决条款在美国的合法地位。⑤ 该案中目标公司章程规定,上市公司敌意收购超过5%股权的继续合并必须经目标公司80%以上股东表决权同意,除非事前获得董事同意。对此,在《特拉华州普通公司法》第102(B)(4)条规定⑥的基础上,特拉华州法院指出公司章程有权规定高于公司法规定的表

---

① See Mora v. Household International, Inc., Del. Supr., 500 A. 2d 1346, 1356(1985).

② See Unocal Corp. v. Mesa Petroleum Co., 493 A. 2d (Del. 1985).

③ See Wolf, Daniel E & Kirkland & Llp, Ellis, *Foreign Anti-Takeover Regimes*, Harvard: Harvard Law School Forum on Corporate Governance and Financial Regulation, 2015.

④ 如法国规定2/3以上的表决权;德国规定3/4以上的表决权。法国《商法典》第L225~265条;德国《股份公司法》第103条。

⑤ See Seibert v. Gulton Industries, Inc. No. 5631 (Del. Ch. 1979).

⑥ 《特拉华州普通公司法》第102(B)(4)条规定:“公司注册时在章程中应明确公司采取任何行动的多数表决权或多数人数。”

决比例，从而使绝对多数表决条款在美国合法化。但是，美国对公司章程设定绝对多数表决权的具体比例并非没有任何要求。例如，在“切萨皮克公司诉肖尔(Chesapeake Corp. v. Shore)案”中，针对被告公司董事修改公司章程，将股东修改公司章程表决权比例提升至60%以抵御上市公司敌意收购的行为，法官指出，考虑被告公司的股权结构、股东性质以及历史上股东投票的出席率，被告公司设置的60%赞成票门槛明显使原告收购方不可能有满足条件的现实机会，该章程修改不符合“优尼科公司诉梅萨石油公司案”中确立的合理性测试和相当性测试，因此是无效的。①

第三，限制股东固有权利条款。该类型条款主要通过限制股东的各种固有权利防止其获得实质性控制地位，具体包括以下几种类型：其一，限制股东召集股东大会请求权条款。在美国，诸多上市公司在章程中取消股东召集股东大会请求权，并将该权利专门授予董事会，从而迫使成功的要约人须等到下一次年度会议后再任命董事或采取其他公司行动。此种限制得到了美国《特拉华州普通公司法》《标准商事公司法》等的授权。② 其二，限制股东投票权条款。西班牙和法国的立法皆允许公司章程(以赋权性规则为基础)限制任何单一股东(或集团)行使的投票权，而不考虑实际所有权的百分比。同时根据法国备受争议的“弗洛朗热法案”(缺省性规则，须经股东批准方可选择退出)，只有长期(至少两年)股东被授予了投票权，从而稀释了合并后收购方的短期投票权。③ 其三，限制股东提案权条款。德国对股东提案权的立法设置较为灵活，其采取了持股比例和持股数值的双重标准，即合计持有1/20股份或持股金额达到50万欧元的股东有权提案。④ 同样，美国也设置了持股双重标准，并在此基础上加设了持股类型(必须为有表决权的股东)、持股期限(持股一年以上)、提案数量(每位股东在每次股东大会只能提一项提案)和提案字数(500字)等要求。⑤ 显然，美国此种规

---

① See Chesapeake Corp. v. Shore771 A. 2d 293 (Del. Ch. 2000).

② 《特拉华州普通公司法》第211(d)条、《标准商事公司法》第28条。

③ See Wolf, Daniel E & Kirkland & Llp, Ellis, *Foreign Anti-Takeover Regimes*, Harvard: Harvard Law School Forum on Corporate Governance and Financial Regulation, 2015.

④ 德国《股份公司法》第122条。

⑤ 美国《1934年证券交易法》第240条。

定大大加强了反收购防御强度。关于提案的具体决议事项范围,诸多国家立法从反面列举了不被认可的申请提案情形。①

(二)控制董事会条款法律规制的域外实践

控制董事会条款主要对改组董事会设置高难度门槛,从而捍卫目标公司原董事会的主导地位。具体条款类型和法律规制情形如下。

第一,交错董事会条款。交错董事会包含几个不同任期的董事小组,每年只有任期届满的小组方可改选。交错董事会条款旨在增加上市公司敌意收购难度,使敌对的收购方不能在一次代理竞争中取代整个交错董事会。在成文法上,美国 2002 年《标准商事公司法》第 8.06 条对于交错董事会作出了相应规定。② 依照实际情形,交错董事会迫使收购成功的公司在理论上至少等待两年,才能开始对董事会实施经营控制。值得注意的是,随着股东积极主义的崛起,近些年美国公司治理的情势发生了重大改变,公司治理的权力正在被重新分配——董事会中心主义正日益迈向股东大会中心主义,③“毒丸计划”和交错董事会的衰亡将是必然。因为“毒丸计划”顺利实施的前提是交错董事会的实行,基于股东权益的倡导和机构投资者的压力,大多数以前致力于使用交错董事会措施的大公司纷纷撤销交错董事会制度,从而导致了“毒丸计划”的衰亡。④ 另外,交错董事会制度在英国向来没有运作的空间,这主要是因为英国机构投资者地位强大,所以英国公司立法

---

① 如美国《1934 年证券交易法》第 240 条中列举了不适当议题、提案违法、违反 SEC 制定的委托书规则、提案内容涉及个人恩怨或特别利益、与公司营业无重大关系、提案事项非公司权限所能处理、提案属于公司一般性日常营业事务、提案涉及董事会等的选举事务、与公司提案相冲突、公司已经实质上实施了提案、与已经被列入委托书征集材料的提案相重复、因支持率过低却又被重新提出的提案、提案内容涉及股利分配共 13 种排除事由;德国《股份公司法》第 126 条第 2 款规定了内容违反法律或者章程的、包含明显错误的、误导性的说明或侮辱性内容的、提案股东不参加也不委托他人参加股东大会的、同一提案在 5 年内两次提出且没有达到最低通过率时等 7 种排除事由。

② 美国 2002 年《标准商事公司法》第 8.06 条规定:“如果董事会由 9 名或 9 名以上的董事组成,公司章程可规定所有董事交错的任期。具体做法为把所有董事划分为两个或三个小组,每一小组由 1/2 或 1/3 的董事构成,每个小组董事的任期分别在其当选董事之后的第一次、第二次乃至第三次股东大会年会召开之时结束。”

③ See Coffee, John C. Jr & Palia, Dariys, *The Wolf at the Door: The Impact of Hedge Fund Activism on Corporate Governance*, Annals of Corporate Governance, Vol. 1, No. 1, 2016, p. 603.

④ See Catan, Emiliano & Kahan, Marcel, *The Law and Finance of Anti-Takeover Statutes*, Stanford Law Review, Vol. 68, No. 3, 2016, p. 667.

向来持股东中心主义立场。自1948年英国《公司法》颁布以来，股东有权在任何时候以简单多数票的方式罢免所有或任一董事，从而抑制了交错董事会的生长。

第二，限制董事资格条款。该条款主要在公司章程中确定了董事较高的任免资格，①其功能在于设置高门槛以阻碍收购方将代表自己利益的董事安排进目标公司董事会。世界各国立法大多规定了董事任职资格的积极要件和消极要件。积极要件包括身份、年龄、学历、持股比例、实践经验等，消极要件包括品行、兼职、犯罪等。一般而言，各国公司法主要规定了董事任职资格的门槛，具体条件可由章程结合公司情况而定。

第三，限制股东对董事的提名权条款。所谓"董事提名权"是指股东向股东大会推荐拟进入董事会的人选，并提交股东大会决议的权利。由于提名是选举的前提，故而"董事提名权"格外重要。一般情况下，目标公司会在公司章程中对提名董事的股东持股比例或时间予以限制，防止收购方改组目标公司既有董事会。2008年美国特拉华州最高法院在"加州公司诉员工养老计划(CA, Inc. v. AFSCME Employees Pension Plan)案"中许可将股东提名公司董事候选人事项列入公司章程实施细则，从而为目标公司创制限制股东对董事的提名权条款授予了正当性。② 德国在《股份公司法》中规定，可推选董事的股东必须符合持股一年以上的条件。③ 显然德国规定对股东持股时间要求较高，更有助于维持董事会的现有格局。

第四，备用董事条款。所谓备用董事条款，即目标公司董事提前几年承诺用某个指定人员填补某个董事会空缺的协议类型。对于此类条款，"查宾诉本伍德基金公司(Chapin v. Benwood Foundation, Inc.)案"的法官提出了质疑并否认该反收购条款的合法性和有效性。④ 该案涉及的问题是，特拉华州非营利慈善公司的受托人董事会是否可以根据其个别受托人的书面协议，授权指定的人员在董事会出现空缺时填补该空缺。该案法官对此问

---

① 参见王建文：《我国公司章程反收购条款：制度空间与适用方法》，载《法学评论》2007年第2期。

② See CA, Inc. v. AFSCME Employees Pension Plan, 953 A. 2D 227, 237 (Del. 2008).

③ 德国《股份公司法》第84条。

④ See Chapin v. Benwood Foundation, Inc, 402 A. 2d 1205 (Del. Ch. 1979).

题作出了否定回答，并指出，如果是由股东而非董事选举的候补董事行使其填补空缺的权利，法院便不会怀疑此种行为的正当性。[①]

（三）其他条款法律规制的域外实践

第一，“黄金降落伞”条款（golden parachutes）。“黄金降落伞”是专门设计的在公司被收购时保护高层管理人员的雇佣协议。[②] 如果公司的控制权发生了变化，高层管理人员将获得丰厚的薪酬。大多数“黄金降落伞”协议直到高管们非自愿地终止与公司的关系时方提供特殊的庇护，并以此区别于其他类型的管理层雇佣和薪酬契约。[③] 无疑，“黄金降落伞”具有通过提升收购成本抵制上市公司敌意收购的效果与功用。原则上，“黄金降落伞”条款的构成包括控制权变更条款、终止条款和补偿条款三项。其中，控制权变更条款主要界定在何种情况下属于控制权变更情形，如规定收购方的持股比例；终止条款主要界定控制权变更后在何种情形下董事与目标公司的劳工关系终止，但是，若公司是基于正当理由解雇董事，则董事不能主张采用“黄金降落伞”条款；补偿条款主要针对补偿期限、补偿金额、补偿方式等作出详细规定，很多公司章程在补偿条款中还会增加抵销条款。[④]

在美国，“黄金降落伞”条款被上市公司普遍应用。根据《标准商事公司法》第3.02条，公司有权为管理层制定相关薪酬计划，这赋予了公司设立“黄金降落伞”条款的正当性。但是，为加强对公司董事的约束，防止“黄金降落伞”被滥用，1984年，美国国会在《国内税收法》（The Internal Revenue Code）中增订了第280G条和第4999条。上述条款规定，若补偿金达到董事过去5年应税所得的3倍及以上，则公司应当对超过的部分正常以收入

---

① See Chapin v. Benwood Foundation, Inc, 402 A. 2d 1205 (Del. Ch. 1979).

② See Machlin, Judith & Choe, Hyuk & Miles, James, *The Effect of Golden Parachutes on Takeover Activities*, The Journal of Law & Economic, Vol. 36, No. 2, 1993, p. 871.

③ See Storrs, Alvin L, *Golden Parachute Payments under Proposed Treasury Regulation Section 1. 280G – 1: Analysis and Recommended Changes*, University of Baltimore Law Review, Vol. 19, No. 3, 1990, p. 536.

④ 抵销条款的原理在于：“黄金降落伞”的目的是补偿因控制权变更而离职的管理层所遭受的金钱和非金钱损失，如若管理层能够通过接受其他职位而减轻损失，依据原定数额进行支付就会存在补偿过度的问题，因此有必要设立抵销条款。参见伍坚：《黄金降落伞之问题研究》，载《河北法学》2011年第5期。

项目纳税,且董事应当缴纳 20% 的税收。在司法中,法院也主要根据董事在执行“黄金降落伞”条款时是否符合“优尼科公司诉梅萨石油公司案”中确立的合理性测试和相当性测试,判决董事是否受商业判断规则的保护,如“国际保险公司诉约翰斯(International Ins. Co. v. Johns)案”。[①] 在英国,如果上市公司敌意收购还未达到紧迫程序,则董事可自行制定反收购条款,并受英国《2006 年公司法》第 171 条规定的“正当目的”的制约。因此,“黄金降落伞”条款自然也受公司法的规制。

第二,“焦土战术”(scorched earth)。“焦土战术”是一种极具争议的反收购条款。当目标公司执行这一条款时,它将努力降低自己的吸引力以抵御上市公司敌意收购。[②] 例如,一家公司可能同意清算或销毁所有有价值的资产,这也被称为“皇冠宝石”,或者在上市公司敌意收购发起之后立即向债权人偿还债务。由于此种方式会导致目标公司大量负债,严重削弱公司价值,故而很少有目标公司采取“焦土战术”这种极端方式。不过在历史上,美国曾发生过“焦土战术”反收购案例,引起了社会广泛关注:1985 年 2 月,梅萨石油公司以每股 54 美元对优尼科公司 37% 已发行普通股实施两级收购要约。为防止收购成功,优尼科公司的董事会以焦土战术作为回应:其提出以每股 72 美元的优先债务回购除梅萨石油公司外的优尼科公司已发行的 49% 股份。如此一来,优尼科公司将陷入濒临破产的境地,若梅萨石油公司执意收购,其将拥有一家债台高筑的公司,由此阻碍了梅萨石油公司继续实施敌意收购,此即所谓的“焦土战术”。对此,梅萨石油公司起诉至特拉华州衡平法院要求对优尼科公司的歧视性回购采取禁令,特拉华州衡平法院也准许颁布了临时禁令。随后,优尼科公司董事会上诉至特拉华最高法院,特拉华最高法院认为,优尼科公司董事会有权对梅萨石油公司采取歧视性回购,只要通过了合理性测试和相当性测试。[③] 无疑,“焦土战术”在美国本身并不违法,只要其符合商业判断规则适用的条件。

---

① See International Ins. Co. v. Johns, 874 F. 2d 1447 (11th Cir. 1989).

② See Seretakis, Alexandros, *Hostile Takeovers and Defensive Mechanisms in the United Kingdom and the United States: A Case against the United States Regime*, The Ohio State Entrepreneurial Business Law Journal, Vol. 8, No. 2, 2013, p. 249.

③ See Unocal Corp. v. Mesa Petroleum Co., 493 A. 2d (Del. 1985).

第三,社会和经济问题条款。该条款规定董事会在评估任何企业合并的合理性反应时,应特别考虑对公司运营所在社区的社会和经济影响。显然,该条款赋予了董事会更多在回应上市公司敌意收购时的主观自由,即使上市公司敌意收购对目标公司股东具有不可否认的直接利益,董事会也可以在不违反信义义务的情况下,就已察觉出的不利社会或经济后果提出反对意见。[①] 比如,美国控制数据公司在其公司章程中规定:"公司董事会在评估某些收购及相关交易时,应适当考虑所有相关因素,如对利益相关者、公司及其子公司运营或所在社区的社会和经济影响。"[②]在美国法律框架下,此种条款具有合法性,因为根据该公司注册地《特拉华州普通公司法》第 141 条,董事具有自主经营管理权,包括章程的制定。

(四)经验启示

综合上述有关目标公司反收购条款类型化法律规制的域外实践,笔者总结出如下相关经验。

首先,相较于英国等其他国家,美国在实践中发展出了更多形态迥异的目标公司反收购条款且多数被赋予了合法性,而这与其反收购权力配置形态不无关系。美国作为实行董事会中心主义模式的典型代表,董事会是公司经营决策的主要机构,股东一般无权直接要求公司采取任何行动,包括章程的制定。股东唯一能够影响公司决策的方法是在股东大会上行使表决权替换公司当权董事,这也解释了为何美国股东可以影响交错董事会制度的存亡。当然,目标公司反收购条款亦受商业判断规则的约束与规制,但该规则也为董事实行反收购提供了保护盔甲,只要其能够通过合理性和相当性测试,便可以将其争夺控制权的目的合法化。故而美国法律规制框架为目标公司董事制定反收购条款赋予了较为宽松的制度空间。而英国作为股东大会主义模式的驱动者,更加重视股东大会的意志。尽管英国《收购法典》并未涵盖反收购条款的制定事宜,但英国《2006 年公司法》对董事会行为施加了严格的"正当目的"审查规则,从而压缩了董事制定反收购条款的制度

---

① See Black, Lewis JR. & Smith, Craig B, *Anti-Takeover Charter Provisions: Defending Self-help for Takeover Targets*, Washington and Lee Law Review, Vol. 36, No. 3, 1979, p. 723.

② Control Data Company. Control Data Proxy Statement. Management of Control Data Corp, 1978, p. 12 - 14.

空间。

其次，尽管“股东平等待遇原则”被视为公司法和证券法的普遍适用原则，但在反收购语境下，该原则不断被挑战甚至突破。比如，在前文述及的美国“优尼科公司诉梅萨石油公司案”“莫兰诉国际家居案”等案件中，目标公司董事皆对收购方实施了歧视性待遇，而法院最后根据合理性测试和相当性测试判决该歧视性待遇有效，从而突破了股东平等待遇原则。不过，在笔者看来，作为公司法和证券法的根基原则，股东平等待遇原则无论何时都不能被排除适用，因为平等是正义之法的核心追求。在某种程度上，平等可以说是自然法的命题，更是市场经济条件的深情呼唤。因此，股东平等原则不可被抛弃，这也可推及其他原则。

最后，目标公司反收购条款的设计与一国制度环境紧密相关。以“毒丸计划”为例，该制度旨在通过发行股份稀释收购方的持股比例。无疑，“毒丸计划”是授权资本制的产物，其只能在授权资本制下运行，而在法定资本制下完全没有适用余地。是故，对目标公司反收购条款的法律规制应在本国制度框架下进行。而若要采纳突破本国法律制度的相关条款，则应先变革或松动相应制度。总之，目标公司反收购条款的设置从来不是绝对自由的，其须在法律框架内合法运行。

本章小结

上市公司敌意收购与反收购相伴相生。对于目标公司的法律规制主要包含三大紧迫问题：反收购权力配置模式、董事信义义务判定标准以及反收购条款的法律规制。

依循反收购决定权归属主体的不同，当今理论和实践主要形成了三种反收购权力配置模式——以英国为代表的股东大会中心主义模式、以德国为代表的监事会中心主义模式和以美国为代表的董事会中心主义模式。从根本上看，反收购权力配置模式的分歧主要源于各国制度土壤的差异：一是在法律制度维度，上述国家立法者寻求微观制度之间的宽严相济；二是在公共选择维度，个人追求利益最大化的动机以及相互合作的过程决定了反收购权力配置模式的形成。此外,反收购决定权的赋予导致该权力主体与其他主体的平衡利益关系被打破,为平衡利益冲突,反收购权力配置模式皆有其各自的配套机制。

关于董事信义义务的内涵,不同国家在其立法中采用了不同措辞。尽管表达有别,但就其实质内涵而言,董事信义义务可被诠释为注意义务和忠实义务两方面内容。在上市公司敌意收购场域下,目标公司董事的创新性与利己性的冲突扩张,且目标公司董事违反信义义务的复杂性和隐秘性升级,因此建构目标公司董事信义义务的判定标准颇具挑战。目标公司董事信义义务的判定标准在司法实践中不断得到填充与细化,形成了以美国为代表的宽松的目标公司董事信义义务判定标准、以英国为代表的严格的目标公司董事信义义务判定标准以及以日本为代表的折中的目标公司董事信义义务判定标准。事实上,宽严有别主要反映了各国对董事信义义务规制重点的差异:美国侧重于注意义务的形式考察,英国偏向于忠实义务的实质考察,日本则因英美法制度规则的借鉴而皆有之。当然,上述判定标准在适用中也暴露了诸多问题,引发了对判定标准局限性的诘问。

国内外学术界和实务界关于目标公司反收购条款的价值功用始终争议不断,目前存在价值肯定说和价值否定说两种立场,而实务界的研究呈现从否定到肯定的趋势。为避免大股东借自治之名对公司不当操纵以及公司内部人的肆意控制,法律应当为目标公司反收购条款的自治明确相应边界:一是基本边界,即目标公司反收购条款的自治应符合强制性规范;二是价值边界,即目标公司反收购条款的自治应实现宏观与微观价值的平衡。如果说边界的厘定为目标公司反收购条款的自治勾勒出法律空间的轮廓与不可逾越的红线,那么选择架构的规划则旨在影响目标公司反收购条款的具体设计。对此,美国各州成文法发展了诸多具有借鉴意义的示范性章程清单。目标公司反收购条款纷繁复杂、形态各异,主要分为控制股东大会条款、控制董事会条款和其他条款三种类型。

各国对目标公司反收购条款的类型化法律规制呈现不同特征,可获得以下经验启示:一是相较于英国等其他国家,美国在实践中发展出了更多形态的目标公司反收购条款且多数被赋予了合法性,而这与其反收购权力配置形态不无关系。二是尽管股东平等待遇原则被视为公司法和证券法的普遍适用原则,但在反收购语境下,该原则不断被挑战甚至突破。对此,笔者认为遵循基本原则是反收购条款自治的底线,无论何时基本原则皆不能被排除适用。三是目标公司反收购条款的设计与一国的制度环境紧密相关。

第五章　我国上市公司敌意收购法律规制的问题析出及完善理路

随着我国上市公司敌意收购市场的日渐活跃，相关法律规制亦应跟上时代步伐，及时回应难点问题，以规范我国上市公司敌意收购的市场秩序。

第一节　我国上市公司敌意收购法律规制模式的理性归位

上市公司敌意收购法律规制模式的反思与革新对于纠纷处理、公司治理乃至证券市场发展皆具有极为重要的意义。当下我国呈现“证监会监管，辅之以司法介入”的法律规制模式与规制样态。然而，该法律规制模式在我国公司治理的实践中未能对违法公司施以应有的惩罚和对受害公司提供有效的救济。进一步反思，既有法律规制模式在实践中缘何失灵？是否出现错位？法律规制模式如何完善？等等，上述问题皆有探讨空间。

一、我国上市公司敌意收购法律规制模式的困境

(一)我国上市公司敌意收购的法律规制模式及其特征

近些年,我国发生的多起上市公司敌意收购事件皆呈现“证监会监管,辅之以司法介入”的上市公司敌意收购法律规制模式与规制样态。比如,在1993年我国A股市场上市公司敌意收购第一案——“宝延风波”中,宝安系的违规增持行为引致证监会的调查,证监会给予宝安上海公司警告和罚款处分,以及对其关联公司做出相应警告。最后,宝延双方在证监会介入下达成了和解。[①] 2014年,新梅公司就开南系违规增持行为向证监会举报,在证监会对开南系给予警告和罚款处分后,新梅公司的投资股东兴盛实业又起诉至上海市第一中级人民法院,而后上海市第一中级人民法院就三大争议焦点对案件进行了审理。[②] 总结起来,我国上市公司敌意收购的法律规制模式呈现如下特质。

第一,以行政监管作为司法诉讼的前置程序。在一些上市公司敌意收购案件中,当事人公司尤其是目标公司往往以向证监会举报的形式阻击敌意收购,进而争取时间谋划反击策略。事实上,不仅是上市公司敌意收购案件,大部分涉及公司治理和证券违规行为的案件皆遵循以行政监管为主的路径,只因行政管理以效率优先性为价值取向并带有一定惩罚性,[③]能够迅速处理公司治理和证券市场纠纷。同时,往往在行政干预后,上市公司敌意

---

① 参见赵静:《控制权之争主战场:董事会攻防战频频》,载新浪财经网,http://finance.sina.com.cn/stock/s/20140630/1145 19561198。

② 上海市第一中级人民法院对案件梳理与归纳了三大争议焦点:第一,被告在未履行信息披露义务的情况下超比例购买新梅公司股票的交易行为是否有效;第二,原告的合法权益是否因被告的违规行为而遭受损失;第三,原告要求限制现持股被告行使股东权利或处分相应股份的诉请是否具有法律依据。围绕这三个焦点,法院审理后认为,被告违反原《证券法》(2014年8月修正)第86条的规定,在未依法履行信息披露义务的情况下,违规超比例购买新梅公司股票的行为,违背了证券市场公开、公平、公正的交易原则,侵害了广大中小投资者的知情权和投资决策权,一定程度上亦不利于上市公司治理的稳定性,其违法行为也受到了证券监督管理部门的处罚。但本案中,原告作为新梅公司的投资股东,在其未能举证证明其自身任何合法权益遭受损失的情况下,要求限制被告行使股东权利并禁止其处分相应股票的诉讼请求,缺乏事实及法律依据,据此判决驳回原告全部诉讼请求。上海市第一中级人民法院民事判决书,(2015)沪一中民六(商)初字第66号。

③ 参见徐东:《公司治理的司法介入研究》,法律出版社2016年版,第48页。

收购涉案公司才向法院起诉,以协调各利益主体之间的权利义务关系。①前文所述的新梅公司控制权纠纷案即是如此。

第二,争议焦点大多集中在立法规范模糊地带。目前我国规制上市公司敌意收购的法律法规主要是《证券法》和《上市公司收购管理办法》。由于立法时期我国上市公司敌意收购实为罕见,故而相关规定或过于原则笼统,或存在解释分歧。概括而言,当前我国上市公司敌意收购争议焦点主要集中在以下 4 种类型。②

一是否定股东权利之争。具体指目标公司因举牌公司前期的违规增持行为而限定其股东表决权、提案权等权利所引发的争议。原《证券法》(2014 年 8 月修正)第 213 条规定,在改正前,收购方对其收购或者通过协议、其他安排与他人共同收购的股份不得行使表决权。但该法对改正后收购方是否依然享有表决权未予明确。③ 二是阻击举牌收购措施之争。主要指目标公司面临恶意举牌所采取的反收购措施,如拒不承认股东大会作出的决议效力、拒绝接受举牌方权益变动报告文件等措施。④三是章程设置反收购条款之争。其起因于上市公司在内部章程中设置的更改权益变动规则条款、交错董事会条款等反收购条款。⑤ 四是新型金融工具使用之争。主要指收购方利用高杠杆结构化金融工具参与收购所引发的

---

① See Wei, Cai, *Hostile Takeover and Takeover Defenses in China*, Hong Kong Law Journal, Vol. 42, No. 3, 2012, p. 924.

② 参见孙秀振:《完善上市公司控制权之争的纠纷解决机制——基于实践的检视与建议》,载《证券法苑》2017 年第 3 期。

③ 如新梅案、康达尔案、西藏旅游案等上市公司敌意收购纠纷案皆涉及关于违规增持的争议。

④ 如在 2015 ~ 2016 年,京基集团连续提起诉讼,要求法院判决康达尔董事会有关决议无效,并追究全体董事的侵权责任。参见康达尔公司:《重大诉讼事项公告》,载网易财经,http://quotes.money.163.com/f10/ggmx_000048_2112527.html,2019 - 09 - 23。

⑤ 如在 2016 年 8 月,上海证券交易所问询伊利股份修订公司章程事宜;2016 年 7 月,中小投资者服务中心问询雅化股份修订公司章程事宜等。参见伊利股份公司:《内蒙古伊利实业集团股份有限公司关于收到上海证券交易所〈关于对内蒙古伊利实业集团股份有限公司修改公司章程事项的问询函〉的公告》,载网易财经,http://quotes.money.163.com/f10/ggmx_600887_2641389.html,2019 - 09 - 23;朱宝琛:《投服中心痛批雅化集团章程修订:内容不但多处违法还"挂羊头卖狗肉"》,载新浪财经,http://finance.sina.com.cn/roll/2016-08-01/doc-ifxunzmt1962179.shtml,2019 - 09 - 23。

争议。[①]

第三，司法诉讼往往以调解告终。比如，在“西藏旅游案”中，国风集团与被告胡某1、胡某2等达成调解，被告同意对相关股东权利予以让步，包括对西藏旅游实行非公开发售股份、放弃对股东大会一般事项的投票权等。[②] 而“新梅案件”原告在二审期间以庭外和解为由撤回了诉讼。[③]

(二)上市公司敌意收购法律规制模式的“失灵”

相较于资本市场较为发达的国家，我国有关上市公司敌意收购的实践虽短，但相关法律法规[④]被域外学者视为高度完备的预防性立法。[⑤] 但完备的立法在实践中却未能形成高效、公平的执行机制，在复杂的上市公司敌意收购争议面前，行政和司法手段在一定程度上“失灵”。

1. 行政机关的监管

2015年岁末，“宝万之争”吸引了众多目光。历时712天，“宝万之争”风波终于止息。[⑥] 在此风波前期，监管层始终没有发声，伴随万科对宝能集

---

① 在“宝万风波”中，2015年7~12月，钜盛华利用收益互换产品以及9个资产管理计划买入万科大量股份。对此，万科对有关资管计划等金融工具的股东地位适格性问题、一致行动人问题、表决权让渡合法性问题提出了质疑，证监会、深圳交易所后续也作出了回应。参见孙秀振：《完善上市公司控制权之争的纠纷解决机制——基于实践的检视与建议》，载《证券法苑》2017年第3期。

② 参见西藏旅游有限公司：《西藏旅游有限公司关于诉讼结果的公告》，载搜狐股票，https://q.stock.sohu.com/cn,gg,600749,2235022058.shtml,2019-09-23。

③ 上海市第一中级人民法院民事判决书，(2015)沪一中民六(商)初字第66号；上海市高级人民法院民事裁定书，(2016)沪民终字第313号。

④ 如《上市公司收购管理办法》第8条借鉴了美国有关信义义务的相关规定，要求目标公司董事会针对收购所做出的决策及采取的措施，应当有利于维护公司及其股东的利益，不得滥用职权对收购设置不适当的障碍；第33条借鉴了英国以保护股东利益为导向的立法精神，强调未经股东大会批准，被收购方董事会不得通过系列行为对收购活动造成重大影响。See Huang, Hui, *The New Takeover Regulation in China: Evolution and Enhancement*, International Lawyer, Vol. 42, No. 1, 2008, p. 173.

⑤ See Armour, John & Jacobs, Jack & Milhaupt, Curtis J., *The Evolution of Hostile Takeover Regimes in Developed and Emerging Markets*, Harvard International Law Journal, Vol. 52, No. 1, 2011, p. 275.

⑥ 2017年6月21日万科发布《关于2016年度股东大会的补充通知》和《关于2016年度股东大会增加临时提案的董事会决议公告》，主要内容是深圳地铁提议召开临时股东大会，提名11位董事候选人名单，该11人除4名独立董事以外，当中有3人来自万科，3人来自深圳地铁，无1人来自宝能系。至此，宝万之争以王石的完胜和宝能系完败告终。参见孙即、万丽梅：《宝万之争看杠杆资金风险》，载《中国金融》2018年第3期。

团的举报,才终于有所行动:[①]深圳交易所连发两道监管函,分别指向万科和宝能;证监会紧急组织了多个讨论会,商讨相关法律应对办法,并特别设立了包括办公厅、市场部、法律部、会计部、基金业协会等部门在内的处理宝万事件的领导小组。

2. 司法机关的应对

首先,进入司法程序的上市公司敌意收购纠纷的审理周期大多十分漫长,即便是在审理进度相对较快的"新梅案件"中,其一审程序从2015年3月4日立案审理,至2016年6月30日作出判决,也长达1年零4个月。事实上,诸多学者认为上市公司敌意收购中的司法诉讼实质上乃一种策略性诉讼,"诉讼本身就是一种潜在的反收购措施"。[②]

其次,我国的司法体制现状为同类案件在不同层级和地区法院审理,可能导致"同案不同判"现象。[③] 比如,针对违规增持者仍然继续增持上市公司股票的交易行为是否有效的问题,就出现了不同的裁判结果:在"西藏旅游案"中,拉萨市中级人民院认为,在没有进行司法审查的情况下,应当认定胡某1、胡某2持有的超出5%的股份效力待定。[④] 而在"新梅案件"中,法院认为,违规增持者在交易过程中既然遵守了交易规则,其交易结果也应不得随意改变,因此最后判决违规增持者的增持行为并非无效。[⑤]

最后,面对上市公司敌意收购中出现的新型法律纠纷,司法机关往往作出避免给予明确的司法裁判观点之策略性选择,并呈现调解化趋势。上述"新梅案件"即为典型例证。若从司法定分止争的功能出发,鼓励当事人和解为更优策略。考虑证监会仅惩处了收购方的违规披露行为,仅在判决书中对"新梅案件"中的违规增持行为予以谴责,不在实体上进行责任的分配

---

① 参见孙秀振:《完善上市公司控制权之争的纠纷解决机制——基于实践的检视与建议》,载《证券法苑》2017年第1期。

② Johnston, Andrew, *Takeover Regulation: Historical and Theoretical Perspectives on the City Code*, Cambridge Law Journal, Vol. 66, No2, 2007, p. 436.

③ 参见孙秀振:《完善上市公司控制权之争的纠纷解决机制——基于实践的检视与建议》,载《证券法苑》2017年第3期。

④ 参见西藏旅游有限公司:《西藏旅游有限公司关于诉讼结果的公告》,载搜狐股票, https://q.stock.sohu.com/cn,gg,600749,2235022058.shtml,2019-09-23。

⑤ 上海市第一中级人民法院民事判决书,(2015)沪一中民六(商)初字第66号。

和行为的规制则是法院的最优选择。①

3. 行政机关和司法机关对相关事实的认定不统一

针对违规信息披露后能否限制违规增持者相关股东权利的问题，证监会和法院作出了不同认定。例如，成都市路桥工程公司在2016年6月25日公布修改的《公司章程》第37条规定，违规披露者所购买的股票不具有表决权。② 目前该章程已生效且得到了证监会认可，③但我国法院将违规披露者表决权的限制认定无效。以康达尔案件为例，法院判决指出，根据《上市公司收购管理办法》第75条，法律保护股东的合法权益，不得对其任意剥夺或限制，这也是现代公司制度的基石。④

无疑，行政和司法规制手段在纷繁复杂的上市公司敌意收购案件面前有一定程度的“失灵”。行政机关未能有效发挥行政管理固有的惩治职能，法院亦未能实现司法定分止争的纠纷解决原始职能与裁判波及效应，二者的“双向失灵”将对上市公司敌意收购市场的良性发展构成严重阻碍。

二、上市公司敌意收购法律规制模式的转变和选择

当下，管制型法律规制模式表现出一种较弱的规制约束力，难以达到促进上市公司敌意收购市场良性运行的制度效果。这说明以“证监会监管，辅之以司法介入”的管制型法律规制模式存在结构性缺陷。与管制型法律规制模式强调政府主导市场机制的运行不同，回应型法律规制模式更注重政府与市场的协作共治，其既能应对市场失灵，又能避免政府的过度干预。是故，要实现上市公司敌意收购的制度功能就必须完成管制型法律规制模式向回应型法律规制模式的转变，而破局之关键在于对法律规制模式作出符合我国国情的理性选择。

---

① 参见丁冬、陈冲：《证券市场违规增持的司法规制：角色、策略与难题》，载《证券法苑》2017年第1期。

② 参见《成都市路桥工程股份有限公司章程》(2016年6月25日版)。

③ 值得注意的是，2016年8月，内蒙古伊利实业集团股份有限公司在修改的章程中添加了同样内容，即限制信息披露违规股东的相应权利，但该章程经证监会问询后不了了之。这也从侧面揭示出监管机构之间认定标准不统一的乱象。《内蒙古伊利实业集团股份有限公司章程》(2016年8月董事会提案版)。

④ 广东省深圳市中级人民法院民事判决书，(2016)粤03民终13834号。

前已述及,当前世界主要国家有关上市公司敌意收购的回应型法律规制模式可解构为自律型法律规制模式、司法型法律规制模式和混合型法律规制模式三种类型。三种法律规制模式各有利弊,难以言明何种模式更佳。但每种模式的发生机理和生存土壤存在明显差异。结合我国的实际情况,笔者对三种路径逐一分析。

第一种路径,上市公司敌意收购司法型法律规制模式。从发展的角度来看,在可预见的未来,法院不太可能成为中国企业控制权争夺的主要规制者。一方面,法院被赋予了充分的权力,但同时存在“能力”与“效率”之问题。上市公司敌意收购对司法机关提出了挑战,其要求司法机关实时、全面地对与复杂商业交易密切相关的法律问题作出反应。然而我国法官缺少从事商业实务的经验,加之我国诉讼制度不够完备,决定了我国司法型法律规制模式的弱化走向。不可否认,我国一直致力于司法体制改革,但改革道路漫长。另一方面,我国司法克制主义下的保守裁判思想早已根深蒂固,司法型法律规制模式运行的可能后果就是上市公司敌意收购纠纷调解的普遍化,实体的责任分配和行为的规制被忽略,致使诉诸司法犹如空中楼阁。是故,另谋出路以释放司法资源为更优选择。

第二种路径,迈向上市公司敌意收购自律型法律规制模式。相较于第一种路径,该种改革模式具有明显的成本优势。在自律型法律规制模式下,组建一个自律性并购小组所需要的时间远比完善司法体制的周期短,并且基于自律性组织性质,其发布和修改相应规则、处理纠纷的程序也更为灵活简便,节约了大量的时间成本和金钱成本。事实上,当下世界上市公司敌意收购规制已呈现司法型法律规制模式弱化的趋势。例如,自 2000 年 3 月公司法改革后,澳大利亚并购小组便代替法院成了规制上市公司敌意收购的主要机构,该变革的主旨在于减少策略性诉讼,并释放司法资源。[①] 自 20 世纪 80 年代至 21 世纪初,瑞典、爱尔兰、新西兰、南非、新加坡等国家相继模仿英国模式设立了自律型法律规制模式,[②]只是基于历史背景和文化背

---

① See Trichardt, Anton & Cillers, Anton, *The New Australian Takeover Panel the End of the Legalism and Tactical Litigation*, Tilburg Foreign Law Review, Vol. 9, No1, 2001, p. 50.

② See Armson, Emma, *Models for Takeover Dispute Resolution: Australia and the UK*, Journal of Corporate Law Studies, Vol. 5, No. 2, 2005, p. 402.

景，其各自运行不尽相同；亦有学者指出，随着美国机构投资者的增多和壮大，转变成英国的自律型法律规制模式可进一步提升上市公司敌意收购规制效率，只是从成本收益角度以及政府对机构投资者忌惮的历史背景出发，美国更宜遵循既有的司法法律规制模式。① 质言之，我国上市公司敌意收购由管制型法律规制模式转变成作为回应型法律规制模式之一的自律型法律规制模式，符合世界上市公司敌意收购法律规制模式的发展趋势。

对于我国上市公司敌意收购自律型法律规制模式的具体选择问题，不能完全模仿英国或澳大利亚经验，因为其各自模式皆依托于本土环境且各有优劣。世界上没有最优的制度，只有最适合的制度。对此，笔者认为我国应当博取众长，兼容并蓄，构建一个融合英国和澳大利亚模式的上市公司敌意收购不完全自律型规制范式，其核心要旨为设立由证监会辅助与支持，权力广泛，程序灵活，涵盖规则委员会、执行委员会、听证委员会、监督委员会等多部门的并购小组。尽管根据我国《上市公司并购重组审核委员会工作规程》第11条，中国证监会设立了具有部分并购小组属性的并购重组审核委员会，但该委员会的职能仅是对并购重组申请人的申请文件和证监会的初审报告进行审核，证监会拥有最终核准权。换言之，该委员会实质仍隶属于证监会，这依然是管制型法律规制模式下的产物，与英国和澳大利亚并购小组截然不同。② 但出于以下原因，我国未来设立的并购小组中的主席和部分成员应当由证监会选派和指定，由此决定了不完全自律型规制小组的性质。

一方面，同域外成熟的证券市场相比，我国A股市场起步较晚，散户数量远远多于机构投资者数量，③这意味着，没有像英国一样具有一定权威性

---

① See Armour, Johnand & Skeel, David A. J. R., *Who Writes the Rules for Hostile Takeovers, and Why? -The Peculiar Divergence of U. S. and U. K. Takeover Regulation*, Georgetown Law Journal, Vol. 95, No. 6, 2007, p. 1793.

② See Huang, Hui, *The New Takeover Regulation in China: Evolution and Enhancement*, International Lawyer, Vol. 42, No. 1, 2008, p. 173.

③ 申万宏源(000166)发展研究团队于2016年3月发布了行业首份《中国证券投资者结构分析报告》。报告显示，2016年年底A股投资者结构中，个人投资者市值占比40%；境内专业机构投资者值占比16.3%；此外，产业资本市值占比34.6%；政府持股8.3%；境外合格机构投资者市值占比为0.9%。参见《中国证券投资者结构分析报告》，载Wind数据库，https://www.wind.com.cn/，2019-08-21。

的集体力量能够自发组建并购小组。是故，笔者建议由证监会指派自己的人员作为小组主席（同澳大利亚政府任命并购小组主席类似），并在其影响下，鼓励社会机构投资者团体力量各自指派成员加入（同英国模式多样化人员组成类似），共同组建并购小组。

另一方面，自律型法律规制模式缺乏强制力，只能依靠成员的自律监督，其执行效果较为“软化”。以英国为例，其《收购法典》的实施主要依托声誉制裁，如违反规定则会面临被伦敦证券交易所排除在外的威胁。此类制裁能确保争议问题的解决而无需法院介入，但其得以顺利实施的前提是成员遵守惩治的高自律性。若在规则遵守不甚良好的环境下，缺乏权威的力量进行辅助与威慑，自律型法律规制模式下的声誉惩治机制将难以在行业内产生良好效果。诚如学者所言：“当必须执行判决时，自发形成的共同体所推定的非正式惩罚很难令人满意。”①因此，在我国，有必要依托证监会的强制力，以弥补自律型法律规制模式的弊端。具体而言，可以在并购小组内设立由证监会人员组成的监督委员会，该监督委员会可以借鉴澳大利亚模式，由证监会成员兼职监督相关公司对小组决定的执行情况。

第三种路径，上市公司敌意收购混合型法律规制模式。混合型法律规制模式因包含自律型法律规制模式和司法型法律规制模式，故而兼具该两种模式的优缺点。除此之外，两种模式的结合亦滋生了新难题，即不同模式规制主体观点不同，从而给公众造成行为预期的混乱。因此，若遵循此种路径，不仅改革成本高，而且转型中自律型法律规制模式和司法型法律规制模式的改革困境也会形成“联合效应”而成倍放大。鉴于此，我国不宜采用上市公司敌意收购的混合型法律规制模式。

总之，我国采用上市公司敌意收购的自律型法律规制模式具有明显的比较优势；更具体地讲，应结合我国国情，构建一个融合英国和澳大利亚模式的上市公司敌意收购不完全自律型法律规制范式。

---

① ［德］柯武刚、［德］史漫飞：《制度经济学：社会秩序与公共政策》，商务印书馆2000年版，第134页。

三、不完全自律型敌意收购法律规制模式的规范化配置

(一)厘定共同利益诉求:促进社会整体福利

不完全自律型法律规制模式发挥价值的前提为,并购小组成员具有促进社会整体福利的动机,“如果自我规制的组织者有着促进社会福利的动机,自我规制便是有效率的,但是如果他们的动机偏离了,自我规制则是低效的”。① 以美国纽约证券交易所监管为例,在1930年以前,美国证券交易所制定的自律规则是美国证券规制的主要来源,其中交易商和经纪人是主要的交易所运行主体。他们更加看重市场的活力,即侧重于上市公司股东的利益,因为这将增加公司与交易所的交易机会,而这与提升公司治理的有效性目标相冲突。如果目标公司是在该交易所上市的,交易商和经纪人往往极力反对上市公司敌意收购,即使上市公司敌意收购将使公司治理更有效率,因为收购即意味着一个公司失去在交易所上市的资格。因此,交易所总是致力于满足上市公司的要求和期望,尽管这是以降低公司治理效率为代价的。② 即便是在新政后将控制权从交易员和专家转移到成员经纪人的结构下,纽约证券交易所的自律激励措施的最终目的依然偏向于上市公司股东的最佳利益而非社会的整体福利。③ 此外,英国机构投资者组成的并购小组的共同利益诉求也并不纯粹。他们作出的决定可能是基于政策考量而非单纯从经济角度出发。不过总体上英国机构投资者更倾向于促进社会的共同福利。④

促进社会整体福利提升的价值依归决定了我国并购小组的人员组成结构,即尽可能把利益相关者代表纳入并购小组。笔者建议构建一个由证监

---

① Armour, Johnand & Skeel, David A. J. R., *Who Writes the Rules for Hostile Takeovers, and Why? -The Peculiar Divergence of U. S. and U. K. Takeover Regulation*, Georgetown Law Journal, Vol. 95, No. 6, 2007, p. 1785.

② See Kahan, Marcel, *Some Problems with Stock Exchange-Based Securities Regulation: A Comment on Mahoney*, Virginia Law Review, Vol. 83, No. 2, 1997, p. 15.

③ See Bratton, William W, *Enron and the Dark Side of Shareholder Value*, Tulane Law Review, Vol. 76, No. 5, 2002, p. 1285.

④ See Gruepner, Erik J, *Hedge Funds Are Headed Down-Market: A Call for Increased Regulation?*, San Diego Law Review, Vol. 40, No. 4, 2003, p. 1587.

会牵头，包括证券交易所、中小投资者服务中心、证券公司、基金公司、律师协会、会计师协会等机构代表组成的并购小组。其中，证券交易所无论是在行业地位、人员组成还是资源构成方面皆享有独特的优势，故而在并购小组中应发挥积极作用。

（二）明确职能分配和决定守则：实体正义的确证

一方面，为分工明确并形成内部约束，建议借鉴英国模式，在并购小组内部设立多个具有不同职能和权力的委员会。在此，笔者建议我国构建一个涵盖规则委员会、执行委员会、听证委员会、监督委员会等多部门的并购小组。其中，规则委员会主要承担小组的规则制定职能，并独自负责对并购小组发布的规则提出建议、咨询、颁布修正案等；执行委员会负责实时裁决违反敌意收购规则的争议问题；听证委员会的设立旨在赋予敌意收购利益相关者正当机会对执行委员会的决定提出异议、反驳或相反意见；以证监会指派人员作为主要成员的监督委员会负责监督涉事公司对最终决定的执行情况。无疑，规则的及时修订与纠纷的实时处理，恰好契合了回应型法律规制模式所特有的对社会环境中各种变化作出积极回应的品格。

值得注意的是，我国证监会设立了具有部分并购小组性质的并购重组审核委员会，但该委员会的职能仅仅是对并购重组申请人的申请文件和我国证监会的初审报告进行审核，证监会拥有最终核准权。[①] 显然，我国并购重组审核委员会的职能有限。相比之下，笔者建议设立的并购小组权力更为广泛，从制定规则到解决纠纷，从听证再审到监督执行，皆可按照小组各委员会意志自律组织。当然，除了设立规则委员会、执行委员会、听证委员会、监督委员会外，并购小组还可以设立负责非正式事务的其他委员会，如设立财务审计和风险委员会和薪酬委员会。[②]

另一方面，强调决定作出的实体灵活性。自律型法律规制模式下的实体灵活性是指执行委员会在行使其决策权方面表现出的灵活性。检测实体灵活性的因素包括适用政策、惯例等自由裁量（而不是狭隘的法律）的程

---

① 参见《上市公司并购重组审核委员会工作规程》第11条。

② UK Takeover Panel：Committees，http://www. thetakeover Panel：org. uk/structure/committees，2019-11-02.

度，以及并购小组采取商业或实用主义方法（而非仅用法学方法）的程度。[①]这就要求我国并购小组在今后的决定过程中应灵活适用规则，采用多元化决定方法。

（三）兼顾公平与效率：构建程序主义运作规范体系

在萨默斯看来，任何一种制度只有实践于程序之中才能得以真正实施。[②]上市公司敌意收购自律型法律规制模式具有高效率和灵活性优势，在促进效率价值的同时，为兼顾公平价值，使自律型法律规制模式的实施更契合社会整体福利，有必要确定一套合理、合法的正当程序。由此，有助于增强自律型法律规制模式实施的公信力，毕竟"程序正义有助于保障实体正义"。[③]具体而言，就是批判性地吸收英国、澳大利亚等国家自律型法律规制模式的有益成分，建立一个涵括规则制定程序、争议决定程序、听证上诉程序、司法审查程序的多元程序体系。

第一，规则制定程序的灵活与民主。此程序的履行主体为规则委员会。一方面，为充分发挥上市公司敌意收购自律型法律规制模式的效率优势，可以借鉴英国模式，规则委员会在特殊情形下可以修改相关规则。例如，英国规则委员会在《收购法典修订程序》（Procedures for Amending the Takeover Code）中规定，特殊情形下，委员会若认为有必要，如市场出现了新发展，可以修改相关规则。[④] 无疑，该规定能够及时回应日益复杂的上市公司敌意收购现象，为社会主体提供更为明确的行为预期。同传统的管制型法律规制模式相比，自律制定规则更为高效，无需历经烦琐的立法程序。另一方面，为确保规则制定的公平性，贯彻协商民主理念至关重要。协商民主理念滥觞于20世纪末西方的民主理论，核心要旨为民主的本质为协商而非

---

① See Armson, Emma, *Flexibility in Decision-making: An Assessment of the Australian Takeovers Panel*, University of New South Wales Law Journal, Vol. 40, No. 2, 2017, p. 464.

② 参见陈瑞华：《通过法律实现程序正义：萨默斯"程序价值"理论评析》，载《北大法律评论》1998年第1期。

③ 郭春镇：《感知的程序正义——主观程序正义及其建构》，载《法制与社会发展》2017年第2期。

④ See UK Takeover Panel: Procedures for Amending the Takeover Code, http://www.thetakeover Panel: org. uk/wp-content/uploads/2016/09/Procedures-for-amending-the-takeover-code-12-sep-2016. pdf, 2019－09－21.

投票。① 这就要求规则委员会在制定或修改规则时,应当广泛听取相关行业在小组中的成员代表意见,强调以对话、交流、讨论等形式实现自由、平等的参与。

第二,争议决定程序的公开。此程序的履行主体为执行委员会,其对于关涉上市公司敌意收购纷争的处置决定应具有透明度,并购小组运行程序应该一一呈现于公众面前,置于“阳光”之下,以防止权力的滥用。在此建议借鉴澳大利亚模式,采用书面形式而非英国的口头形式作出处理决定,以此可以提升决定的透明性。当然,为兼顾效率要求,书面决定可以适当简化。同时借鉴英国和澳大利亚模式,采用年报形式对当年案件的决定作出总结、梳理与反思,并通过权威媒体公布于众。需要指出的是,公开的内容应当是决定的原因而非具体商业机密和市场敏感信息,②以此确保良性的市场运行秩序。

第三,听证上诉程序的确立。此程序涉及听证委员会和上诉委员会两方主体。其中,听证乃确保公平的现代程序法的核心制度。听证委员会的设立旨在给予利益相关者自我救济的途径,并对并购小组执行委员会的决定程序形成内部约束。听证程序旨在为当事人提供如下权利:一是了解不利于己方的证据,二是向听证机构提出异议等相关意见。③ 而涉事公司若对听证委员会的决定不服,还可以向 TAB 提出上诉。在英国,TAB 是一个独立于并购小组的机构,其专门审理对并购小组听证委员会的裁决所提出的上诉。④ 对此,基于成本的考量,建议我国在未来修改《证券法》时变更既有并购重组审核委员会的名称和职能,使其转变为 TAB,以其专业优势和角色优势对上诉事项进行重新审核。

第四,司法审查程序的构建。在英国上市公司敌意收购自律型法

---

① See Dryzek, John S, *Deliberative Democracy and Beyond: Liberals, Critics, Contestations*, Oxford: Oxford University Press, 2002, p. 32 – 33.

② See Armson, Emma, *The Australian Takeovers Panel: An Effective Forum for Dispute Resolution?* Melbourne: University of Melbourne, 2017, p. 145 – 146.

③ See Leyland, Peter & Anthony, Gordon, *Textbook on Administrative Law*, Oxford: Oxford University Press, 2016, p. 388 – 389.

④ The Takeover Appeal Board. About, http://www.thetakeoverappealboard.org.uk/, 2019 – 11 – 02.

律规制模式下，当事人如对TAB的决定依然不满，则可请求法院进行司法审查。但是，英国上诉法院在“达塔芬诉并购小组（R. v. Panel on Takeovers and Mergers, ex p. Datafin Limited.）案”中明确了“不干涉原则”（non interventionist principle），即司法审查只对将来案件发生作用，并不影响并购小组已作出的决定。[①] 换言之，司法审查仅对自律型决定具有监督功能，这导致并购小组在英国市场认可度大幅提升，最终成为主流的上市公司敌意收购纠纷解决机制。我国司法审查亦可考虑借鉴该做法，即出于监督职能，即便发现事实认定有误或决定有误，其裁定也仅对事后案件生效而不能否决并购小组的先前决定，以此提升并购小组决定的确定性和市场认可度，同时释放司法资源。

第二节　我国上市公司敌意收购之收购方法律规制的不足与改进

在上市公司敌意收购中，对于收购方的法律规制主要有“权益披露”和“适用杠杆融资工具”两个面向。前者以“金融公平”为价值导向，后者以“金融安全”为价值依归，两者相辅相成，共同致力于规范收购行为，促进资本市场的良性运行。

一、我国收购方权益披露法律规制的困境及出路

随着我国上市公司敌意收购市场日益活跃，举牌现象在资本市场也颇受瞩目。据统计，在2016～2018年3年间，公告被举牌的公司分别为75家、63家与50家，仅在2019年前5个月内，就已有33家上市公司公告被举牌，显然2019年举牌现象有了较为明显的提速。[②] 同时，举牌方与目标公司之间的控制权争夺诉讼战也屡屡爆发，如“宝万之争”“西藏旅游案”等一

---

① See R. v. Panel on Takeovers and Mergers, ex p. Datafin Limited.（1987）Q. B. 815 CA.

② 参见齐永超：《举牌现象频出，但有价值的标的仅有这几只》，载百度百家号，https://baijiahao.baidu.com/s? id=163468403629 6656575，2019-11-02。

度成为学界和司法界广泛热议的焦点。实践争议暴露出我国收购方权益披露立法设计的缺陷和监管理路的错位,面对上市公司敌意收购的新挑战,亟待优化与完善。

(一)立法困境:我国收购方权益披露制度设计的缺陷

1. 权益变动报告区分标准存在逻辑缺陷

根据《上市公司收购管理办法》第16条和第17条,我国收购方提交的权益变动报告书根据持股比例界分为简式和详式两种版本。[①] 诚然,以持股比例标准区分简式或详式报告,有助于明确引导公众且操作简便,为证券监管机构的执法带来便利。但该区分标准难以反映收购方的真实意图,导致权益披露制度背离了初衷。

具体而言,当下单一的持股比例区分标准可能助长短期主义,并损害目标公司的合法权益。根据规定,只要其购买股票占上市公司发行股票的5%~20%且尚未成为上市公司第一股东,则可享受简式披露的政策红利。这意味着,具有控制权目的的短期主义收购方将巧妙避开详式披露而展开低成本的收购投机计划。应当清楚,资金来源、关联交易、收购计划等乃目标公司辨析收购方的收购是否旨在完善目标公司的治理结构和最大化股东利益的重要信息,如若缺损,目标公司将陷入极其被动的状态,难以查明收购方的真实意图,进而阻碍反收购策略的合理应用。比如,在津劝业控制权争夺中,润盈及其一致行动人通过两次举牌增持津劝业股份达到10%,成为津劝业第二大股东,而津劝业第一大股东天津劝业华联集团有限公司的持股比例仅比润盈高出3.19%。润盈在回复上交所问询函中明确表示“有意通过股份增持获得津劝业的实际控制权”。[②] 但因为其持股比例在5%~20%,且并没有对公司达到控制程度,故以简式报告披露信息。如此,不仅可以降低具有短期主义倾向收购方的收购成本,还会导致目标公司采取反

① 《上市公司收购管理办法》第16条第1款规定:“投资者及其一致行动人不是上市公司的第一大股东或者实际控制人,其拥有权益的股份达到或者超过该公司已发行股份的5%,但未达到20%的,应当编制包括下列内容的简式权益变动报告书……”第17条规定:“投资者及其一致行动人拥有权益的股份达到或者超过一个上市公司已发行股份的20%但未超过30%的,应当编制详式权益变动报告书……”

② 孙翔峰:《润盈两度举牌津劝业,上交所追问控股权归属》,载搜狐网2019年11月2日,http://www.sohu.com/a/148680813_115443?spm=smpc.content.huyou.10.15459552001117MRJKFc。

收购措施的时间延滞。仅以持股比例作为权益变动报告区分标准的弊端昭然若揭。

2. 披露触发线和报告期期限的设定过于机械化

披露触发线的设置事关激励敌意收购的市场行为和维护投资者合法权益之间的平衡,因此确定一个合适的持股披露触发线尤为关键。一方面,披露触发线的设定不能过低。对于大额持股投资者而言,过早地披露信息意味着,既要增加收购难度,给目标公司充足时间准备反收购策略,又会失去披露前原本通过大额持股可能获得的收益。上述种种皆会阻却投资者的收购热情,从而削弱上市公司敌意收购的积极功效。另一方面,披露触发线的设定亦不能偏高。这既会为短期主义投资者提供"保护伞",隐藏其不良收购意图,同时也有损市场透明度,不利于其他投资者作出准确的投资判断。[①]

根据 2019 年《证券法》第 63 条和《上市公司收购管理办法》第 13 条,当下我国的首次披露触发线为 5%;增减持披露触发线则分为两种情形:一是持有的表决权股份每增加或减少 5%,收购方应履行报告、公告和通知义务;二是持有的表决权股份每增加或减少 1%,收购方应履行简要的公告和通知义务。事实上,我国披露触发线的设定符合域外触发线的平均水平,其数值的设定本无可非议。问题的关键在于,不问目标公司的规模而设定普遍适用的单一触发线是否具有合理性?笔者认为答案是否定的。毕竟,不同规模的上市公司,其股权分散程度有所不同。一般而言,公司规模越大,其股权越分散,大股东的持股比例的数额往往偏低。如若依然适用和小规模公司一样偏高的披露触发线,将不利于大规模公司发现具有控制意图的收购方,权益披露的"预警功能"就难以实现。同理,根据 2019 年《证券法》第 63 条和《上市公司收购管理办法》第 13 条,我国达到首次披露触发线 5% 和增减持 5% 的 3 天报告期期限过于单一和机械,未能顾及收购方的实际情况,容易导致收购方成本和收益的失衡,造成权益披露的效果不佳。

3. "慢走规则"的合理性存疑

所谓"慢走规则",即当收购方单独或与其一致行动人共同持有目标公司已发行股份比例达到 5% 以上,以及每增加或减少 5% 时,在相应期限内

---

① 参见解正山:《大额持股披露义务规制》,载《现代法学》2018 年第 3 期。

须暂停买卖该公司的股票。我国“慢走规则”的创设有着深刻的历史背景。早在1993年,我国《股票发行与交易管理暂行条例》即开创性地制定了“慢走规则”。过去,“慢走规则”的创设有助于确保全国各地投资者有足够的时间接触信息和吸收信息。同时,我国当时尚处于股权分置改革时期,市场鲜见流通股,因此立法者基于当时背景认为停止交易不会造成实质性影响。①

然而,随着我国股权分置改革的完成和科技的迅速发展,“慢走规则”的设定显然已经不合时宜。更重要的是,要求处于信息劣势的投资者披露其持股权益信息,本就可能导致市场其他投资者的“搭便车”行为,削弱潜心研究公司和市场投资者的回报与动力,增加上市公司敌意收购的成本。此时,再通过“慢走规则”限制报告期内的股票买卖行为,无异于雪上加霜,规制天平呈现偏向于目标公司的失衡态势。

4. 违规披露的法律后果不甚明朗

对于收购方违规披露的法律后果,可从2019年《证券法》第196条和第197条中找寻依据。概言之,证监会主要负责对违规披露者予以行政处罚,种类包括约谈、责令停止交易、罚款、有限制地剥夺表决权等。事实上,在2019年《证券法》修订以前,其因未能回应以下问题而饱受争议:一是收购方超过披露触发线后继续违规增减持股票的行为是否有效;二是对收购方改正后,其超过披露触发线后的违规增持股份之权利是否被限制和剥夺。

第一,关于收购方超过披露触发线后继续违规增减持股票的行为效力问题,当下我国法院和学者的态度出现了明显分歧。一是司法有效论。在“＊ST新梅诉王某忠等证券欺诈责任纠纷案”中,法院根据原《证券法》(2014年8月修正)第120条第1款规定的“交易恒定原则”,②判定被告超过披露触发线后继续违规增减持股票的行为有效。③ 二是学界无效论。有学者指出,原《证券法》(2014年8月修正)第86条的规定属于强制性规范,

---

① 参见吴建忠:《上市公司权益披露规则与“慢走规则”法律适用——从〈证券法〉第86条和〈上市公司收购管理办法〉谈起》,载《证券市场导报》2013年第1期。

② 原《证券法》(2014年8月修正)第120第1款规定:“按照依法制定的交易规则进行的交易,不得改变其交易结果。……”

③ 上海市第一中级人民法院民事判决书,(2015)沪一中民六(商)初字第66号。

违反该规定的行为当属无效。同时,违规披露的行为使其他投资者失去了平等交易机会,并不正当获取巨额利益,故该种行为因违反证券市场公开、公平、公正原则而损害了社会公共利益,根据原《中华人民共和国民法总则》第153条,违背公序良俗的民事法律行为无效。[①] 显然,两种观点的冲突体现了传统民事理念与商事理念的差异。无效观点主要从传统民事理念角度出发,注重对公平公正原则的维护。有效观点从商事理念出发,追求对促进交易的保护。

第二,关于对收购方改正后,其超过披露触发线后的违规增持股份之权利是否应予以限制和剥夺问题,我国司法态度也有所不同。原因在于,原《证券法》(2014年8月修正)第213条规定,在改正前,收购方对其收购或者通过协议、其他安排与他人共同收购的股份不得行使表决权,但对改正后收购方是否依然享有表决权未予明确。在"＊ST新梅诉王某忠等证券欺诈责任纠纷案"中,法院指出,依循民事侵权赔偿逻辑,利益受损的投资者可以要求侵权人赔偿其财产损失。但现在投资者并未提出该主张,而是直接要求对收购方违规增持股份之表决权予以剥夺,无疑缺乏正当法律依据。[②] 事实上,该案法官并未正面回应股东权利是否可以被限制的问题,而是以原告未举证财产权利受损为由,不予采纳原告诉求。而"康达尔与京基关于公司决议效力确认纠纷案"中的一审和二审法官则明确指出不能限制股东权利,理由如下:一是限制股东权利应当由有权机关证监会作出;二是并无法律、行政法规授权董事会对股东固有权利予以剥夺;三是股东固有权利只能由其本人决定是否放弃,除法律有特殊规定外,其他任何人皆不能随意剥夺。[③]

2019年修订的《证券法》(2019年12月通过)亮点之一为有效回应了上述第二点争议。根据《证券法》(2019年12月通过)第63条第4款,违反信息披露规定买入上市公司有表决权的股份的,在买入后的36个月内,对

① 参见徐聪:《违反慢走规则买卖股票若干争议法律问题研究》,载《法律适用》2015年第12期。

现为《民法典》第153条。——编者注

② 上海市第一中级人民法院民事判决书,(2015)沪一中民六(商)初字第66号。

③ 深圳市福田区人民法院民事判决书,(2016)粤0304民初7145号;深圳市中级人民法院民事判决书,(2016)粤03民终13834号。

该超过规定比例部分的股份不得行使表决权。这意味着,收购方改正后,其超过披露触发线后的违规增持股份之权利应予以有限剥夺。事实上,具有争夺控制权意图的收购方的表决权会在很大程度上影响目标公司的重大决策,违反上市公司敌意收购公平、公开、公正的交易原则,故而对违规披露者施以表决权限制处罚确实具有一定的正当性。但是,基于证券的无因性,承认股权的存在并不意味行为有效。收购方超过披露触发线后继续违规增减持股票的行为效力问题依然没有得到法律回应。

此外,我国有关收购方违规披露的刑事责任规定不甚明朗。我国《刑法》并未明确针对作为投资者的收购方的违规披露行为作出相应处罚规定。我国《刑法》第 161 条规定的"违规披露、不披露重要信息罪"在司法实践中主要适用于股份发行者作为披露者的情形,尚未出现适用于投资者的先例,司法界也无相关审判实践。因此,是否可以对违规披露者施以刑事处罚以及如何处罚目前不得而知。应当清楚,仅进行行政处罚和民事处罚,不足以威慑潜在获得极高不当利益的违规披露者。因此,对违规披露者刑事责任的明确与细化颇为关键。

(二)我国收购方权益披露法律规制的理路廓清

1. 监管收紧:我国收购方权益披露法律规制的错误走向

针对上市公司收购及大额股份权益变动日趋活跃的状况,我国《证券法》(2019 年 12 月通过)第 63 条第 3 款规定,收购方在持 5% 表决权股份的基础上,每增加或减少 1% 表决权股份,应履行简要的通知和公告义务。2018 年 4 月 13 日,上海交易所和深圳交易所分别发布了《上交所上市公司收购及股份权益变动信息披露业务指引(征求意见稿)》(以下简称《上交所权益披露指引意见稿》)和《深交所上市公司收购及股份权益变动信息披露业务指引(征求意见稿)》(以下简称《深交所权益披露指引意见稿》),上述意见稿皆增加了对权益变动提示性公告的披露规定。总体来看,上述立法及征求意见稿昭示了我国立法者和监管者对收购方权益变动披露的监管收紧趋势。

应当说,两交易所的征求意见稿是对《证券法》(2019 年 12 月通过)中有关权益变动提示性公告的进一步补充。具体而言,征求意见稿要求对以下两种情形作提示性披露公告:第一类是起到突出重点内容、提高信息的可读性的权益变动信息简明化公告,方便投资者快速、准确地获得所需信息。此类提示性公告的披露情形为投资者触及《上市公司收购管理办法》规定的需披露简式权益报告书、详式权益报告书等情形;[①]第二类提示性公告涉及虽未触及《上市公司收购管理办法》规定的应披露情形,但对上市公司股权信息构成较大影响的事项,强化了持续信息披露。一是实践中已在执行但尚不明确的情形,[②]二是为了提高披露及时性而新增需披露的情形。[③] 显然,权益变动提示性公告进一步加剧了收购方的披露责任,反映了我国证券市场对收购方监管收紧的趋势。笔者认为,尽管相较于权益变动报告书,提示性公告较为简化,如深交所答记者问中所言,"提示性公告主要强调突出重点信息,旨在提供简明化信息,方便投资者快速、准确地获得所需信息,并未覆盖报告书的全部内容",[④]但不可否认,更为频繁的公告披露不但会增加收购方的制作成本,还会因多次公告而失去钻研证券市场定制收购策略所将获得的溢价,进而打击收购方的积极性。

事实上,《证券法》(2019 年 12 月通过)和两交易所发布的征求意见稿折射出我国对公平价值的过度倚重。诚如上交所在答记者问中所言,对大额持股方施以更为严苛的披露义务,尽管会增加收购成本,但却能保证收购的公平性,这是符合市场需求的。[⑤] 现实却是,当前我国公司的股权分布特征和既有法律规范对反收购方十分有利,敌意收购成功的案例依然很少。具体而言,由于中国资本市场的"壳"具有特殊的价值,很多上市公司敌意收购发起者的目的之一即为获得珍贵的"壳"资源,从而实现间接上市。因

① 如《深交所权益披露指引意见稿》第 7 条规定:"上市公司收购及股份权益变动活动出现本指引第二章第二节、第三节、第四节规定的应当编制并披露权益变动报告书、收购报告书摘要或者收购报告书等情形的,投资者应当通知上市公司在事实发生之日起的两个交易日内发布提示性公告。"

② 如《上交所权益披露指引意见稿》第 6 条第 1 款规定:"拥有权益的股份虽未达到已发行股份的 5%,但成为上市公司第一大股东或实际控制人的情形。"

③ 如《上交所权益披露指引意见稿》第 6 条第 2 款规定:"拥有权益的股份达到或超过已发行股份的 5% 后,其拥有权益的股份每增加或减少达到 1% 之情形。"

④ 深圳证券交易所就《上市公司收购及股份权益变动信息披露业务指引(征求意见稿)》答记者问,http://www.szse.cn/lawrules/publicadvice/t20180417_534971.html,2019-11-02。

⑤ 上海证券交易所就发布《上海证券交易所上市公司收购及股份权益变动信息披露业务指引》答记者问,载 http://www.sse.com.cn/aboutus/mediacenter/hotandd/c/c_20180413_4501498.shtml,2019-11-02。

此，收购方在顺利收购的同时还要竭尽全力地维持目标公司的上市条件。《上海证券交易所股票上市规则》第 3. 1. 1 规定，[①]收购方必须维持目标公司 25%（特殊情况下 10%）以上的公共持股，方能避免被强行退市。同时，多数上市公司存在控股股东，且持股比例高达 30%。此时，收购方能收购的股份仅剩 45% 左右，而在控股股东持股比例更高的情况下，留给收购方的持股比例更低，这导致收购方持股比例难以超越目标公司控制股东。此外，在我国强制要约收购制度背景下，收购方为控制成本，大多会避免达到 30% 的红线，这进一步恶化了难以超越目标公司控制股东持股比例的境况。[②] 我国留给上市公司敌意收购的活动空间是有限的，此时深交所和上交所发布的征求意见稿若将规制天平偏向目标公司方，很可能会阻却收购方的热情，并在一定程度上削弱上市公司敌意收购的正面功效。

2. 我国收购方权益披露法律规制理路的应然转向

（1）确保公平与效率价值的守恒

应当承认，公平和效率价值并非在任何阶段皆能保持绝对的平衡，而往往因发展阶段的需要而呈现一方价值优先的图景。但是，笔者并不赞同上交所秉持的现阶段“公平优先”的价值取向，相反，当下我国上市公司敌意收购市场颇为低迷，难以实现帕累托最优，“公平与效率的守恒”方为我国现阶段的应然目标。

一方面，我国现有上市规则、强制要约收购制度以及公司股权分布结构已经对反收购方颇为有利，上市公司敌意收购面临极高的成本阻碍。如第一章所述，上市公司“敌意收购”并不等同于“恶意收购”，其仅描述了在未获得目标公司董事同意的条件下仍然收购的一种状态，不意味着收购方一定心怀不轨，意图实现短期暴利，损害对方利益相关者的利益。[③] 事实上，上市公司敌意收购具有降低代理成本、提升公司治理水平、创造股东价值等

---

① 《上海证券交易所股票上市规则》第 3. 1. 1 条规定，发行人首次公开发行股票后申请其股票在本所上市，公开发行的股份应达到公司股份总数的 25% 以上；公司股本总额超过人民币 4 亿元的，公开发行股份的比例为 10% 以上。

② 参见张巍：《美国的上市公司收购防御及其对中国的启示》，载《证券法苑》2017 年第 1 期。

③ 参见项剑、丛怀挺、陈希：《股东权益变动规则重构：以控制意图和冷却权为核心》，载《证券法苑》2017 年第 2 期。

多重积极功效,若制度设计合理,其将为市场和社会创造更高效率,此乃我国当前市场的迫切需求。

另一方面,对公平价值的重视无可厚非,但对其过度倚重和对效率价值的过度牺牲将引发实质不公平。前已述及,收购方权益披露制度的运作机理为,为确保其他投资者的知情权和公平交易权,向处于信息劣势的投资者应进行反向披露。无疑,收购方权益披露制度的设计本就限制了收购方的效率而成全了其他投资者的公平。若在此基础上进一步收紧监管,对收购方施以更严苛的约束,则不仅会加剧效率的丧失,更会因上市公司敌意收购意愿的减退而削弱其监督目标公司管理层的正面功效,这对目标公司的股东和潜在投资者而言可谓实质不公平。当然,目前我国证券市场的投资者多为散户且成熟度较低,公平价值的确保至关重要,效率价值不应超越而居其之上。在此意义上,笔者认为在收购方权益披露的制度设计上,遵循公平与效率价值的守恒更为科学。

(2)秉持谦抑的规制理念

"谦抑"一词最新的适用于刑法研究中,强调刑法对个人权利剥夺和施以惩罚的节制态度。[①] 而经济法同刑法皆属于公权干预个人利益的部门法,具有共通的法理原理。是故,笔者将谦抑理念引入经济法的规制内容——收购方权益披露之中,并将其定义为,对收购方权益披露的法律规制应秉持克制的态度,尊重市场在资源配置中的决定性作用和防止"泛干预主义"之风险。

之所以提倡对收购方权益披露的谦抑法律规制,源于对收购方反向披露的监管补偿。要求作为投资者的收购方向公众披露其权益信息,无疑背离了信息偏在原理的正常逻辑,这是为确保其他投资者的知情权和公平交易权的妥协,此种妥协的后果为收购方在公开披露中失去不披露的可期溢价。鉴于此,对收购方权益披露的法律规制应时刻保持效率与公平的价值守恒,而干预的谦抑正是贯彻该价值的必然要求,也是对收购方披露损失的监管补偿。此外上市公司敌意收购市场发展的迫切渴求也要求法律规制秉持克制态度。

① 参见陈兴良:《刑法的价值构造》,中国人民大学出版社2006年版,第353页。

为兼顾公平与效率价值,防止"泛干预主义"之风险,谦抑理念涵盖如下基本要求:一是规制机构的谦抑。如第二章所述,不完全自律型并购小组兼具立法、执法等多重职能,其深刻契合上市公司敌意收购复杂性、不确定性等品格。对此,收购方权益披露制度多源于《公司法》《证券法》《上市公司收购管理办法》等级别较高的法律法规,其修法程序烦琐且漫长。为应对上市公司敌意收购的需求,未来由并购小组先制定相关规则进行试行,既可以及时提供明确指引,又能为正式立法提供较为柔和的试错机会,从而有助于确保市场在资源配置中的决定性作用。二是规制内容的谦抑。未来立法在完善披露触发线、披露期限、权益变动报告等具体制度的过程中,应严格坚守谦抑理念,立法内容保持中立性,做到不偏不倚、宽严有度。三是规制手段的谦抑。无论立法机构如何权衡各方利益,对于收购方而言,其比任何机构更为清楚法律规制激励作用和阻碍作用的临界点。故而在一些合适的情况下,由收购方进行"私人规制",①使其自由做出符合公司自身发展的制度调试并内化其调试成本,更能顺应上市公司敌意收购市场的发展规律。

(三)我国收购方权益披露具体制度的调试与优化

1.权益变动报告区分标准的重构

第一,构建持股比例和控制权意图的双重标准。如前所述,在既有规则下,我国收购方持目标公司股份5% ~20%时,皆只需提交简式报告,这无疑成为那些有争夺控制权意图的短期主义收购方的"安全港"。为防范短期主义行为,确保目标公司股东的长远利益,有必要引用美国的权益变动报告区分理念,将是否有"控制权意图"作为重要区分标准,同时保留我国以20%作为区分简式与详式报告的界限规则。具体而言,当收购方持目标公司股份5% ~20%时,若其有控制权意图,则应提交详式报告,反之则只需提交简式报告;收购方持目标公司股份20%以上时,则应按照既有规则,无论其是否有控制权意图,皆应提交详式报告。由此,市场投资者能将注意力集中于举牌人的持股目的,从而明晰市场预期,避免盲目跟风;同时,亦不会增加注重公司长期价值的积极投资者的权益披露成本。

---

① See Mitts, Joshua, *A Private Ordering Solution Blockholder Disclosure*, North Carolina Central Law Review, Vol. 35, No. 1, 2013, p. 206.

关于“控制权意图”的具体判定，美国 SEC 在修订 13D – G 条例时指出，对控制权意图应当具体情形具体分析，不能仅通过股东作出影响公司决策经营的提案就认为其具有争夺控制权目的；部分法官也认为，股东提交的行使分红权的提案不代表其具有控制权意图，而股东试图辞退和替换既有管理层等影响公司经营管理的行为，则可认定为具有争夺控制权意图。① 美国法院和 SEC 的观点可为我国借鉴，认定收购方在持续收购过程中以及在收购完成后一定期限（如 6 个月）内，提议或已经更换现任管理层的行为可视为具有控制权意图，而有关分红等其他公司提案及相关决议则不构成控制权意图认定的因素。

第二，酌情引入冷却期制度。为避免收购方掩饰或隐瞒控制权意图而提交简式报告，从而危及其他投资者之利益，美国构建了冷却期制度作为权益变动报告的辅助规则。也即收购方若在中途主动声明具有控制权意图或根据客观行为推定收购方具有控制权意图后，则触发冷却期，应转而提交详式披露报告，且承担相应风险。事实上，在上述情形中难以判定收购方是否从一开始就隐瞒真实意图。为防范简式报告制度的虚置，弥补收购方在披露真实意图前其他投资者的损失，建议直接参考我国《证券法》（2019 年 12 月通过）中有关违规披露法律责任的相关规定，即该收购方自产生控制权意图的 36 个月内，不得行使在此过程中购入股票的表决权。

2. 披露触发线和报告期期限的合理设定

第一，设置差异化的披露触发线。不问目标公司规模而设定普遍适用的单一触发线显然不具有合理性。为充分发挥权益披露的“预警功能”，建议我国借鉴意大利相关立法，设立“收入”和“市值”两个标准，在经立法机关充分调研后设定合理的“收入”和“市值”界限。收购方购买在该界限之下的大多数公司股份应适用当下规定的 5% 首次触发线标准；而在此界限之上的公司由于股权往往更为分散，收购方披露触发线应当更低，如可以设立 3% 首次触发线。对于增减持披露触发线，为执法便利，可以暂时沿用当

---

① See Giglia, Kristin, *A Little Letter, A Big Difference: An Empirical Inquiry into Possible Misuse of Schedule* 13*G*/13*D Fillings*, Columbia Law Review, Vol. 116, No. 1, 2016, p. 121.

前5%的规定,待立法研究和执法经验更为成熟后,根据我国具体情况再作相应调整。

第二,删除对权益变动提示公告的披露触发线设置。如前所述,鲜见有国家对收购方另外施以提示性公告义务,仅明确一般的权益披露义务方为立法常态。这是立法者对收购方和目标公司利益的平衡结果。对收购方权益披露的法律规制应时刻保持效率与公平的价值守恒,确保规制内容的"谦抑"。对收购方施加超过普遍披露义务的额外公告义务,使法律规制天平明显向公平价值倾斜而忽视效率价值,不符合我国当下的资本市场发展需求,建议未来立法在修订中删除对权益变动提示公告的披露触发线设置。

第三,实行报告期期限的私人规制。有美国学者指出,法律强制规定权益披露报告期期限的结果未必理想,因为只有收购方自身清楚使自己利益最大化和付出披露成本的临界点。① 鉴于此,SEC不应执行严格的强制性规则,而是应该让股东通过修改公司章程来作出这一决定。具体而言,应允许每家公司在收购持股达到披露触发线后决定在强制披露之前可以交易多长时间,从而激励积极主义股东,确保股票价值最大化。当然,为内化收购方通过信息不对称秘密积累股票和利润的成本,建议对收购方征收备案费,以引导每个公司设置社会最优披露期限,这和对排放污染的工厂征收碳税的原理类似。征收的备案费用于建立一个补偿基金,以弥补收购方在延迟披露窗口期间对其他投资者的损害。②

笔者支持此种观点,对报告期期限的私人规制正是贯彻落实公平与效率价值守恒和谦抑理念的重要体现。建议我国未来也朝此方向发展,立法规定一个报告期期限的底线,授予公司可视自身情况设置在底线之上的其他期限的自由裁量权。针对超出的期限需要结合评估的社会损失征收备案费,并以此构建一个权益披露补偿基金,作为证券执法的公共补偿手段。对此,建议由中国证券投资者保护基金有限责任公司(以下简称投保基金公

---

① See Mitts, Joshua, *A Private Ordering Solution to Blockholder Disclosure*, North Carolina Central Law Review, Vol. 35, No. 1, 2013, p. 241.

② Ibid.

司)负责权益披露补偿基金的经营管理,因为投保基金公司作为非营利性机构,天生具有公益性属性,且专业性较强,更有助于落实对投资者的补偿和保护工作。①

3."慢走规则"的取消

"慢走规则"创设的初衷为在信息传递不发达的时代提供市场消化时间。而现在看来,互联网科技的迅猛发展业已克服了信息传递障碍的难题。笔者认为,"慢走规则"已没有继续坚守的正当性,应当将其废除。令人欣慰的是,我国《证券法》(2019 年 12 月通过)、《上交所权益披露指引意见稿》和《深交所权益披露指引意见稿》逐步放松了对"慢走规则"的限制,如《证券法》(2019 年 12 月通过)第 63 条强调,证监会可以规定特殊情形排除"慢走规则"的适用;《上交所权益披露指引意见稿》第 6 条有关权益变动提示公告的规定并未要求投资者在公告期内暂停交易。可见,"慢走规则"正受到上层机关的审视和反思。但是,目前立法修改是不彻底的,达到 5% 和每增加、减少 5% 表决权股份的收购方依然需要在敏感期内停止交易,这将在一定程度上削弱收购方的收购意愿,造成收购方与其他投资者之间的权利义务失衡,有违法理精神。基于现实考虑,《证券法》(2019 年 12 月通过)的修改已定,长期内难以改变,因此应当在既有立法基础上尽可能减轻损失。在《证券法》(2019 年 12 月通过)规定的基础上,证监会应出台相应细则,进一步细化排除适用"慢走规则"的情形。

4. 违规披露法律责任的明确

前文所提及的优化权益变动报告区分标准、合理设定披露触发线和披露期限以及取消"慢走规则",皆为维系收购方的收购热情和提升收购信心的重要举措。但是,为确保公平与效率价值守恒,平衡收购方与目标公司间的利益,明确收购方违规披露的法律责任也是应有之义。

第一,应承认收购方超过披露触发线后继续违规增减持股票的行为效力。针对当前学界存在的有效论和无效论两种主张,笔者支持行为有效论,理由有三:一是《证券法》第 86 条属于管理性强制性规定而非效力性强制

① 参见郭雳:《证券执法中的公共补偿——美国公平基金制度的探析与借鉴》,载《清华法学》2018 年第 6 期。

性规定,违反该条款不导致行为无效。一方面,根据文义解释,该条并没有明确规定“未……,则无效”“未……,不发生法律效力”等表述;另一方面,根据立法目的解释,该条款仅是证监会为实现证券市场管理的需要而设置,旨在对违规行为进行处罚,但是并未否定其行为效力。二是根据特别法优先于一般法的原则,《证券法》关于“交易恒定原则”的规定应当优先适用。这主要基于证券交易的特殊性。证券交易区别于一般的买卖行为,前者涉及众多市场投资者,交易对手间很难一一对应;而后者发生在特定当事人之间。[①] 因此,若可随意变更交易结果,则很有可能损害其他投资者利益,甚至破坏资本市场的稳定秩序。三是公法素来秉持“两害相权取其轻”的理念,[②]而资本市场所涉投资者众多,关乎金融稳定,因此收购方购买股票的效力认定理应贯彻公法理念。其中,否定交易结果的负面影响明显更大,背离了公法的法理逻辑。

第二,落实行政责任新要求,明晰刑事责任。我国原《证券法》(2014年8月修正)规定的最高60万元的罚款与收购方从违规披露期中获得的上千万乃至上亿元溢价不成比例,过低的违法成本难以对违规披露者发挥遏制功用,因此我国违规举牌事件持续发酵。值得注意的是,《证券法》(2019年12月通过)修正后大幅度提升了行政罚金,更加契合资本市场的实际情况。根据《证券法》(2019年12月通过)第196条和第197条,对于收购方违规披露信息的,处以50万元以上500万元以下(2014年8月修正的《证券法》规定处以10万元以上60万元以下)的罚款;对于收购方虚假披露信息的,处以100万元以上1000万元以下(2014年8月修正的《证券法》规定处以30万元以上60万元以下)的罚款。显然,《证券法》(2019年12月通过)对于落实“宽进严管”的收购方权益披露法律规制理念发挥了重要作用。今后证监会应严格执行行政罚金新要求,提升对违规披露者的威慑作用。

对收购方违规披露的法律责任追究,并非证监会一方的任务,行政处罚

---

① 上海市第一中级人民法院民事判决书,(2015)沪一中民六(商)初字第66号。

② 参见姚蔚薇:《违反证券交易大额持股披露及慢走规则的民事责任探析》,载《证券法苑》2017年第2期。

只是追究违法行为责任的手段之一，事实上刑事责任更为关键。对于是否对收购方违规披露行为施以刑事处罚，学界出现了分歧。支持刑事处罚一方指出，资本市场监管的两个重要手段为信息披露和严厉处罚，尤其在涉众型资本市场，加大惩罚力度才能对投资者实现有力保护。[①] 反对刑事处罚一方则从上市公司敌意收购的正面功效角度出发，认为严苛的刑事惩罚措施会削减收购方的收购热情，进而难以对懈怠的董事构成有效约束。[②] 对此，笔者建议采取一种折中方案，即对严重的违规披露者方施以刑事处罚，但刑罚种类应采取财产刑而非自由刑，从而权衡公平与效率价值，确保激励与约束相容。

第三，细化民事赔偿规则。《证券法》(2019 年 12 月通过)在第 95 条第 3 款加入了"证券集团诉讼"制度，[③]如果能够顺利实施，民事责任的追究将变得更为可行。而"民事赔偿优先"素来是我国证券法律法规的核心规则，主要体现于《证券法》(2019 年 12 月通过)第 220 条。[④] 但民事赔偿优先尚没有先例，也缺乏具体可操作的规则。未来我国相关财政部门应严格执行《证券法》的相关规定，出台行政罚金与民事赔偿责任良好衔接的相关细则，使法律责任机制真正发挥其惩罚性功能和补偿性功能。

二、我国收购方适用杠杆融资工具法律规制的障碍及廓清

(一)我国收购方适用杠杆融资工具的特征——以"宝万之争"为例

1. 从传统到新型：我国收购方适用杠杆融资工具的结构转变

长期以来，我国收购融资工具主要为传统的银行贷款。近年来随着资本市场信用交易工具的增加以及"大资管"业务下各种融资工具的创新，杠杆融资工具的结构组合也呈现新形态，保险、资产管理计划等新型杠杆融资

---

① 参见陈洁：《违规大规模增减持股票行为的定性及惩处机制的完善》，载《法学》2016 年第 9 期。

② 参见解正山：《大额持股披露义务规制》，载《现代法学》2018 年第 3 期。

③ 《证券法》(2019 年 12 月通过)第 95 条第 3 款规定："投资者保护机构受五十名以上投资者委托，可以作为代表人参加诉讼，并为经证券登记结算机构确认的权利人依照前款规定向人民法院登记，但投资者明确表示不愿意参加该诉讼的除外。"

④ 《证券法》(2019 年 12 月通过)第 220 条规定："违反本法规定，应当承担民事赔偿责任和缴纳罚款、罚金、违法所得，违法行为人的财产不足以支付的，优先用于承担民事赔偿责任。"

工具在上市公司敌意收购中发挥着越发重要的作用。其中,“宝万之争”中宝能对杠杆融资工具的运用,可谓是我国现行杠杆融资工具结构的一个经典、完整的示例。宝能系共耗资430亿元收购了万科约25%的股份。① 其中宝能系采用多重工具参与收购,包括保险资金、券商、基金(子)公司资产管理计划、嵌套的结构化资产管理计划、收益互换等(详见图5-1)。② 显然,作为传统杠杆融资工具的银行贷款和债券在上市公司敌意收购中并未发挥应有功用,新型杠杆融资工具成了收购方的“新宠”。

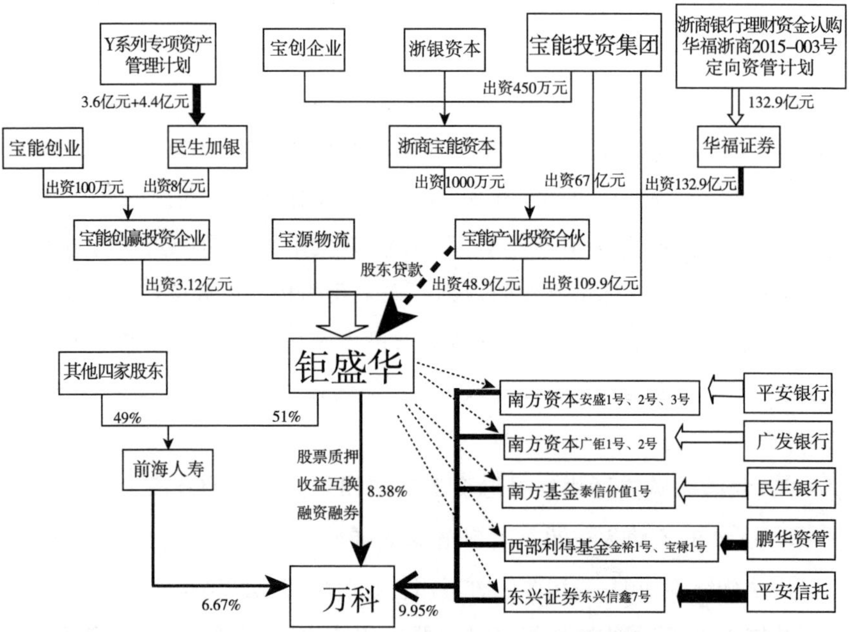

图5-1 “宝万之争”杠杆融资工具的组合情况

资料来源:中国财富管理50人论坛和清华大学国家金融研究院联合课题组:《规范杠杆收购,促进经济结构调整》,中国财富管理50人论坛和清华大学国家金融研究院2016年版。

---

① 在这430亿元中,包含自有资金62亿元,保险资金105亿元,券商资金78亿元,银行理财资金185亿元。参见中国财富管理50人论坛和清华大学国家金融研究院联合课题组:《规范杠杆收购,促进经济结构调整》,中国财富管理50人论坛和清华大学国家金融研究院,2016年。

② 参见吴晓灵:《宝能系资金并不违规,但蕴含风险》,载投资界,https://news.pedaily.cn/201611/20161128405981.shtml,2019-11-02。

2. 风险积聚放大：我国新型杠杆融资工具的适用乱象

第一，以嵌套方式层层组合。宝能系每一层架构的杠杆比例均不超过1∶2，但是通过嵌套组合多种金融杠杆工具，最终实现了约4.2的杠杆比率。[①] 无疑，不同资金来源组成的嵌套组合结构加剧了交叉传染风险，加之收购方撬动的杠杆颇高，进一步放大了风险倍数。

第二，银行理财资金对接资管计划。如前所述，在"宝万之争"嵌套组合中，浙江、广发、平安、民生、浦发等银行的理财资金皆作为优先级投入资管计划，暂且不论优先级的保底保收益政策是否合理合法，在缺乏成熟混业监管模式的背景下，银行理财资金对接资管计划极易引发流动性风险、信用风险乃至系统性风险，损害银行客户的合法权益。

第三，保险资金参与非保险企业收购。在"宝万之争"中，宝能系力拉前海人寿入资，前海人寿共出资105亿元，成为宝能收购万科股份的主要力量。但是，万科作为房地产企业，与保险业务并无关联，此种激进的保险投资无疑对保户极具风险，同时也难以凭借保险机构自身的专业能力对万科公司的治理产生积极影响。

（二）我国收购方适用杠杆融资工具法律规制的困境

1. 传统杠杆融资工具的适用缺乏激励性规制

丰富杠杆收购融资工具，尤其是鼓励收购方积极应用传统杠杆收购融资工具，一方面可以满足不同风险偏好和不同股权结构的并购关联方业务需求，另一方面有助于"开正门，堵邪路"，消减滥用新型杠杆融资工具引发的风险。但我国立法对传统杠杆融资工具适用的激励性存在不足，收购方采用传统杠杆融资工具的法律空间有限。

（1）并购贷款的条件严苛

目前我国并购贷款尚处于起步阶段，并历经了由抑制到逐渐放松的

---

① 具体而言，宝能出资62亿元作为劣后，联合浙商银行出资132.9亿元作为优先，通过华福证券、浙商宝能资本构建了规模达200亿元的有限合伙资金。此后，钜盛华又拿出资金作为劣后级，以两倍的杠杆撬动广发、平安、民生、浦发等银行的理财资金约155亿元作为优先，通过资产管理计划持续买进万科股票。其中，资管计划劣后资金共计91亿元，由宝能出资62亿元和钜盛华的其他资金29亿元组成，由此最终实现了约4.2的杠杆比率。参见中国财富管理50人论坛和清华大学国家金融研究院联合课题组：《规范杠杆收购，促进经济结构调整》，中国财富管理50人论坛和清华大学国家金融研究院2016年版，第37页。

过程。[1] 从历史沿革来看,1996 年中国人民银行制定的《贷款通则》明确规定禁止将商业银行贷款投向资本市场。[2] 如此规定考虑了当时我国金融市场尚处于萌芽阶段,金融监管水平不高等客观情况。但是,近些年我国资本市场的发展突飞猛进,上述规则显然有些不合时宜,不符合我国当代的资本诉求。因此,我国央行和原银监会先后两次向社会征求《贷款通则》的修改意见,但截至目前修订的正式文件仍未出台。但是,原银监会在 2008 年发布的《商业银行并购贷款风险管理指引》(以下简称《并购贷款指引》)作出了一定突破,规定满足一定条件的商业银行可以开展并购贷款业务。这意味着法律允许有限的银行贷款涉入资本市场领域。而《并购贷款指引》在 2015 年的修订稿中再次放开贷款条件,表现为:一是第 21 条提升了并购贷款在并购交易总价款中的占比;二是第 22 条延长了并购贷款的期限;三是第 29 条放宽了担保条件,对贷款担保不作强制性要求。

上述修订逐渐放宽了我国并购贷款的发放条件,可谓立法的一大进步。但是从整体上看,我国收购方获取银行贷款的条件依然严苛,相关立法对银行贷款的适用依然激励不足。具体而言,第一,并购交易价款中并购贷款所占比例较低。尽管修订后的《并购贷款指引》提升了并购交易价款中并购贷款所占比例,但同域外相比仍然较低。以美国为例,在涉及杠杆收购的具体融资项目中,商业银行贷款一般会占到 40% ~80%,银行贷款在美国上市公司敌意收购中占据了主导地位。第二,并购贷款不适用于财务型敌意收购。根据《并购贷款指引》第 11 条和第 13 条,银行审核贷款申请资格时应着重评估并购双方是否具有产业相关度和战略相关性,以及是否能够实现"协同效应"。"协同效应"的实现途径包括发展战略整合、组织整合、资产整合、业务整合和人力资源及文化整合等。显然,产业资本实施的上市公司敌意收购可能会符合上述要求,而在金融资本实施的财务型收购中收购方和目标公司间鲜有上述相关性。这意味着,《并购贷款指引》的适用对象为战略型而非财务型敌意收购。尽管和过去相比,《并购

---

① 参见岳振宇:《我国杠杆收购融资的法律困境与出路》,载《甘肃政法学院学报》2010 年第 3 期。

② 《贷款通则》第 20 条规定,借款人"不得用贷款从事股本权益性投资,国家另有规定的除外"。

贷款指引》已经前进了一大步，但依然没有解决财务型敌意收购的贷款融资问题。

(2)债券融资的制度局限

债券也是杠杆融资的一个重要来源。在美国历史上，杠杆收购曾高度依赖高风险的债券市场(尤其是垃圾债券)。但是，我国债券市场发展一直较为缓慢，其法律规定与上市公司敌意收购的市场需求不匹配。

一方面，我国现行债券品种的法律要求难以满足上市公司敌意收购的诉求。根据《公司法》《证券法》等法规，当前我国用于筹资的债券包括短期融资券、可转换公司债券以及一般公司债券三种，它们各自有不同的监管规则。然而，既有规则并未对债券涉入杠杆收购融资提供充足空间：首先，根据相关法律规定，我国短期融资券的融资数额、期限皆有限，更重要的是融资仅能为生产经营之目的，彻底否定了上市公司敌意收购以债券融资的正当性；①其次，可转换债券的发行公司只能是上市公司，而事实上需要通过收购方式实现发展的收购方往往是非上市公司；最后，一般公司债券的发行在盈利能力方面有着较为严格的规定。但是，在上市公司敌意收购的实践操作中，收购方大多临时组建“壳公司”完成收购，而“壳公司”作为发债主体基本无法满足上述要求，故而在实践中公司大多难以通过公司债券进行融资。值得注意的是，尽管我国新《证券法》(2019 年 12 月通过)第 15 条松绑了公开发行公司债券的部分实质条件，如删除累计债券余额、债券利率、筹集资金用途等要求，但仍保留了“最近三年平均可分配利润足以支付公司债券一年的利息”条款。② 此种要求依然涉及对发行人的信用和偿债能力的实质评判，这与国家当前全面落实公开发行公司债券注册制的宗旨是相背离的。显然，我国既有法律使得短期融资券、可转换公司债券和一般公

---

① 根据2008 年中国人民银行颁布的《银行间债券市场非金融企业债务融资工具管理办法》、《银行间债券市场非金融企业短期融资券业务指引》、《银行间债券市场非金融企业债务融资工具发行注册规则》和《银行间债券市场非金融企业债务融资工具中介服务规则》的相关规定，短期融资券必须在 1 年内还本付息；短期融资券待偿还余额不得超过企业净资产的 40%；企业发行短期融资券所募集的资金应用于企业生产经营活动。

② 《证券法》(2019 年 12 月通过)第 15 条第 1 款规定：“公开发行公司债券，应当符合下列条件：(一)具备健全且运行良好的组织机构；(二)最近三年平均可分配利润足以支付公司债券一年的利息；(三)国务院规定的其他条件。”

司债券在上市公司敌意收购中几乎无用武之地。

另一方面,我国并购专项债权品种缺失,法律缺位。事实上,我国相关机构曾经做过规范专项债权的尝试,但未能取得预期效果。比如,2014 年年末,中国证券业协会曾发布《并购重组私募债券试点办法》。由于该办法规定的并购重组私募债券发行的成本高、难度大,且上市公司被排除在发行主体之外,导致并购重组私募债券的发行规模和市场效应颇为清淡。经过短暂的试点发行,该办法于 2015 年 10 月即废止。[①]

(3)股权融资的法律困境

优先股为收购方在不稀释公司股权前提下获得可观融资的一大利器。[②] 然而,在实践中由于法律的局限性,优先股难以在上市公司敌意收购中发挥真正作用。

第一,在优先股制度安排方面,我国目前主要采取行政规则先行的立法模式。尽管此种循序渐进的模式有助于填补优先股法律缺失的漏洞,但低层级和原则性立法无法对当事人和司法产生明确、细致指引。优先股试行后的平稳、健康及完善发展需要正式法律的保驾护航。

第二,在优先股制度内容方面,重点应关注发行制度,因为发行门槛的高低直接决定优先股在上市公司敌意收购融资中的地位。一是关于优先股的发行程序要求,我国《优先股试点管理办法》第 37 条之规定较为严苛。[③] 如前所述,综观域外立法,大多数国家对优先股的发行程序依循特殊决议的要求,只有德国和我国类似,规定了普通股和优先股股东决议的双重要求。尽管对优先股发行实施双重决议程序有助于加强对投资者的保护,但同时增加了优先股发行的成本。考虑到我国如今融资和上市公司敌意收购需求日益强烈的背景,当下对优先股的发行要求应当持宽松而非严苛的立场。二是关于优先股的发行实体要求,我国《优先股试点管理办法》规定上市公

---

① 参见中国财富管理 50 人论坛和清华大学国家金融研究院联合课题组:《规范杠杆收购,促进经济结构调整》,中国财富管理 50 人论坛和清华大学国家金融研究院 2016 年版。

② 国务院及证监会先后于 2013 年和 2014 年发布了《关于开展优先股试点的指导意见》《优先股试点管理办法》,对优先股的发行等问题作出了较为详细的规定。

③ 《优先股试点管理办法》第 37 条规定:“优先股发行相关事项须经出席会议的普通股股东(含表决权恢复的优先股股东)所持表决权的 2/3 以上通过。已发行优先股的,还须经出席会议的优先股股东(不含表决权恢复的优先股股东)所持表决权的 2/3 以上通过。”

司和非上市公司皆可发行优先股，但对优先股的种类作出了严格限制。[①]正是由于我国对优先股种类限制过多，实践中上市公司不约而同采取了非公开方式发行优先股，因为我国对于非公开发行优先股并未作过多限制。但是，非公开方式发行亦具有其固有缺陷，即合格投资者较少，缺乏广大投资者的参与，从而降低了资本市场的流动性。而流动性的降低则会增加机构投资者变现优先股的难度，进而削弱机构投资者购买优先股的积极性。

2.新型杠杆融资工具的适用诱发规制难题

（1）引入穿透式监管的法律障碍

将穿透式监管适用于新型杠杆融资工具，尽管在理论和实践中皆具有重大意义，但仔细观之，其在运行中不可避免面临层层阻碍。具体内容如下。

第一，"一行两会"的监管协调亟须推进。新型杠杆融资工具之所以为监管模式带来挑战，是因为其不断冲破边界混业发展，如资管计划通过层层嵌套进行资金的跨行业流转。而原先"一行三会"的分业监管模式造成的监管真空和真空重叠，难以实现对新型杠杆融资工具的有效规制。[②]对此，2018年3月17日，第十三届全国人民代表大会审议批准了《关于国务院机构改革方案的说明》，其中一项重要举措为将原银监会和保监会合并为"银保监会"，重新塑造"一行两会"的监管格局。无疑，原银监会和原保监会的合并对资管嵌套的监管十分有利，有助于落实穿透性监管理念。但是，这仅仅是有益尝试的开始，银保监会和证监会之间仍然存在监管裂缝，嵌套行为难以避免。银保监会内部如何深度融合以及银保监会与证监会之间如何进行协调监管还需进一步摸索和深化。

第二，穿透式监管的对象界定不明。2018年，我国监管机构针对资本市场的混业经营乱象，连续发布了《关于规范金融机构资产管理业务的指导意见》（以下简称《资管意见》）和《关于进一步明确规范金融机构资产管

---

① 《优先股试点管理办法》第33条规定，"上市公司一律不得发行可转换优先股"；第28条规定："上市公司应当公开发行固定股息率、强制付息、可累积、非参与的优先股。"

② 参见曹锦秋、任怡多：《资管计划穿透式监管法律问题研究》，载《辽宁大学学报（哲学社会科学版）》2018年第5期。

理业务指导意见有关事项的通知》(上述文件统称《资管新规》)。[①]《资管新规》确立了对资管计划进行穿透式监管的根本原则,即监管对象应当为最终投资者和底层资产。然而,该条规定过于原则化,在面对复杂的实务问题时,存在实用性不强、缺乏可操作性的弊端。具体而言,《资管新规》并未具体界定最终投资者和底层资产的内涵、穿透式监管的标准与边界等,如此将会导致监管实践的混乱与无序。

第三,穿透式监管的依循法规缺失。从整体上看,我国《证券法》对行政机构的自由裁量权持包容态度,但是,"赋权"与"限权"乃经济法学的永恒主题,对任何一方皆不可偏废。为避免权力寻租等恣意侵犯公众权益的情形发生,制定明确的法规文件对于行政机关滥用权力的约束至关重要。然而,目前我国既没有关于行政机关落实穿透式监管的行为立法,分散于各法规细则的穿透式监管规定又过于笼统,总体而言穿透式监管的依循法规呈缺位状态。

(2)资管计划参与上市公司敌意收购的法律争议

在"宝万之争"中,宝能通过资管计划加杠杆是一个备受关注的环节。将资管计划用于上市公司敌意收购至少需要思考两个问题:资管计划是否具有股东资格和举牌资质?资管计划将其表决权让渡给一致行动人是否具有合法性?而上述问题解决的前提是甄别资管计划的法律性质。

第一,资管计划的性质分歧。就资管计划的本身属性而言,目前共有三种主流学说。[②] 一是代理说。该学说认为,资管计划的劣后级委托人和受托人之间为代理关系,受托人按照委托人的意见行事。二是信托说。该学说指出,资管计划中的所有受益人皆为信托计划的委托人,其将资金托付给管理人,该资金则与管理人的自由资金相互独立。三是具体分析说。该学说认为,不能断然认定资管计划的性质,而应透过现象看本质,具体情况具

---

① 2018年4月27日,中国人民银行、中国银保监会、中国证监会、国家外汇管理局联合发布了《关于规范金融机构资产管理业务的指导意见》,同年7月20日,中国人民银行发布了《关于进一步明确规范金融机构资产管理业务指导意见有关事项的通知》。

② 参见范黎红:《论上市公司收购中结构性资管计划的表决权行使》,载《证券法苑》2017年第1期。

体分析。[①] 可见，关于资管计划的法律性质众说纷纭，莫衷一是，如此加剧了资管计划涉入上市公司敌意收购的其他法律问题的复杂性。

第二，资管计划的股东资格和举牌资质争议。在“宝万之争”中，万科公开质疑宝能旗下资管计划的股东资格，认为其不属于“收购方”，更不能参与“举牌”。[②] 此处主要涉及两个问题亟待解决：一是宝能系资管计划能否成为万科公司股东；二是收购方须具备何种要件，宝能系资管计划是否具有举牌资质。

第三，资管计划表决权让渡的合法性质疑。如果承认资管计划系股东而享有表决权等股东权益，那么接下来的问题将聚焦在资管计划可否将其表决权让渡给其他相关方。对此，万科在《举报信》中指出，资管计划的劣后级委托人钜盛华所认为的资产管理人有权决定将相关股东权利让渡给劣后级委托人之观点，没有法理依据。由于9个资管计划不符合上市公司收购方的条件，其不具有表决权，因而也无权让渡表决权给资管计划劣后级委托人钜盛华。该问题事实上又涉及资管计划的性质问题，即资管计划能否作为信托关系的管理人独立行使表决权并自主将其转让给其他主体。

(3)保险资金涉入上市公司敌意收购的法律疑惑

近几年保险资金频繁举牌，引发了公众对保险行业的强烈质疑。尤其是自2018年10月银保监会发声鼓励险资投资优质上市公司“纾困”股票质押风险以来，险资举牌呈增多趋势。仅从2018年10月至2019年6月，险

---

① 以“宝能之争”为例，该案结构性资管计划属于嵌入融资架构的单一性资管计划，受托管理人仅属于通道性质，根据证监会的相关规定，应当认定属于委托性质。在此情况下，应揭开资管计划的面纱，确定实际控制人，认定投票权属于实际控制人所有，并以穿透式监管的方式确定一致行动人。参见刘燕、楼建波：《企业并购中的资管计划——以SPV为中心的法律分析框架》，载《清华法学》2016年第6期。

② 万科曾向证监会、证券投资基金业协会、深交所、证监会深圳监管局提交了一份9000字的《关于提请查处钜盛华及其控制的相关资管计划违法违规行为的报告》。其指出，宝能旗下9个资管计划既不是法人，也不是自然人，不符合《公司法》关于股东的条件，无法在工商登记机关办理登记。因此，9个资管计划不符合《上市公司收购管理办法》中关于“收购方”的条件，不能参与“举牌”，并构建一致行动人关系。参见朱开云：《万科9000字“举报信”要翻盘?》，载http://news.sohu.com/20160720/n460039907.shtml，2019-09-22。

资举牌就共计9次。[1] 面对险资举牌的乱象，原保监会出台了一系列监管政策弥补制度漏洞，其中最受瞩目的即为2018年1月发布的《保险资金运用管理办法》。总体而言，《保险资金运用管理办法》秉持“保险姓保”的监管理念，遵循资产负债匹配逻辑。可以说，原保监会及时推出监管政策的做法颇值赞赏，但同时存在以下缺陷。

第一，“与保险业务相关的企业”界定不清。《保险资金运用管理办法》第14条指出，保险公司控股的应当是保险类企业、非保险类金融企业和与保险业务相关的企业。该条限定的前两种企业形态容易识别，而“与保险业务相关的企业”的识别往往成为实践操作中的难点问题。根据相关法律法规，“与保险业务相关的企业”涉及医疗、汽车服务、养老等领域，[2]但过于原则化，可操作性不强。对此，原保监会在2017年发布的《关于进一步加强保险资金股票投资监管有关事项的通知》第6条中进一步明确，保险公司的收购活动应当先得到监管部门的审批，并说明行业相关度；第10条规定，在取得核准前，不得继续增持该上市公司股票。换言之，原保监会享有“与保险业务相关企业”的事前核定权。需要注意的是，资本市场环境瞬息万变，若错过上市公司敌意收购的最佳时机将付出极高代价，而既有规则将会在无形中削弱保险机构收购的意愿和决心，使之无法预测可以布局的相关行业。

第二，未能真正实现对财务性投资和战略性投资的差异化监管。如前所述，财务性投资者和战略性投资者所肩负的社会责任和风险偏好有所差异，对此监管机构理应对保险机构的不同投资战略设定差异化的监管路径。但是，迄今我国相关文件并未对此有所回应。2010年9月原保监会发布的《保险资金投资股权暂行办法》第15条规定，保险公司投资企业股权，应当符合相关比例规定。该规定并未界分保险公司的投资目的和投资战略，直接统一限定相关投资比例，很容易消减保险机构作为战略投资者提升目标公司治理能力的积极性。同时，该规定亦忽视了保险机构投资于公益事业

① 参见刘敬元、邓雄鹰：《大型险企唱主角，险资9个月9次举牌上市公司》，载 http://www.xinhuanet.com/fortune/2019-06/26/c_1210170307.htm，2019-05-22。

② 《保险资金投资股权暂行办法》（保监发〔2010〕79号）、《保险资金投资不动产暂行办法》（保监发〔2010〕80号）、《关于保险资金投资股权和不动产有问题的通知》。

的情形,抑制了保险机构履行社会责任的决心和热情。

(4)一致行动人认定的法律难点

和英国立法模式类似,我国《上市公司收购管理办法》第 83 条亦采取了定义与列举相结合的方式界定一致行动人。[①] 据此,我国对一致行动人的认定采用的是"客观标准",一致行动关系主要以身份关系(包括亲属关系、股东关系、任职关系等)为基础,而这与世界其他主流国家的规定存在差异。我国如此规定有一定弊端:一是难以应对无身份关系的第三方持股情况。尽管《上市公司收购管理办法》以"其他法人、组织或自然人"作为识别一致行动人的兜底条款,但依然难以应对日益发展的新型金融业态。如资管计划并非前述法人、组织或自然人,将会增加一致行动人认定的困难。二是难以涵盖资管计划投资的复杂情形。一般来说,资管计划的管理人可能管理多个资管计划,尽管某一个资管计划在某公司的持股不足 5%,但若多个资管计划在同一公司的持股多于 5%,是否应认定为一致行动人则无明确规定。

此外,鉴于在上市公司敌意收购场域下一致行动人认定的复杂性,相关机构在各个阶段实行现场检查与监督,对于准确、及时地甄别一致行动人具有重要意义。尽管我国原《证券法》(2014 年 8 月修正)赋予了证监会现场检查的权力,并对于包括询问、查阅复制相关资料、查询相关银行账户等内容作出了细致规定。[②] 但是,我国《上市公司收购管理办法》却只对证监会

① 《上市公司收购管理办法》第 83 条第 1 款规定:"本办法所称一致行动,是指投资者通过协议、其他安排,与其他投资者共同扩大其所能够支配的一个上市公司股份表决权数量的行为或者事实。"第 2 款规定:"在上市公司的收购及相关股份权益变动活动中有一致行动情形的投资者,互为一致行动人。如无相反证据,投资者有下列情形之一的,为一致行动人:(一)投资者之间有股权控制关系;(二)投资者受同一主体控制;(三)投资者的董事、监事或者高级管理人员中的主要成员,同时在另一个投资者担任董事、监事或者高级管理人员……(十二)投资者之间具有其他关联关系。"

② 原《证券法》(2014 年 8 月修正)第 180 条规定:"国务院证券监督管理机构依法履行职责,有权采取下列措施:(一)对证券发行人、上市公司、证券公司、证券投资基金管理公司、证券服务机构、证券交易所、证券登记结算机构进行现场检查;(二)进入涉嫌违法行为发生场所调查取证……(七)在调查操纵证券市场、内幕交易等重大证券违法行为时,经国务院证券监督管理机构主要负责人批准,可以限制被调查事件当事人的证券买卖,但限制的期限不得超过十五个交易日;案情复杂的,可以延长十五个交易日。"

事后现场检查作出了相关安排,[①]这便产生了上位法与下位法的不协调问题。应当清楚,事前防范和事中、事后的监督与检查皆为及时识别一致行动人的有效途径,单纯地依托事后检查只会减少一致行动人的违法成本。

(三)我国收购方适用杠杆融资工具法律规制的出路

1. 拓宽传统杠杆融资工具适用的法律空间

前已述及,在对传统杠杆融资工具适用的法律规制中,应选择市场准入、税收减免、放宽融资比例和期限等激励规制工具,优化法律制度设计。由于不同传统杠杆融资工具在介入上市公司敌意收购中的形态各异,故而应构建差异化、多样性的规制机制,形成科学的法律激励结构。

(1)放宽并购贷款的发放条件

首先,加大并购贷款在并购交易价款中的占比。目前我国《并购贷款指引》规定的60%比例依然较低,难以发挥并购贷款在上市公司敌意收购融资中的积极作用。笔者建议规定灵活的浮动比例,如设定在60%~80%,由银行根据并购的综合情况决定放贷比例。

其次,放开对财务型敌意收购的贷款限制。由于金融资本实施的财务型敌意收购乃资本市场发展的主流趋势,故而《并购贷款指引》应针对不同类型的上市公司敌意收购进行差异性监管。例如,对战略型敌意收购可依循原先规定,着重评估并购双方是否具有产业相关度、战略相关性以及能否实现"协同效应";而对于财务型敌意收购,则应取消上述限制,重点审查并购方的风险防范措施,从而给予财务型敌意收购更多的法律激励。

最后,实施差异化税收制度。税收是一种有助于消除市场外部性的激励性规制工具。[②] 根据上市公司敌意收购双方的产业类型,可以通过税收激励手段引导并购贷款投向国家鼓励的领域,如对于投向战略性新型产业、绿色环保产业、公益事业的并购贷款,可以给予更加优惠的税收减免或财政

---

① 《上市公司收购管理办法》第73条第1款规定:"派出机构根据审慎监管原则,通过与承办上市公司审计业务的会计师事务所谈话、检查财务顾问持续督导责任的落实、定期或者不定期的现场检查等方式,在收购完成后对收购人和上市公司进行监督检查。"

② 参见[美]史蒂芬·布雷耶:《规制及其改革》,李洪雷等译,北京大学出版社2008年版,第388页。

补贴。①

(2)放宽债券发行条件

事实上,在成熟的资本市场中,债券为融资的最主要手段。但是,我国的债券监管规则十分严苛,仅有少数大型企业才有发债资格,其他中小企业难以通过此途径获得融资,因此我国债券市场规模滞后。笔者认为,一方面,可以通过放宽债券发行条件来满足收购方的融资需求。具体包括将可转换债券的发行主体拓宽至非上市公司、适当降低发行一般公司债券在盈利能力方面的要求。当然,放松发行条件的前置条件是加强信用评级建设,对债券市场的信用评级建设予以重点规制,这应是我国未来制度完善的重心。另一方面,可以开发并购专项债券新品种。我国应充分吸收《并购重组私募债券试点办法》的失败教训,适当降低发行并购债券的条件,将发行主体扩大至上市公司,拓宽上市公司敌意收购的融资途径。

(3)优化优先股的发行制度

第一,降低发行优先股的程序要求。建议将针对我国规定的普通股和优先股股东决议的双重要求,改为普通股特殊决议的单一要求,以提升优先股发行效率和降低发行成本。当然,为加强投资者权益保护,可以从信息披露、退出机制等其他层面予以重点规制,从而实现内部保护和外部融资的平衡。

第二,拓宽优先股的发行种类。美国、法国、日本等国家对于优先股的发行种类皆未作特殊规定,给予优先股的发行者以充分激励。而我国对发行优先股的固定股息率、强制付息、可累积、非参与的强制性规定对于发行者的吸引力明显不足。为此,建议取消上述固定设定,将优先股种类的决定权赋予发行者,由其结合自身情况进行自主安排。

第三,提升优先股的规范层级,将其纳入我国《公司法》。如前所述,域外有关优先股的立法多规定于正式公司法中,如法国《商法典》第 2 编第 8 章、日本《公司法典》第 2 编第 2 章、德国《股份公司法》第 4 部分第 4 章等对于优先股的发行、种类、权利、回购、优先股股东大会皆作出了细致规定。而目前我国《优先股试点意见》和《优先股试点办法》皆为行政法规,权威性

① 当然,该类激励规制工具同样适用于其他传统杠杆融资工具,后文不再予赘述。

欠缺，也不足以指导司法机关处理日益增多的优先股纠纷。为此，建议在《公司法》中专设优先股发行章节，吸收《优先股试点意见》和《优先股试点办法》中关于优先股的相关规定，同时采用授权公司章程自主规定优先股事项的灵活做法，允许我国公司章程在不违反法律强制性规定的前提下可以对优先股的发行种类等自主规定，并在这一基础之上对《优先股试点意见》和《优先股试点办法》进行相应修改。

2. 明确新型杠杆融资工具适用的规制理路

(1)细化穿透式监管的具体规则

首先，深化“一行两会”的协调监管。一是推进银保监会的深度融合。由于原银监会和保监会对应的监管对象主要是银行货币市场，因此二者的整合有助于解决中国金融分业监管体制导致的缺乏协同、沟通效率低下的问题。2018 年 11 月中央机构编制委员会发布的《中国银行保险监督管理委员会职能配置、内设机构和人员编制规定》明确规定了银保监会的职责和内设机构，但并未说明对原银监会和保监会的人员如何分配设置。建议其明确规定，重新组织部门。二是强化银保监会和证监会的协调监管。证监会业务相对独特，主要面向资本市场，而资本市场的监管和货币市场的监管不尽相同，此为中央暂时保留证监会独立性的主要原因。但是，为避免证监会和银保监会的监管真空和监管重叠，建议两机构切实加强信息共享和监管合作并制作相关规范文件，从而实现对整个货币市场和资本市场的联合监管，为未来两机构的合并提供有益经验。

其次，细化穿透式监管的对象。一方面，明确资本端(最终投资者)穿透细则。具体包含如下两点：一是重点认定最终投资者是否符合相关产品合格投资者的资质要求和人数要求。比如，资管计划按照公开与否标准分为公募和私募两种方式。《资管新规》要求公开标准参照《证券法》所规定的 200 人标准执行。因此，在对资管计划公募产品投资者进行穿透式监管时，应当严格遵守 200 人限制。二是实现对实际持有人的穿透。实践中，资管计划经常存在代持等不规范情形，为整顿秩序，应当穿透实际持有人，通过信息披露和责任配置以满足证券直接持有体系以及实际股东人数要求。

另一方面，明确资产端(底层资产)穿透细则。这也包含两方面内容：一是穿透最终投资标的是否符合投资范围、监管比例和风险计提等监管指标;二是穿透产品属性。产品穿透比主体穿透更为复杂。再以资管计划的穿透为例,主流观点认为资管计划属于信托,受托人对信托财产独立管理和运作。但在实践中,信托被当作通道使用,其已脱离信托本质而被认定为具有委托属性。显然,对于产品属性应秉持穿透性监管理念,甄别产品实质,方能进一步决定后续的监管规则。

最后,制定穿透式监管的专门立法。随着新型金融工具的不断涌出,违规事件层出不穷,这就需要赋予行政机构更多的自由裁量权予以弹性规制。但是,为避免行政机构侵害利益相关者之合法权益,应当尽快出台穿透式监管的实施细则,明确穿透标准和法律责任,厘定行政机构的穿透边界。

(2)明确资管计划涉入上市公司敌意收购的监管细则

首先,强调资管计划的"信托"本质,并通过立法予以明确。资管计划的属性至今见仁见智,长此以往不利于对资管计划的有效监管。而统一界定资管计划的性质,有助于统一、协同监管,促进公平竞争。[①] 对此,笔者同意"信托说",支持所有资管计划均有信托属性。理由如下:一是在法律架构上信托更契合资管计划的发展。因为信托的核心为确保财产的独立性,便于管理人发挥职业专长对资产进行管理和运用;二是在监管趋严的背景下,受益人利益越来越依赖受托人履行其职责。例如,《资管意见》第21条指出,禁止将资管计划委托给劣后级投资者进行管理。事实上,我国《资管意见》对资管计划的安排也更趋近于信托范畴。例如,《资管意见》第8条规定,金融机构应当以管理人名义,代表投资者利益行使诉讼权利或者实施其他法律行为等。

在效力层级上,《资管意见》属于行政部门的规范性文件范畴,还未达到法律或行政法规的层级,尚无法成为司法裁决的直接渊源。为加强对社会的指引,建议未来在《资管意见》的基础上,出台一部统一的"金融资产管理法",确定资管计划的性质为"信托关系",并且严格规范资管计划的表决权分配等问题,完善资管计划的制度建设。

其次,承认资管计划的股东资格和举牌资质。资管计划虽不是法人和

---

① 参见范黎红:《论上市公司收购中结构性资管计划的表决权行使》,载《证券法苑》2017年第1期。

自然人,但就形式要件而言,我国已经赋予了其开立证券账户的资格,进而可以推定其具有购买股票而成为股东的资格。具体而言,根据2018年8月15日修订的《证券登记结算管理办法》第19条第2款,投资者主要是指法人、合伙、自然人以及法律法规规定的其他投资者。而资管计划即可以被归入"其他投资者"范畴,因此具有成为股东的合法资质。实践表明,当前主板、创业板或新三板公司中资管计划都有参与并成为股东。因此,将资管计划纳入"其他投资者",可以预见其交易主体的地位在商业实践中更容易被接受。确定了资管计划的股东资格,其自然也就享有举牌资质。根据《上市公司收购管理办法》第5条,举牌的收购方包括投资者及与其一致行动的他人。换言之,具有投资者身份的人皆可以成为收购方。因此,资管计划作为"其他投资者",自然亦具有收购资格和举牌资质。

最后,明确仅在所有委托人同意的情形下,资管计划表决权让渡才具有合法性。原因如下:其一,从法理角度出发,资管计划中的不同级别委托人存在利益冲突。在资管计划中,优先级委托人与劣后级委托人之间的利益诉求并不一致,二者具有差异性的风险偏好。如若管理人按照劣后级委托人的建议行使资管计划表决权,极易作出高风险决定而损害优先级委托人的利益。其二,从法规维度出发,既有立法事实上已昭示仅在所有委托人同意的情形下,资管计划表决权让渡才具有合法性的倾向。根据我国《资管意见》第21条,发行分级资产管理产品的金融机构应当对该资产管理产品进行自主管理,不得转委托给劣后级投资者。此处自主管理的事务理应涵盖行使表决权等事宜。当然,《资管意见》的上层法律《信托法》对其可作出进一步解释。根据《信托法》第30条,受托人原则上应当自己处理信托事务,仅在"信托文件另有规定"或者"有不得已事由"时方可委托他人代理行使其权利。"信托文件"是管理人和所有委托人共同签署的合意性法律文件,其作出的另行规定自然需要得到所有委托人之同意。综合上述规定,资管计划管理人虽然原则上应亲自行使表决权,但在所有委托人同意情形下,其可以将表决权委托他人代理行使。① 回归"宝万之争"案件,资管计划自

① 参见叶名怡:《结构化资管计划的私法规制——以"宝万之争"为例》,载《法学》2018年第3期。

主让渡表决权给劣后级委托人钜盛华的行为损害了其他优先级委托人之利益,不具有合法性。

当然,由所有委托人协商确定表决权的行使成本颇高且效率极低。一个简单的办法是,我国未来可采用委任"共同投资权接受者"的方式,"共同投资权接受者"凭借其专业能力迅速作出决定。具体而言,委托人参与资管计划之前应阅读和签署有关表决权委托行使的具体合同,该合同明确写明"共同投资权接受者"的权利和义务、自主表决权的具体范围等内容。同时为防范利益冲突,资管计划应设立有关共同投资权接受者的行为运作道德规范和合规手册,规定相关的激励与约束机制。

(3)优化保险资金参与上市公司敌意收购的制度建设

第一,厘定"与保险业务相关的企业"的外延。为增强实践可操作性和减少对上市公司敌意收购市场的干预,建议我国取消原保监会享有的"与保险业务相关企业"的事前核定权,通过另行解释"与保险业务相关企业"的途径为社会提供指引。具体而言,未来我国银保监会可通过清单方式,明确"与保险相关事业"的范围,提升保险机构收购的可预测性。

第二,建立对财务性投资和战略性投资的差异化监管规则。也即对"与非保险业务相关企业"应以财务性投资为主,不能实施收购,强调安全监管以及比例监管;而对"与保险业务相关企业"则应秉持战略投资原则,允许其进行敌意收购,并对其予以宽松的投资比例限制,充分发挥保险机构作为积极股东的功用。具体到立法层面,建议修订《保险资金运用管理办法》和《保险资金投资股权暂行办法》,明确区分财务性投资和战略性投资的差别性监管细则。同时,为支持公共及社会福利事业建设,提升立法的灵活性,保险机构参与公共事业建设的投资亦不受各项比例限制,但保险机构选派的董监事人数不得超过被投资公司总人数的1/3。值得注意的是,我国台湾地区为防范财务性投资影响目标公司的治理结构,其所谓的"保险法"规定保险机构基于财务性投资不得行使对被投资公司董事、监察人选举之表决权。如前所述,笔者并不赞同此种过于极端的规定,原因在于,其在剥夺股票表决权的同时,却没有给予风险对价,使表决权和收益权失衡,更违反了同股同权之法理。事实上,既然立法已经对财务性投资施加了较为严苛的监管细则,即限制各项比例,就决定了其难以对目标公司施加较大的影响。是故,笔者认为限制其表决权的做法有矫枉过正之嫌,不建议采纳。

(4)重塑一致行动人的认定标准和督查体制

目前,我国对一致行动人的认定采取的"客观标准",既不符合世界主流趋势,也难以覆盖新型杠杆融资工具涉入上市公司敌意收购中发生的新情况。为降低修法成本,笔者建议我国未来借鉴日本的"主客观择一标准",即相关当事人只要满足扩大持股的"共同目的"主观要件和"身份关系"客观要件中的任何一个,即可被确立为一致行动人。显然,问题的关键在于"共同目的"应如何认定。这是一个基于个案事实进行具体判断的问题,因主观目的认定较为复杂,笔者建议可以借鉴侵权责任法中的"过错推定原则"。[①] 比如,在资管计划涉入上市公司敌意收购的情形中,若管理人旗下负责的多个资管计划同时投资于同一家公司并持股超过5%,则应审核上述资管计划之间是否有收购的合意。此时,如果管理人能够证明不同资管计划之间设有防火墙,且有不同团队操作管理,则可认定资管计划之间不构成一致行动;否则,则推定存在一致行动。

同时,为了及时甄别上市公司敌意收购中的一致行动,有必要构建一个贯穿"事前、事中和事后"的督查体制。一方面,该督查体制中的督查主体为前文提及的并购小组中的"监督委员会"。由监督委员会负责上市公司敌意收购一致行动人的认定,不仅能够实现督查的灵活性和实效性,而且监督委员会还能将督查情况随时反馈给"规则委员会",使其能够审时度势,适时修订与创设上市公司敌意收购相关细则。另一方面,该督查体制应该实行"事前、事中和事后"的督查模式。在我国既有法律框架中,监管机构的事前和事中监管措施主要是发询问函。显然,如此被动的督查措施会使监管机构难以真正获取一致行动的有效信息。监管机构必须在事前、事中和事后现场检查过程中,通过调查通讯记录、合作文件和资料等判定他们之间是否有正式或非正式的协议和接触,才能从实质上降低识别一致行动人的难度。建议我国《上市公司收购管理办法》在未来作出相应修订,真正构建一个贯穿"事前、事中和事后"始终的督查体制,并制定相应细则以增强实践的可操作性。

---

① 参见刘燕、楼建波:《企业并购中的资管计划——以SPV为中心的法律分析框架》,载《清华法学》2016年第6期。

第三节　我国上市公司敌意收购之目标公司法律规制的缺陷与矫正

上市公司敌意收购和反收购总是相伴相生的。对于目标公司而言,反收购权力配置模式关涉反收购措施的启动、董事信义义务的判定标准,反收购条款的制度构造形塑反收购措施的运行规则。上述三方面内容构成上市公司敌意收购之目标公司法律规制的核心议题。

一、我国目标公司反收购权力配置模式的纠偏及制度拓补

(一)双层结构决定模式:我国反收购权力配置模式的特征

目前学界有很多学者认为我国当前采用的是"股东大会决定模式",[①]笔者认为此种观点是不够精准和周延的。从立法文本和实践案例出发,可以看到,我国事实上采用的是股东大会与董事会的"双层结构"反收购权力配置模式(详见表5-1),其具有如下表征。

表5-1　我国双层结构反收购权力配置模式

	事前防御阶段	应对收购阶段	
反收购决定主体	股东大会	股东大会	董事会
反收购决定事项	制定反收购条款	有权决定如下事项:通过处置公司资产、对外投资、调整公司主要业务、担保、贷款等方式,采取对公司的资产、负债、权益或者经营成果造成重大影响的反收购措施	在有利于维护公司及其股东的利益、未滥用职权对收购设置不适当的障碍、未利用公司资源向收购方提供任何形式的财务资助的前提下,决定和采取不在股东大会决定事项范围内的其他反收购措施

资料来源:《上市公司收购管理办法》第8条和第33条;《公司法》第37条。

---

① 参见安丽:《英美关于上市公司反收购立法对我国的启示》,载《湖北社会科学》2002年第7期;陈竹秋:《论敌意收购中反收购决策主体的模式选择》,载《嘉应学院学报》2018年第6期;李芬芬:《2014年以来上市公司收购与反收购情况探析》,载《证券市场导报》2017年第12期。

第一,股东大会和董事会皆具有反收购决定权,并且前者的决定权为明示,后者的决定权为默示。多数学者从《上市公司收购管理办法》第33条推出股东大会在反收购事项上的决定权。① 该条款指向明确,充分赋予了股东大会在相关决定上的绝对权威,但另外一条的重要内容不可忽视。《上市公司收购管理办法》第8条第2款主要明确了董事会在作出反收购决策时的原则以及相关的限制性行为。② 然而,对于董事会未侵害公司、股东权益、设置阻碍的情况下,其是否有反收购的决定权未置可否。根据私法领域"法无禁止即自由"的要领性原则,可以推出我国董事会亦具有一定的决定权,但是涉及第33条规定的几种情形时,股东大会依然享有反收购的最终决定权。

在实践中,我国也间接承认了董事会享有一定的反收购决定权。回顾"宝万之争",万科实施的反收购策略之一为寻找"白衣骑士"——与安邦集团结盟,一方面万科公开表示非常欢迎安邦加入万科成为股东;另一方面安邦也表示很高兴加入万科,共同经营企业。随后,安邦先后购买万科股份,共占7.01%。此时万科持股21.19%,宝能系持股23.52%,若安邦加盟顺利,万科阵营持股则会超过宝能系,进而夺回第一大股东的位置。在此过程中,万科董事会并未事前征求股东大会的意见,而对此做法证监会也并未提出异议。无疑,实务界对董事会享有反收购决定权持相对宽容的态度。

第二,股东大会反收购决定权的行使期间包括事前防御和应对收购两个阶段,董事会反收购决定权的行使期间仅为应对收购阶段。根据《上市公司收购管理办法》第33条,股东大会特定事项的反收购决定权仅限于要约收购期间,而对于收购开始以前股东大会是否具有决定权,《上市公司收购管理办法》并未作出明确规定。对此我国《公司法》做出了相关回应,根

---

① 《上市公司收购管理办法》第33条规定:"收购人作出提示性公告后至要约收购完成前,被收购公司除继续从事正常的经营活动或者执行股东大会已经作出的决议外,未经股东大会批准,被收购公司董事会不得通过处置公司资产,对外投资,调整公司主要业务,担保,贷款等方式,对公司的资产、负债、权益或者经营成果造成重大影响。"

② 《上市公司收购管理办法》第8条第2款规定:"被收购公司董事会针对收购所做出的决策及采取的措施,应当有利于维护公司及其股东的利益,不得滥用职权对收购设置不适当的障碍,不得利用公司资源向收购方提供任何形式的财务资助,不得损害公司及其股东的合法权益。"

据《公司法》第 37 条，修改公司章程乃股东会的法定决议事项。上市公司订立反收购条款需要通过修改公司章程进行，由此可知，在我国当前立法背景下，股东大会享有事前防御和应对收购两个阶段的相应事项决定权。由于《公司法》是《上市公司收购管理办法》的上位法，可以推定董事会的决定权应当排除《公司法》所规定的属于收购之前股东大会的决议事项，故而董事会决定权的行使期间应仅为应对收购阶段。

第三，董事会负有辅助股东大会作出决定的相应义务。根据《上市公司收购管理办法》第 32 条，在要约收购中目标公司董事应当履行调查义务、建议义务、聘请独立财务顾问义务、公告义务等。① 该规定旨在充分发挥董事会的专业地位优势，为处于信息、能力弱势地位的股东提供决议支持，实现股东大会和董事会的角色互补。

（二）我国反收购权力配置模式的错位及其根源

1. 反收购双层结构决定模式的困境

（1）利益冲突加剧：决定主体多元化的弊端

事实上，我国所采取的股东大会和董事会双层结构决定模式并非国际典型的反收购决定模式。例如，在英国，尽管《收购法典》明示股东大会在应对收购阶段享有反收购决定权，默示董事会在收购发起前享有采取预防措施决定权，但毕竟二者的决定权被分配于不同阶段，权力的运用不会因主体或标准的不同而受到抵牾。我国在应对收购阶段，股东大会和董事会皆享有一定事项的决定权，而决定权分配标准尚未明确。具体而言，根据《上市公司收购管理办法》第 33 条和第 8 条，董事会有权采取有利于维护公司及其股东的利益的反收购措施，禁止滥用职权不适当阻碍收购，禁止利用公司资源资助收购方，且该措施不在第 33 条规定的股东大会决定事项范围内。显然，抽象、笼统的规定为董事会介入反收购提供了弹性空间。就条款本身来说，其赋予股东大会和董事会不同事项的决定权看似尊重市场权威，实则忽略了规则的实践操作性和权力主体的"经济人"理性。"不论地位或

---

① 《上市公司收购管理办法》第 32 条第 1 款规定："被收购公司董事会应当对收购人的主体资格、资信情况及收购意图进行调查，对要约条件进行分析，对股东是否接受要约提出建议，并聘请独立财务顾问提出专业意见。在收购人公告要约收购报告书后 20 日内，被收购公司董事会应当公告被收购公司董事会报告书与独立财务顾问的专业意见。"

身份如何，任何人皆有着追逐个人利益最大化的共同动机。”①股东大会和董事会在上市公司敌意收购中本就有着与生俱来的利益冲突，而权力配置的模糊性则会加剧此种矛盾，使二者更有正当理由争夺决定权。如是，制度反而失去了最初的旨意，上市公司敌意收购的积极作用将会在股东大会和董事会的权力争夺中黯然失色。正因如此，以英国、美国、德国分别为代表的股东大会中心主义模式、董事会中心主义模式、监事会中心主义模式尽管权力主体不同，但皆具有在同一阶段明确一元决定主体的共性。

(2)规制天平失衡：既有反收购樊篱构筑过高

目前中国上市公司敌意收购市场呈现这样一幅图景：既有法律规则更有助于目标公司防御收购方，因此真正能够打破防御实现敌意收购目的的成功案例非常有限。此时如若授予董事会反收购决定权，则会进一步压缩收购空间，加剧上市公司敌意收购规制天平的失衡。

由于中国资本市场的“壳”具有特殊的价值，很多敌意收购发起者的目的之一即为获得珍贵的“壳”资源，从而实现间接上市。因此，收购方在收购的过程中还应维持目标公司的上市条件。根据《上海证券交易所股票上市规则》第 3.1.1 条，收购方必须维持目标公司 25%(特殊情况下 10%)以上的公共持股，方能避免被强行退市。但是，我国当下资本市场股权结构呈现“集中式”特征，多数上市公司存在控股股东，且持股比例高达 30% 左右。此时，收购方能收购的股份仅剩 45%，而在控股股东持股比例更高的情况下，留给收购方的持股比例更低，导致收购方的持股比例难以超越目标公司控制股东。同时，在我国强制要约收购制度背景下，收购方为控制成本，大多会避免达到 30% 的红线，这进一步恶化了难以超越目标公司控制股东持股比例的境况。② 面对此种劣势，在反收购决议或董事选举决议中，持股比例处于劣势的收购方的话语权十分有限，收购方在控制权争夺战中很难成功。实践的例证为，在我国为数不多的上市公司敌意收购案件中收购成功的案例颇为罕见，而在其中收购成功的南玻 A 与 ST 慧球案中，原第一大股

① 陈振明：《政治与经济的整合研究——公共选择理论的方法论及其启示》，载《厦门大学学报(哲学社会科学版)》2003 年第 2 期。

② 参见张巍：《美国的上市公司收购防御及其对中国的启示》，载《证券法苑》2017 年第 1 期。

东持股的占比本来就较低,皆低于10%。无疑,当下我国的股权结构以及制度规则已经构筑了颇高的反收购樊篱,如果授予董事会反收购决定权则会进一步加剧收购方的收购难度,进而背离规制天平中立的初衷。

(3)实施成本过高:赋予董事会反收购权力的负面影响

美国作为创造并发展董事会中心主义反收购决定模式的代表性国家,其构建了强大的董事激励与约束机制,以敦促董事为股东最大利益行事。其中,法院是美国反收购法律规制的不可或缺的角色,因为其在判定董事是否违反信义义务方面发挥着重要作用。[①] 相比之下,我国缺乏赋予董事会反收购决定权的生存土壤,配套机制尚不完备,这主要体现在如下几方面。

其一,董事薪酬激励机制的缺陷。一是从董事薪酬决定机制本身来看,我国现行《公司法》尚未明确规定高管薪酬的决议是否为特殊决议,而出席会议的股东行使表决权时,半数通过即可还是须根据特殊决议方式行使也尚不清楚。对于股东大会和董事会关于薪酬决定事项的权力分配也不得而知。[②] 二是关于董事薪酬信息披露制度,我国当下信息披露规则的设计以德国摘要披露为蓝本,规定较为系统且抽象,可操作性欠缺。比如,有关股票期权激励计划的披露,我国《公司法》《上市公司股权激励管理办法》等法律法规仅对股票期权激励计划履行的相关程序及总体情况、行权价格调整情况及履行的程序、行权情况等作了简要介绍。

其二,董事会约束机制的孱弱。为防止上市公司董事会行使反收购决定权时不损害股东的利益,理应明确其信义义务,并辅之司法介入模式,以对董事行权形成一种威慑。但是,我国目前《公司法》《上市公司收购管理规则》《上市公司章程指引》等相关法规对董事的信义义务规定大多为原则性和宣示性的,既未具体指明董事在收购决策中的具体义务内容,又未细致规定董事违反信义义务的具体责任,使法院在审理案件时面临制度供给不足的困境。

---

① See Armour, Johnand & Skeel, David A. J. R., *Who Writes the Rules for Hostile Takeovers, and Why? The Peculiar Divergence of U. S. and U. K. Takeover Regulation*, Georgetown Law Journal, Vol. 95, No. 6, 2007, p. 1743.

② 参见高明华等:《中国上市公司高管薪酬指数报告》,经济科学出版社2013年版,第55页。

其三,独立董事制度的不完备。一是独立董事缺乏独立性。当前我国《公司法》和《关于在上市公司建立独立董事制度的指导意见》的规定皆较为笼统,关于独立董事的薪酬往往由股东大会的大股东主导,导致独立董事与大股东的利益纠缠不清,难以确保独立董事的独立性。二是独立董事制度的行权机制不完善。我国立法规定独立董事具有知情权、监督权和否决权,但却尚未具体规定如何保障这三项权利的实现。三是独立董事的法律责任不规范。我国法律并未区分一般董事和独立董事之间的法律责任,独立董事责任适用一般董事责任的法律规定。如此并未真正体现出独立董事的独特制度价值,同时原本一般董事责任的法律规定就存在缺陷,这导致独立董事的法律责任不规范。

无疑,我国赋予董事反收购决定权下的配套机制尚不健全,而完善相关机制须耗费较高的成本。在此情形下,不宜扩大董事在上市公司敌意收购中的权力。

2. 域外规则的借鉴:我国反收购双层结构决定模式的发轫逻辑

如前所述,我国关于上市公司反收购决定权的规定主要见于《上市公司收购管理办法》,该办法的出台旨在应对我国股权分置改革后上市公司敌意收购涌现所引发的棘手问题。从表面上看,《上市公司收购管理办法》似乎融合与借鉴了美国、英国和澳大利亚的先进经验,从而呈现如今反收购决定权面貌。具体而言,《上市公司收购管理办法》第 8 条有关董事在履行信义义务和维护公司、股东合法权益的前提下享有一定的反收购决定权之规定主要借鉴的是美国做法。在美国,法院和州立法机关皆赋予了董事会较大的反收购决定自由裁量权,只要其行为满足“商业判断规则”;《上市公司收购管理办法》第 33 条有关股东大会享有特定事项反收购决定权的规定主要借鉴了英国《收购法典》的相关规定。英国作为典型的股东大会中心主义国家,其严格奉行保护股东利益原则,赋予了股东大会充分的反收购最终决定权;《上市公司收购管理办法》第 10 条和《上市公司并购重组审核委员会工作规程》第 11 条有关证监会设立并购重组审核委员会的规定主要源于澳大利亚模式。相较于法院,澳大利亚的并购小组对上市公司敌意收购相关事项有着更大的权力,尤其是有关反收购决定事项亦由并购小组予以判断。实践中,《上市公司收购管理办法》在指导相关主体行为上未能取得预期效果。

一方面,融合不同体制下的法律规则引致适用冲突。综观各个国家形成的反收购决定模式,大多集中赋予一方利益主体相对或绝对的反收购决定权,以避免法律实践的困惑和多元主体的利益争夺。但如学者所言:"对于这些不同类型的海外经验能否在一个体制内和平共存,存在着合理的担忧。"①虽然它们并非完全互相排斥,但协调各个制度本身是一项艰巨的任务。例如,《上市公司收购管理办法》第8条与第33条有一定重叠,从而产生冲突。

另一方面,引用的域外模式未能实现充分的"本土化"改造。笔者认为,可以通过设立专门的收购委员会来应对收购过程中董事违反信义义务的复杂问题,但我国并购重组审核委员会不同于澳大利亚设立的作为独立机构的专家小组。该委员会的职能仅是对并购重组申请人的申请文件和证监会的初审报告进行审核,证监会拥有最终核准权。

(三)既有模式的纠偏:迈向反收购一元决定模式

为防范立法模糊导致的利益争夺,将股东大会和董事会并行的双层决定结构矫正为一元决定模式,是我国未来关于反收购权力配置模式的完善走向。笔者认为,相比于德国式的监事会中心主义,走向英国式的股东大会中心主义对我国而言更具有正当性与必然性。

首先,我国没有双层董事决定传统,且监事会中心主义下的配套机制存在诸多缺陷。德国的公司治理以双层董事结构而闻名,雇员占很大比例的监事会在很多事项上有着超越董事会的决定权,反收购决定权是其中之一。以利益相关者利益为导向的公司治理理念,决定了双层董事结构传统在德国深入人心,尤其在反收购领域,由监事会掌握反收购的最终决定权不足为奇。相反,我国一直奉行单一董事治理结构,缺少监事会介入公司管理经营的传统,且在实践中监事会多由董事会和控制股东控制,故赋予监事会反收购决定权必然阻力重重。同时,和德国相比,我国监事会中心主义模式下的配套机制缺失。我国监事会结构简单,没有在内部成立相关委员会分别负

---

① Huang Hui, *The New Takeover Regulation in China: Evolution and Enhancement*, International Lawyer, Vol. 42, No. 1, 2008, p. 174.

责监督、决议等各项工作。应当清楚，监事会的结构改造涉及公司诸多利益，推行起来必然面临层层阻碍。是故，监事会中心主义模式在我国几乎没有生存的运行环境。

其次，基于公共选择理论，股东大会中心主义模式为我国的应然选择。公共选择理论认为，反收购制度模式的形成与个人力量（尤其是主导力量）、相互协作及动机密切相关。① 在我国的企业中，尤其是民营企业中，所有权与经营权并未实现真正的分离，一般情况下股东既是出资人，也是公司的经营管理者，公司的权力无非是在股东之间进行分配。公司的股权结构高度集中，董事会和监事会很容易听命于控制股东。故而在中国公司，尤其是民营企业，大股东控制公司已成为一种常态。同时，和董事会相比，股东尤其是控制股东更有维护公司利益的足够动力。概言之，我国控制股东有着强烈的动机和足够的能力影响包括反收购权力配置模式在内的反收购制度的形成。

最后，股东积极主义的崛起为股东大会中心主义模式的形成提供了正当性基础。随着股东积极主义的崛起，近些年美国公司治理的情势发生了重大改变，公司治理的权力正在实现重新分配——董事会中心主义正逐步转向股东大会中心主义。② 尽管过去几十年美国的股东都较为被动并且力量薄弱，但不可否认的是，如今的股东积极主义在很大程度上是由机构投资者推动的。伴随机构投资者的增长和股份所有权的集中，机构投资者变得更有能力也更加渴望积极参与包括敌意收购议题在内的公司治理。③ 如教师退休基金会（TIAA-CREF）的负责人詹姆斯·马丁（James Martin）所言："我们是典型的长期投资者，更多的股份意味着更大的激励，即投入充分的时间和资源以改善公司监控和绩效。"④机构投资者致力于运用他们的影响力来影响公司治理，这主要体现在更换董事会或首席执行官方面。如机构

① 参见沈启帆、徐向华：《论立法多数决制——一个公共选择理论的视角》，载《法学》2005年第12期。

② See Coffee, John C. Jr & Palia, Dariys, *The Wolf at the Door: The Impact of Hedge Fund Activism on Corporate Governance*, Annals of Corporate Governance, Vol. 1, No. 1, 2016, p. 603.

③ See Matheson, John H, *Corporate Governance at the Millennium: The Decline of the Poison Pill Anti-Takeover Defense*, Hamline Law Review, Vol. 22, No. 3, 1999, p. 703.

④ Pauly, David, Wall Street's New Musclemeet, NEWswEEK, 1989 - 06 - 05.

投资者教师退休基金会曾领头彻底推翻并更换了福尔/比商场(Furr/Bishop)的董事会。另一个机构投资者在3年时间内,帮助移除了石头和韦伯斯特(Stone & Webster)工程公司的8名董事会成员和2名首席执行官。[①]无疑,在美国,机构投资者愈加注重对公司的治理,董事会角色日渐弱化。

当然,采取股东大会中心主义模式并非完全照搬英国模式,而是应结合我国的实际情况对域外经验加以本土化改造。如前所述,英国《收购法典》仅在应对收购阶段以及收购迫在眉睫之时适用,董事会采取反收购措施须以股东大会的批准为前提。换言之,在事前防御阶段,董事会仍然有采取事前防御措施的决定权。然而,该理念并不适用于我国。基于董事能力和制度保障,我国有关反收购决定权的态度理应趋向严格。整体思路应当为,无论是事前防御阶段,抑或应对收购阶段,股东大会皆享有反收购的绝对决定权。尽管有学者建议,由于"白衣骑士"能够为股东带来溢价,因此应赋予董事会采取"白衣骑士"措施的自由决定权。[②] 但是,一方面,寻找"白衣骑士"不见得一定有利于公司和股东的长远利益,难以避免董事为维护自身利益而寻找外援的可能;另一方面,事实上股东在事前防御阶段通过的反收购条款已经具有一定的反收购作用,如交错董事会、"黄金降落伞"等,"白衣骑士"通常是公司的最后手段,相对而言并不具有紧迫性,故而由股东大会而非董事会决定是否寻找"白衣骑士"并无不妥。

(四)我国股东大会中心主义模式的制度拓补

1. 明确股东大会的排他性反收购决定权,并细化董事会的相应义务

为避免法条适用的模糊性,为公民适用法律提供清晰指引,我国立法应作出修正,明确股东大会中心主义模式的一元决定结构,并进一步细化董事会的相应义务。第一,建议将《上市公司收购管理办法》第8条第2款删除,并借鉴英国《收购法典》第21.1(a)条,采取"概括+列举"的方式,赋予股东大会在收购防御阶段和应对收购阶段的反收购决定权。具体而言,可将《上市公司收购管理办法》第33条修正为:董事会不得在未经股东大会

---

① See Royal, Weld, Impeach the Board, I NDUSTRYW EEK, 1998 - 11 - 16.

② 参见赵万一:《公司收购中目标公司董事信义义务研究》,载《河南财经政法大学学报》2012年第2期。

批准的情况下采取任何可能导致任何收购或潜在收购受阻的行动以及剥夺股东决定反收购与否的机会，不得未经股东大会批准，通过处置公司资产、对外投资、调整公司主要业务、担保、贷款等方式，对公司的资产、负债、权益或者经营成果造成重大影响。

尽管我国《上市公司收购管理办法》第32条已对董事会的注意义务和忠实义务作出了细化，确立了董事在收购中应负的调查义务、建议义务、聘请独立财务顾问义务和公告义务，但依然存在诸多弊端：一是该条并未规定在收购防御阶段，股东大会批准通过反收购条款过程中董事应负的义务。应当清楚，囿于股东大会的信息能力和专业知识，董事会在收购防御阶段亦应充分发挥其角色优势，研究反收购条款的实效，并对股东大会出具建议报告书。二是缺少公司拍卖情境下的义务。比如，若目标公司同时收到几家公司的收购要约或拟寻找“白衣骑士”以抵抗敌意收购，目标公司董事在股东大会作出决定以前，应对多家公司一视同仁，建议将公司拍卖于给予股东最高合理价格的收购方，此即特拉华法院在“露华浓公司诉马坎德罗和福布斯控股公司案”中创造的著名的“拍卖规则”。[①] 是故，应当扩充《上市公司收购管理办法》第32条的适用时间和义务内容范围，明确规定在收购防御阶段，董事会亦有辅助股东大会作出决策的调查义务、建议义务和公告义务。同时，增加在转让控制权情形中，董事会在股东大会决定以前应负有平等对待义务和使股东利益最大化义务。

2. 利益衡平：股东大会中心主义模式下配套机制的完善

如前所述，反收购决定权的赋予导致该权力主体与其他主体的平衡利益关系被打破，失衡的强势反收购决定权主体和弱势主体间的利益关系须被矫正。在我国，集中式股权结构特征决定了控制股东在股东大会作出反收购决定中的主导性地位，故而利益冲突主要集中在掌权的控制股东与弱势的中小股东之间。[②] 法律规制理应以利益平衡为导向，其核心思路为控制股东的限权与中小股东的赋权相结合，加之中小股东诉讼制度，共同构筑

---

① See Revlon, Inc. v. Mac Andrews & Forbes Holdings, Inc., 506 A. 2d 173, 175 – 79 (Del. 1986).

② 参见习龙生：《控制股东的义务和责任研究》，法律出版社2006年版，第18页。

有效的股东大会中心主义模式下的配套机制。

(1)限权与赋权:内部治理机制的优化

第一,优化控制股东的表决权限制制度。在我国绝大多数上市公司存在集中持股现象的背景下,由于缺乏有效的权力制衡机制,控制股东为追求自身的利益而损害公司以及少数股东利益的事例层出不穷,[①]尤其是“宝万之争”更进一步凸显了控制股东与中小股东的紧张关系。自 2015 年 7 月,宝能系多次举牌万科,不到半年时间便成为万科的第一大股东。为抵御敌意收购,万科集团同月通过股东大会以计划重大事项为由宣布停牌,以阻止宝能股本继续增持。万科停牌的合理性和合法性饱受争议。控制股东之间的利益争斗,并没有给中小股东相当的话语权,在此过程中中小股东就面临“用手投票”和“用脚投票”两个选择。前者意味着中小股东只能被动观望,后者则直接导致中小股东脱离是非之地。显然,限制控制股东表决权颇为必要。

优化控制股东表决权限制制度的路径为进一步完善累积投票制和表决权代理制。一方面,关于累积投票制,根据《公司法》第 105 条第 1 款,股东大会可以采取累积投票制的方式选举公司的董事和监事。该条款通过一股多票纠正了简单多数决导致的控制股东选举代表自己利益的董事之弊端,对保护中小股东利益具有重要意义。然而,此条款对控制股东表决权的限制并不彻底。该条款表明,累积投票制的适用是有选择性的而非必须的,同时公司章程可以自行约定累计投票制的适用或排除,这导致在实际操作过程中很多公司通过公司章程排除累积投票制的适用。是故,建议将该条中的“可以”改为“应当”,使累积投票制的优势充分发挥。另一方面,关于表决权代理制,证监会颁布的《上市公司章程指引》第 63 条规定,委托书应当明确股东代理人是否能够按照自己的意思进行表决。该条对受托人按自己的意思行使表决权的默示,导致了表决权委托借用委托之名,行表决权转让之实的实践乱象,这为控制股东利用征集表决权实现自身利益最大化提供了操作空间。为严格防范表决权代理的滥用,建议证监会出台相关指引,核心理念为让表决权委托协议回归委托的本质,并明确以下 5 项内容:一是表

① 参见范世乾:《控制股东滥用控制权行为的法律规制》,法律出版社 2010 年版,第 2 页。

决权委托协议中应当强调受托人只能根据委托人的意思行使表决权，而非根据自己的意愿行事，为保持法律的一致性，《上市公司章程指引》第 63 条也应作出相应修正；二是表决权委托只具有一次效力，原则上必须在每次股东大会前分别签订表决权委托协议，严禁采用“永久”“无限期”的字样；三是表决权的委托应当在一定情形下被准予撤回，严禁使用“不可撤销”条款；四是确定相关责任应当由委托人承担，而非全部由受托人承担行使表决权的相关责任；五是严禁订制“转让”条款。①

第二，强化中小股东对召开临时股东大会的请求权和提案权等赋权性制度。根据《公司法》第 100 条和第 102 条，中小股东召开临时股东大会的请求权和提案权的占比分别为 10% 和 3% 。② 上述规定尽管保障了股东请求召开临时股东大会的权益，但却并未考虑中国的实际情况。事实上我国大部分上市公司的前几名大股东已经占据公司大部分比例的股份，其他中小股东持股比例极小且分散，实践中难以真正集合起来请求召开临时股东大会以及作出提案。比如，万科 A(深圳 000002)的前 8 名大股东及期持股比例分别为：深圳市地铁集团有限公司持股 29.38%、香港中央结算提名有限公司(HKSCC NOMINEES LIMITED)持股 11.91%、深圳市钜盛华股份有限公司持股 8.39%、集合资产管理计划持股 4.14%、前海人寿保险股份有限公司持股 3.17%、专项资产管理计划持股 2.98%、安邦财产保险股份有限公司持股 2.34%、安邦人寿保险股份有限公司持股 2.21%，总计持股 64.52% 。③ 万科前 8 名大股东皆为在市场上具有一定实力和影响力的企业，在股东大会中有能力影响敌意收购相关决议，而其他中小股东的股份皆低于 2% 且极其分散，欲请求召开临时大会和提案唯有联合其他中小股东。但这并非易事，须耗费极大的时间成本和金钱成本。因此，建议立法机关在充分调研我国上市公司中小股东持股比例的基础上，适当调低中小股东请求召开临时

---

① 参见蒋学跃：《上市公司表决权委托问题研究》，载《证券市场导报》2018 年第 5 期。

② 《公司法》第 100 条规定：单独或者合计持有公司 10% 以上股份的股东请求召开临时股东大会的，应当在两个月内召开；第 102 条规定：单独或者合计持有公司 3% 以上股份的股东，可以在股东大会召开十日前提出临时提案并书面提交董事会。

③ 参见郑志刚：《万科股权结构》，载金融界，http://stock.jrj.com.cn/share,000002,sdgd.shtml,2019-11-03。

股东大会和提案的持股比例。①

值得注意的是，很多学者指出，施加控制股东信义义务可以规范控制股东行为，以保护中小股东利益。② 但是，从现实角度出发，建立董事信义义务配套机制对我国的立法和司法而言构成一定考验，正因如此笔者在前文表明反对采用董事会中心主义模式。同理，构建股东大会中心主义模式亦不能忽视此因素，若引进并充实作为董事信义义务扩充版的控制股东信义义务制度，必然会耗费巨大成本，于我国而言并不现实。故此，现阶段构建与优化控制股东信义义务更多是理论上的探索。

(2)中小股东诉讼制度：外部治理机制的完善

笔者在前面章节建议我国应从现行管制型法律规制模式转变为回应型法律规制模式，构建一个融合英国和澳大利亚有益成分，涵盖规则制定程序、争议决定程序、听证上诉程序等多元程序体系的并购小组。其中，并购小组对争议纠纷的处理主要适用于收购方和目标公司两方主体之间，而就中小股东受控制股东侵害等侵权纠纷则应回归司法途径，要求侵权人承担应有的民事责任和刑事责任。

公司和中小股东权益受到控制股东侵害时，中小股东可以通过以下两种途径维权。一方面，在上市公司敌意收购中，目标公司中小股东可在如下情形中提起直接诉讼：一是异议股东的股权收买请求权受到损害；二是控制股东的股东大会决议侵害中小股东利益；三是控制股东在收购中获得利益的同时损害了中小股东利益。③ 另一方面，控制股东在上市公司敌意收购过程中损害公司利益，中小股东有权提起代表诉讼。股东代表诉讼制度滥觞于19世纪，制度创设初衷是保护公司利益，但实质上也保护了中小股东利益。④ 然而，当前我国有关股东直接诉讼和派生诉讼的规定尚须进一步

---

① 参见刘胜军：《论我国上市公司股东提案权——以美国法为借鉴》，载《河北法学》2016年第9期。

② 参见耿利航：《有限责任公司股东困境和司法解散制度——美国法的经验和对中国的启示》，载《政法论坛》2010年第5期；刘凯：《控股股东的信义义务及违信责任》，载《政法论坛》2009年第2期；王若冰：《论控股股东诚信义务的规范功能》，载《社会科学研究》2012年第5期。

③ 参见曹清清：《我国上市公司章程反收购条款法律规制研究》，吉林大学2018年博士学位论文，第45~47页。

④ 参见赵旭东主编：《新公司法制度设计》，法律出版社2006年版，第34页。

扩充与完善。

第一，关于直接诉讼，我国《公司法》第 22 条规定的公司会议无效之诉、公司会议撤销之诉，第 33 条规定的股东知情权之诉皆为典型的公司直接诉讼。我国直接诉讼制度最主要的问题在于作为最高层级法律渊源的《公司法》有关程序性和实体性规定缺乏有关股东直接诉讼的基本原则、诉讼性质、诉讼原因、诉讼种类、诉讼适用范围等细节内容，而这皆依赖最高法院所作的司法解释说明，无疑削弱了直接诉讼制度的权威性和运行的可操作性。对此，建议日后《公司法》充实直接诉讼制度的内容，为中小股东起诉侵权的控制股东提供详细依据与指引。

第二，关于派生诉讼，根据我国《公司法》第 151 条，控制股东损害公司利益的，少数股东有权提起代表诉讼。① 显然，该条款规定十分笼统，导致股东代表诉讼制度在实践中缺乏可操作性。尽管《证券法》(2019 年 12 月通过)第 94 条指出，中小投资者服务中心不受持股期限和持股比例的限制，可以以自己的名义为公司利益而向法院起诉，从而加大了对中小股东权益的保护力度，可谓我国立法的一大进步。② 但是，该条还有一个限制条件，即中小投资者服务中心必须持有该公司股份。事实上，中小投资者服务中心持股的公司数量极为有限，实践中能够真正得到其诉讼支持的中小股东只是少数。对此，建议立法进一步加大对股东派生诉讼的支持，具体包括以下内容。

一是适当降低起诉股东的持股比例。根据我国《公司法》第 151 条第 1

---

① 《公司法》第 151 条第 1 款、第 2 款规定："董事、高级管理人员有本法第一百四十九条规定的情形的，有限责任公司的股东、股份有限公司连续一百八十日以上单独或者合计持有公司百分之一以上股份的股东，可以书面请求监事会或者不设监事会的有限责任公司的监事向人民法院提起诉讼；监事有本法第一百四十九条规定的情形的，前述股东可以书面请求董事会或者不设董事会的有限责任公司的执行董事向人民法院提起诉讼。监事会、不设监事会的有限责任公司的监事，或者董事会、执行董事收到前款规定的股东书面请求后拒绝提起诉讼，或者自收到请求之日起三十日内未提起诉讼，或者情况紧急、不立即提起诉讼将会使公司利益受到难以弥补的损害的，前款规定的股东有权为了公司的利益以自己的名义直接向人民法院提起诉讼。"

② 《证券法》(2019 年 12 月通过)第 94 条第 3 款规定："发行人的董事、监事、高级管理人员执行公司职务时违反法律、行政法规或者公司章程的规定给公司造成损失，发行人的控股股东、实际控制人等侵犯公司合法权益给公司造成损失，投资者保护机构持有该公司股份的，可以为公司的利益以自己的名义向人民法院提起诉讼，持股比例和持股期限不受《中华人民共和国公司法》规定的限制。"

款,在上市公司敌意收购中,派生诉讼的原告股东须同时满足持股时间和持股比例的要求。该规定的最初旨趣在于防范股东的恶意诉讼。然而,源于我国集中式股权结构特征,我国上市公司中能够满足此限制条件,成功提起派生诉讼的股东寥寥无几。是故,建议立法专家在经大规模实践调研考察后,根据行业、规模的不同进行差异化比例设置,并适当降低起诉股东的持股比例。

二是严格规范前置程序。为确保市场秩序,在降低起诉股东的持股比例的同时应当严格规范前置程序,以防止中小股东滥诉情形发生。对此建议我国赋予独立董事派生诉讼发起之前的调查权,并通过立法明晰派生诉讼不合理的范围。

三是对普通投资者实行举证责任倒置规则。普通投资者具有信息弱势和能力弱势,其在举证方面和控制股东相比处于明显的劣势地位,从而抑制中小股东提起派生诉讼的积极性。鉴于此,建议对于普通投资者提出的派生诉讼实行举证责任倒置规则,由被告负举证责任,强化对中小股东的权利保护。而对于专业投资者提起的诉讼则尊重“谁主张,谁举证”的普通举证规则,这也恰好符合《证券法》(2019 年 12 月通过)第 89 条背后的法理精神。[①]

四是完善诉讼成本承担规则。“股东派生诉讼在一国的活跃程度取决于相关规范对于诉讼成本的规定。”[②]为提升中小股东诉讼的积极性,我国应当尽快完善诉讼成本承担规则,建议借鉴美国的诉讼双方诉讼费用自付承担规则、共同基金规则、允许收取风险代理律师费用规则等规则,[③]降低中小股东的诉讼成本,进而对中小股东的自我维权提供正向激励。

五是引进集团诉讼制度。美国的集团诉讼制度和我国的代表人诉讼最根本的区别为美国的审判结果溯及所有权利受侵犯的股东,而我国的结果

---

① 《证券法》(2019 年 12 月通过)第 89 条第 2 款规定:“普通投资者与证券公司发生纠纷的,证券公司应当证明其行为符合法律、行政法规以及国务院证券监督管理机构的规定,不存在误导、欺诈等情形。证券公司不能证明的,应当承担相应的赔偿责任。”

② 朱芸阳:《论股东派生诉讼的实现——以“理性经济人”为假设的法经济学解释》,载《清华法学》2012 年第 6 期。

③ See R. Kraakman, *The Anatomy of Corporate Law: A Comparative and Functional Approach*, Oxford: Oxford University, 2009, p. 175 – 176.

只适用于在公告期内进行权利登记的股东。无疑,我国的代表人诉讼制度难以对所有受侵害的中小股东实行有效保护。尽管美国的集团诉讼自诞生以来争议不断,但不可否认,其在保护美国中小股东权益方面仍发挥了重要作用。我国的未来任务可扬长避短,结合我国国情引进集团诉讼制度,辅以试点制度,逐步调试与优化符合我国国情的集团诉讼制度。

二、我国目标公司董事信义义务判定标准的法律构造

在我国当前反收购双层结构决定模式下,目标公司董事在上市公司敌意收购事后防御阶段依然有自主决定的空间,其与敌意收购各主体间的利益分歧不可避免,法官也将面临更多有关目标公司董事信义义务判定的司法难题。由于短期内,我国难以构建成熟的不完全自律型法律规制模式以及反收购一元决定模式,故而在实然层面,构筑符合我国国情的目标公司董事信义义务判定标准以及时应对纷繁复杂的上市公司敌意收购纠纷,系我国当下的重点任务。

(一)我国目标公司董事信义义务判定标准的立法现状与司法实践

原则上,法官在判定目标公司董事信义义务的首要逻辑为直接探寻立法规定,将成文法的明确规定作为审判依据。然而,我国有关目标公司董事信义义务判定标准的立法规定颇为模糊,难以为法官判案提供可操作性指引。具体而言,我国立法采用了“概括—列举”模式,先奠定目标公司董事负有忠实义务和勤勉义务的总基调,而后将其贯彻于具体法条之中,相关规定散见于我国《公司法》第147条、第148条以及《上市公司收购管理办法》第8条、第32~34条。但整体来看,上述条文更多具有宣示属性,可操作性不强,主要表现在对董事注意义务和忠实义务的列举不够周延,且并未针对上市公司敌意收购和反收购的具体手段进行列举,难以达到预期指引效果。

在实践中,尽管近年来有关上市公司敌意收购纷争日益增多,然而由于我国实行“证监会监管,辅之以司法介入”的管制型法律规制模式,大多上市公司敌意收购争议止步于证监会监管。即便有少数案件进入司法诉讼阶段,也鲜见收购方起诉目标公司滥用反收购措施的情形。无论是“新梅案

件”[①]“西藏旅游案”[②]抑或其他敌意收购案件，皆由目标公司作为原告对收购方诸如违规信息披露等行为进行起诉。在我国，目标公司往往将起诉作为一种反收购措施，借以增加收购方的收购成本，并拖延收购时间谋划反收购策略。目前尚未出现由收购方作为原告起诉目标公司滥用反收购措施的案件，故而目标公司董事信义义务判定标准在我国司法实践中处于缺位状态。

依据司法的路径依赖传统，我国法官在今后很有可能遵循同类案件先例，即援引和借鉴一般公司治理案件中董事信义义务判定的路径和思路。其中，关于注意义务的审查，我国法院大多采用“勤勉义务”的法律语言，裁判路径为采用过错侵权责任的归责原则。[③] 然而，笔者认为，上述裁判思路难以直接嫁接到上市公司敌意收购场域，因为侵权责任的审判强调损害结果，而上市公司敌意收购比一般的公司经营更具复杂性和风险性，若将收购结果和董事信义义务履行与否联结，无疑会打击董事经营管理的积极性和创造性；[④]关于忠实义务的考察则相对更加清晰，当前法官大多根据《公司法》第 148 条列举的禁止性规定考察董事行为。[⑤] 不过，在上市公司敌意收购纠纷中，目标公司董事违反忠实义务的行为往往更为隐蔽，不在《公司法》第 148 条列举的禁止性规定范围内，只能根据兜底条款“违反对公司忠实义务的其他行为”对个案进行具体分析。无疑，我国相关审判先例对法官判定目标公司董事忠实义务并未起到有效的示范作用。

结合我国《上市公司收购管理办法》第 33 条，在未经股东大会批准的前提下，目标公司董事不能采取出售“皇冠明珠”“焦土战术”等可能对目标公司的资产、负债、权益或者经营成果造成重大影响的反收购措施。该规定

---

① 上海市第一中级人民法院民事判决书，(2015)沪一中民六(商)初字第 66 号。

② 西藏旅游有限公司：《西藏旅游有限公司关于诉讼结果的公告》，载搜狐股票，https://q. stock. sohu. com/cn,gg,6 00749,2235022058. shtml,2019 - 09 - 23。

③ 北京市东城区人民法院民事判决书，(2006)东民初字第 8542 号；北京市门头沟区人民法院民事判决书，(2009)东民初字第 4 号；上海市第一中级人民法院民事判决书，(2008)沪一中民五(商)初字第 181 号。

④ 参见郑佳宁：《美国经营判断规则在公司收购中的适用——兼论对我国目标公司董事注意义务之启迪》，载《暨南学报(哲学社会科学版)》2015 年第 4 期。

⑤ 北京市第一中级人民法院民事判决书，(2010)一中民终字第 10249 号；北京市第二中级人民法院民事判决书，(2011)二中民终字第 17136 号。

尽管在短期内有助于抑制某些不当行为致使的损害，但治标不治本，一旦被禁止的行为异化为其他形式，国家的禁令则形同虚设。鉴于我国上市公司敌意收购的多发趋势，相关司法纠纷必然与日俱增，而适用于传统公司经营领域的司法实践难以为上市公司敌意收购纷争下目标公司董事信义义务的判定提供合理镜鉴，故而尽早确立目标公司董事信义义务判定标准尤为关键。

（二）理念澄清：我国目标公司董事信义义务判定标准确立的应然立场

1. 确立模式：迈向严格化

如前所述，我国现有上市规则、强制要约收购制度以及上市公司股权分布情况在客观上更有助于目标公司采取防御措施，规制天平明显失衡。显然，在此种情形下，持股比例处于劣势的收购方的话语权极其有限，收购方在控制权争夺战中很难成功。另外，我国当下实行的是双层结构反收购决定模式，在事后防御阶段董事会有权自主采取反收购措施，这在无形中进一步筑高了上市公司敌意收购成功的樊篱。是故，为确保上市公司敌意收购规制天平的中立性，应当选择较为严格的目标公司董事信义义务判定标准模式，从而对董事行为构成有力约束。

2. 确立内容：兼顾对目标公司董事的激励与约束

上市公司敌意收购的本质属性为控制权争夺，其威胁到目标公司董事的既有地位，尖锐的利益分歧就此产生。可以说，在上市公司敌意收购场域，目标公司董事信义义务的履行更为艰难，毕竟，具有经济人理性的董事，往往出于维持控制地位之目的而不惜一切代价屡次突破信义义务的底线，挑战法律的权威。因此，信义义务在上市公司敌意收购场域的使命更加艰巨。贯彻到实践中，目标公司董事信义义务判定标准的核心内容应当为对董事行为的约束，以及对目标公司董事理应坚守的信义义务明晰化与具体化，以维护公司和股东的最大利益。

当然，在对目标公司董事严格约束的同时，亦不可忽视其正面价值。相较于股东，董事具有明显的信息优势和能力优势，尤其在上市公司敌意收购时，目标公司董事在经过一番调研后，可以准确判断与衡量上市公司敌意收购的正面与负面功效。更为重要的是，司法应尽可能减少对商业活动的干预，确保市场在资源配置中的决定性作用。以美国发展趋势为例，20 世纪以来,上市公司敌意收购领域私人诉讼越来越少,特拉华法院卷入这场辩论的积极性也持续走低。“法院难以对商业活动作实质性评判,市场机制完全可以替代诉讼机制,有效地检验公司的防御行动。”①当然,和美国相比,由于我国股东积极主义的孱弱,市场机制并不能代替法院判断敌意收购各方行为的正当性。因此,我国当下仍需法院作为客观的权威主体,对目标公司董事行为的正当性进行审查,但应把握介入尺度,为目标公司董事的商业决策留出适当空间。是故,目标公司董事信义义务标准的设立应张弛有度,在实体上避免对目标公司董事的反收购决策作实质性审查,并接受董事在作正当决策后可能产生的不利后果;在程序上,基于目标公司董事的优势地位而向其施以举证责任,既能减轻收购方的举证负担,又能给目标公司更多机会证明其作出的反收购决策的正当性,从而达致激励与约束的平衡状态。

3. 确立依据:限制在既有立法精神与原则范畴内

目标公司董事信义义务判定标准的适用属于“法官造法”范畴。应当明确的是,“法官造法”权力的行使并非没有边界,其须受到一定限制。否则法官随意“造法”,突破乃至摒弃既有法规精神,容易造成司法专横。② 因此,目标公司董事信义义务判定标准作为“法官造法”的产物,理应限制在解释立法规定的范围内。法官不能逾越有关上市公司敌意收购的精神去“造法”,而只能在既有立法原则理念之内,诠释和补充相关立法。笔者认为,根据《公司法》《证券法》《上市公司收购管理办法》等法规彰显的精神理念,目标公司董事信义义务判定标准的确立应遵循如下原则和规则:一是目标公司董事应当遵守法律、行政法规和公司章程,对公司负有忠实义务和注意义务,遵循平等原则和使公司、股东利益最大化原则对待所有收购方;二是目标公司董事会的反收购决定不能不当阻碍收购,不得利用公司资源向收购方提供任何形式的财务资助以及其他损害股东和公司利益的行为;三是目标公司董事应当对收购方相关信息展开调研,对股东提出是否接受

---

① Solomon, Steven Davidoff & Thomas, Randall S, *The Rise and Fall of Delaware's Takeover Standards*, Working Paper, 2016, p. 2 – 3.

② 参见何家弘:《论法官造法》,载《法学家》2003 年第 5 期。

收购的建议,并聘请独立财务顾问提出专业意见;四是目标公司董事在发行与交易证券时,必须遵循公平、公正、公开原则。

(三)我国目标公司董事信义义务判定标准的构造逻辑

1.构筑以目标公司董事忠实义务为核心的判定标准模式

如前所述,美国、英国和日本对董事信义义务规制的重点有所差异:美国侧重于注意义务的形式考察,英国偏向于忠实义务的实质考察,日本则因英美法制度规则的借鉴而皆有之,由此呈现宽严有别的目标公司董事信义义务法律规制模式。其中,美国关于目标公司董事信义义务的判定逻辑为,事先推定目标公司董事已经履行了忠实义务,若在法庭中目标公司董事能够自证其行为符合注意义务,且原告未能成功反驳目标公司辩证,则可直接判定目标公司董事遵守信义义务,无需承担责任。英国关于目标公司董事信义义务的判定则更强调利益冲突问题,目标公司董事注意义务的遵守并不构成规避忠实义务考察的前置要件。日本既借鉴了英国严格的以忠实义务为重点的审判路径,又打破了美国商业判断规则标准的利益冲突要件,援引商业判断规则的审理思路和免责条款,实现了对目标公司董事激励与约束的兼顾。

域外理念与规则的移植须结合本国实际情况。在我国,当前集中式股权机构和相关法律规则加剧了上市公司敌意收购的障碍。为确保市场活力和防范规制天平的进一步失衡,收紧与严格约束反收购活动是我国未来的应然之选,这亦是“迈向严格化”理念的应有之义。故此,严格的目标公司董事忠实义务理应成为我国司法审判的考察重点。当然,若经审查,目标公司董事依法遵守了忠实义务,则法官可继续根据举证情况审查目标公司董事是否遵守了注意义务。在此过程中还须深刻贯彻“兼顾对目标公司董事的激励与约束”理念,引入与调试商业判断规则,辅之以人格化标准,从而构筑“以目标公司董事忠实义务为主,注意义务为辅”的信义义务判定标准模式。

2.目标公司董事信义义务判定标准的选择及其具体化路径

(1)正当目的标准的引入与细化

如本书第四章所述,英国的“正当目的标准”和“利益标准”、日本的“主要目的标准”在判定目标公司董事忠实义务方面皆有一定的优势,相较而言,笔者认为,英国的"正当目的标准"更适合为我国所镜鉴,理由如下。

第一,制定利益标准需要在司法实践中认定何为公司的长远利益,而这一过程本身就较为抽象和复杂。何况利益衡量本就是法官在审判中的必经过程,该标准的提出仅仅是法院内心活动的外化表达,具体操作还须依靠其他标准和规则。在此意义上,利益标准实质上是其他标准的上位概念,可操作性欠缺,不宜作为一种判定标准。

第二,尽管日本的主要目的标准与英国的正当目的标准所适用的场域和表达的理念看似一致,即试图从目标公司董事的目的出发来评判其是否具有争夺控制权的意图,但实质上二者具有规制立场的显著差异。英国的正当目的标准所表达的理念为,即便董事反收购行为可以使公司和股东利益最大化,只要董事具有维持控制地位之目的,仍应认定其违反了忠实义务。可见,英国坚持董事履行忠实义务的"纯粹性",不容有任何的不忠心欲求。反观日本,东京高级法院在"活力门案"中明确承认,在4种有限的情况下,目标公司的董事会可以发行股票或权证,即使其具有维持控制地位的"主要目的"。显然,日本的主要目的标准相对英国的正当目的标准来说更为宽松。应当指出的是,日本的主要目的标准虽然承认了董事利己与利他的兼容性,但却可能"为目标公司董事阻止财富增值的敌意收购提供正当理由"。[①] 故此,依循"迈向严格化"理念,引入英国的正当目的标准更符合我国实际情况。

进一步讲,结合各国相关立法、司法实践以及我国法律法规相关精神,可以确立如下正当目的标准的认定细则:一是目标公司董事必须依据法律法规和公司章程的规定行事。该规则主要借鉴英国《2006年公司法》第171条,首要关注成文法以及相关软法之规定,这也是对"限制在既有立法精神与原则范畴内"理念的遵守。二是目标公司董事不得行使法律绝对禁止的行为,该类行为被视为具有不正当目的,如不得滥用公司财产、不得泄露公司秘密等。三是目标公司董事应当严格遵循股东平等原则和公开、公

① Puchniak, Dan W. & Nakahigashi, Masafumi, *The Enigma of Hostile Takeovers in Japan: Bidder Beware*, Berkeley Business Law Journal, Vol. 15, No. 1, 2018, p. 28.

平、公正原则。比如,面对上市公司敌意收购,目标公司欲增发新股必须面向大众,禁止定向增发。该规则旨在防止目标公司董事为稀释收购方股权而寻找关联公司增发股票,如英国“霍格诉克拉霍姆有限公司案”①和“霍华德·史密斯有限公司诉安波尔石油有限公司案”②中涉及定向增发新股,即被法院认定目标公司董事具有维持控制地位的目的。当然,不能一概禁止目标公司增发股票,若上市公司面向公众公开、公平、公正发行股票,则视目标公司董事有正当目的。又如在寻找“白衣骑士”环节和面对多方投标情形下,目标公司董事应对所有投标者一视同仁,在信息披露等环节予以同等对待。四是目标公司董事不得专门限制敌意收购公司的股东权利和增加义务,否则视为具有不正当目的。如在美国,有些州的公司法规定,持股超过一定比例的收购方在未得到股东大会批准的前提下,不能享有投票权。③这事实上就是对自身控制地位维护的强硬做法,在限制股东权利的同时也违反了股东平等原则。

(2)商业判断规则标准的移植与调试

为保证企业家的冒险精神和创新精神,给予目标公司董事适当的激励至关重要。当前援引美国商业判断规则标准已经为诸多学者提倡。④ 当然,学界对商业判断规则的质疑声也不绝于耳,如商业判断规则毕竟不是成文法,法官不能针对所有情形梳理出明确而具体的判例法规则;⑤同案不同判的现象时有发生;⑥实践中我国法官素质良莠不齐,法院判例体系尚不完善,故我国不存在适用商业判断规则的合适土壤;⑦等等。笔者认为,任何

---

① See Hogg v. Cramphom Ltd. [1967] Ch. 254.

② See Howard Smith Ltd. v. Ampol Petroleum Ltd. [1974] A. C. 821.

③ See Herzel, Leo & Shepro, Richard W, *Bidders and Target-Mergers and Acquisitions in the U. S*, Oxford: Basil Black well, 1990, p. 60 - 61.

④ 参见李燕:《美国公司法上的商业判断规则和董事义务剖析》,载《法学》2006 年第 5 期;容缨:《论美国公司法上的商业判断规则》,载《比较法研究》2008 年第 2 期;梁爽:《董事信义义务结构重组及对中国模式的反思——以美、日商业判断规则的运用为借镜》,载《中外法学》2016 年第 1 期。

⑤ 参见邓峰:《业务判断规则的进化和理性》,载《法学》2008 年第 2 期。

⑥ See Gevurtz, Franklin, *The Business Judgment Rule: Meaningless Verbiage of Misguided Notion?*, Southern California Law Review, Vol. 67, No. 1, 1994, p. 337.

⑦ 参见胡宜奎:《比较法视野下的经营判断规则——兼论我国董事义务的完善》,载《江淮论坛》2011 年第 2 期。

规则都绝非完美，皆须历经实践的检验沉淀而不断发展与革新。而规则的域外移植与借鉴因国情、法律文化的差别也势必会有“水土不服”之虞。客观来看，商业判断规则所创造的正面价值和影响值得赞许与肯定，但移植绝非规则的简单复制，而是对商业判断规则的扬长避短。一方面应借鉴该规则彰显的法理价值和适用逻辑，另一方面要克服局限并加以调试，方为我国应当秉持的法律移植立场。

如前所述，商业判断规则的创造乃法院智慧的结晶，其既赋予了董事足够的信任和自由裁量权，从而激励董事充分发挥创新能力，又避免了法官陷入对商业决策“地方性知识”的不专业和承担高昂的司法审查成本的困境。[①] 鉴于上市公司敌意收购问题的复杂性、高风险性，强求目标公司董事始终作出正确决策，势必延误商机。[②] 是故，当下我国有必要尽快引入商业判断规则以消除董事的后顾之忧，并减轻法官的审判负担。此外，笔者认为，我国在短期内可以指定专门金融或商事法庭对上市公司敌意收购争议进行审判，汇集各法院有能力和经验的法官判定目标公司董事信义义务。但在未来，笔者仍建议构建一个以证监会作为主席，成员包括证券交易所、中小投资者服务中心、证券公司、基金公司、律师协会、会计师协会等的专业并购小组，从而使争议的解决更富效率性、专业性和经济性。

在规则适用上，美国法院已针对上市公司敌意收购特性对传统商业判断规则进行了修正与细化，表现在程序上严格的举证责任倒置和实体上宽松的行为过程考察。此种审理思路深刻贯彻了“兼顾对目标公司董事的激励与约束”理念，可为我国借鉴。其中，在实体认定上应区分两种情形设立认定细则：一是在保持公司独立性情形中，目标公司董事需要通过合理性测试和相当性测试；二是在出售公司情形中，应始终以公司和股东利益最大化为价值依归。

应当指出的是，美国提出的“相当性测试”实质上是“比例原则”

---

① 参见罗培新、李剑、赵颖洁：《我国公司高管勤勉义务之司法裁量的实证分析》，载《证券法苑》2010 年第 2 期。

② 参见张勇健：《公司管理层诚信义务的几个问题》，载王保树主编：《实践中的公司法》，社会科学文献出版社 2008 年版，第 27 页。

(grundsatz der verhältnismäßigkeit)[①]的子内容之一。比例原则旨在强调保护私人权利不被过度干预和滥用的理念,从最初适用于公法领域逐渐拓展适用于私法领域。[②] 该理念与商业判断规则相当性测试的设立宗旨一致,即目标公司董事采取的反收购措施不能过度干预上市公司敌意收购的正常运行。比例原则具有成熟的规范构成和判断方法,相比之下,相当性测试略显单薄,不足以威慑目标公司董事。是故,建议将相当性测试替换为比例原则,在原有手段与威胁成比例的基础上,增加手段与目的的关联性和"两害相权取其轻"等测试,进而丰富目标公司董事信义义务的内涵。

(3)主客观相结合的人格化标准之借鉴及其构造

商业判断规则标准是判定目标公司董事是否遵循注意义务的整体思路和框架,在具体适用中不可避免地会借助董事人格化标准来判断其行为是否具有合理性。例如,在董事面对上市公司敌意收购的调研阶段,判断其是否尽职调研须结合其自身角色、能力、知识等设置差异化标准,如此方能维护实质正义。其中,对目标公司董事注意义务之判定适用主观标准抑或客观标准,素来备受争议。事实上,这两种标准各有利弊:适用主观标准可以保护董事无需承担超出其自身能力范围的职责和责任,但在具体的个案里,很难证明董事在上市公司敌意收购过程中是否为实现股东最大利益尽职尽责;而适用客观标准则以董事所在岗位而非自身能力要求董事,如此能进一步维护股东利益,但却可能因超出董事能力而对其过于苛责。

目前我国司法实践主要采用的是客观标准。在"北京妙鼎矿泉水有限

---

① 作为利益衡量方法之一的比例原则由三个子原则组成,包括适当性原则、必要性原则和均衡性原则。其中,适当性原则要求为干扰某种利益所采取的手段必须有助于所欲获得利益的达成;必要性原则强调在数个可达成目的的手段中,必须选择对利益干扰最小的手段;均衡性原则要求手段和目的在效果上要成比例。GL. MICHAEL STüMER. Der Grundsatz der Verhältnismäβigkeit im Schuldvertragsrecht,Tübingen: Verlag Mohr Siebeck,2010. 23 - 24.

② 实践中,比例原则目前已适用于美国反托拉斯法、民法等领域。我国理论界对比例原则在民法中适用的研究,也经历了一个不断扩展的过程,从最初论述某个特别民法领域中比例原则的适用,发展到探讨比例原则在民法中的普适性。参见郑晓剑:《比例原则在民法上的适用及展开》,载《中国法学》2016 年第 2 期;Sullivan,E. Thomas & Frase,S. Richard, *Proportionality Principles in American Law: Controlling Excessive Government Actions*, Oxford: Oxford University Press,2009,p. 123 - 124。

公司诉王某春公司高级管理人员损害公司利益赔偿纠纷”和“上海川流机电专用设备有限公司诉李某华高级管理人员损害公司利益赔偿案”中，法官皆指出“董事应尽到普通人在类似的情况和地位下谨慎的合理注意义务”，[①]此种表述实质与客观标准无异。但如前所述，客观的人格化标准过于严格，如果对董事个人情况不加区分而施以同样严格的义务显然有失公允。对此，建议我国尝试采取英国的主客观相结合标准，区分执行董事和非执行董事。对于前者采用“中等偏上”的主客观相结合标准，即先客观推定其具有执行董事应有的相关能力和知识，但对于高于该能力与知识的执行董事则采用主观标准；对于后者采取“中等偏下”的主客观相结合标准，即先客观推定其不具备某种能力和知识，但对于具有涉及事务专业能力和知识的非执行董事则采用主观标准。显然，在此过程中如何细化区分董事的知识及能力为法官审理案件的重点内容。

关于理性人的能力和知识结构，很难具体甄别，而仅能建基于对类型的把握，进而针对个案作出必要的调整。其中知识结构应包含如下要素：[②]一是基础性人格形象应当拥有的知识。此要素主要针对执行董事而言，先推定其具有贴近董事形象的一般商人所应拥有的知识。而商人知识的高低则可根据该董事所在公司的规模和董事薪酬的高低作差异化处理。二是董事因个人特质所拥有的特殊知识。这意味着，当具体董事因拥有特殊的法律、会计等专业背景而具备更高的知识积累时，该董事的理性人标准也会随之提升。[③] 三是董事事实上掌握的其他知识。如董事因参加相关会议、阅读财务等资料、向专业人士做必要的咨询等而拥有了更多知识，则应相应提高标准。相较于知识结构，能力结构的判断更为抽象，须考量更多因素。如董事能力可类型化为谈判能力、分析能力、社交能力、决策能力等，认定的依据往往依托董事个人的天赋、经验等主观因素，在实践中难以判断。因此，知识结构的把握更为关键，应成为实践中法官的关注重点。

---

① 北京市门头沟区人民法院民事判决书，(2009)门民初字第4号；上海市闵行区人民法院民事判决书，(2009)闵民二(商)初字第1724号。

② 参见叶金强：《董事违反勤勉义务判断标准的具体化》，载《比较法研究》2018年第6期。

③ 参见[英]托尼·兰顿、约翰·瓦特肯森：《公司董事指南》，李维安、牛建波译，中国财政经济出版社2004年版，第140页。

三、我国目标公司反收购条款法律规制的局限与优化

以伊利股份(600887)、雅化集团(002497)为代表,我国众多上市公司基于其分散的股权结构,为避免成为收购方的“猎物”,已经开始未雨绸缪,先后在公司章程中增加具有浓重保护主义色彩的反收购条款。对此,中证中小投资者服务中心予以严厉批评:打着维护中小投资者的旗号,实则是为阻击正常收购行为开了恶例,若不加以规范则会群起效仿,后果堪忧。[①] 为避免大股东和董事披着自治的外衣恣意操纵公司,法律有必要进行一定的干预与限制,对目标公司反收购条款的自治实行有效引导。

(一)我国目标公司反收购条款的实践考察与法律规制现状

1. 我国目标公司反收购条款的数据观察

为深入了解我国上市公司设置反收购条款的现实状况和实践特征,截至2020年2月1日,笔者收集并梳理了上海证券交易所上市A股上海地区共计212家上市公司章程。[②] 上市公司各反收购条款的设置呈现如下特征。

(1)控制股东大会条款

基于“毒丸计划”是授权资本制的产物,其只能在授权资本制下运行,而我国《公司法》实行法定资本制,故而“毒丸计划”在我国没有适用余地。这也解释了缘何迄今鲜有公司制订有关“毒丸计划”的反收购条款。尽管缺少“毒丸计划”这把“利器”,但我国大部分上市公司依然在章程中设置了绝对多数表决和限制股东固有权利等条款,以防范收购方控制股东大会。

第一,绝对多数表决条款。上海地区的上市A股(上海证券交易所)共有131家上市公司在章程中设置了绝对多数表决条款,主要包括两种模式:一是提高绝对多数表决的比例要求。目前仅发现中国联通(600050)有此种设置,其章程第80条规定了股东大会特别决议的表决比

---

① 参见朱宝琛:《投服中心痛批雅化集团章程修订:内容不但多处违法还“挂羊头卖狗肉”》,载新浪财经,http://finance. sina. com. cn/roll/2016-08-01/doc-ifxunz mt1962179. shtml,2019-09-23。

② 总体而言,我国绝大多数上市公司皆设置了绝对多数表决条款、限制股东提案权条款、类交错董事会条款、限制董事资格条款、限制股东对董事的提名权条款、黄金降落伞条款等,尚未发现有公司设置毒丸计划条款、焦土计划条款、社会和经济问题条款等。因此本书主要基于我国普遍现象对反收购条款进行本土化分析。

例为2/3或4/5。[①] 二是增加绝对多数表决事项范围。除我国当下《公司法》第103条以及第121条规定的特殊决议表决事项外，[②]诸多上市公司亦增添了“利润分配事项调整”的表决比例。例如，东风科技(600081)、上港集团(600018)等在公司章程中规定，利润分配政策需进行调整或者变更的，须经出席股东大会的有表决权股东的2/3以上通过后方可实施。[③]

第二，限制股东固有权利条款。分析上述公司章程可知，绝大多数公司并未对股东固有权利予以限制与剥夺，仅2家上市公司对股东提案权条款作出了突破，因此笔者重点以限制股东提案权条款作为研究对象。通过表5-2可知，航天机电(600151)和大众公用(600635)主要通过提升表决比例的方式限定股东提案权。[④] 样本统计中尚未发现有关股东提案的时间、提案数量及字数等有别于《公司法》的特别约定。

表5-2　部分公司章程关于限制股东提案权条款的设置情况

序号	A股代码	公司简称	限制股东提案权条款
1	600151	航天机电	公司召开股东大会，持有或合并持有公司发行在外有表决权股份总数的5%以上的股东，有权向公司提出新的提案
2	600635	大众公用	单独或者合计持有公司5%以上股份的股东，可以在股东大会召开10个工作日前提出临时提案并书面提交召集人

资料来源：巨潮资讯数据库：《公司章程》，http://www.cninfo.com.cn/new/index，2020-02-01。

(2)控制董事会条款

第一，类交错董事会条款。上海地区的上市A股(上海证券交易所)共有5家上市公司在章程中设置了类似交错董事会的条款，该类条款皆规定

---

① 《中国联合网络通信集团有限公司章程》第80条规定：“股东大会作出特别决议，应当由出席股东大会的股东(包括股东代理人)所持表决权的2/3或者4/5以上通过。”

② 具体包括修改公司章程、增加或者减少注册资本的决议，公司合并、分立、解散或者变更公司形式的决议、上市公司在一年内购买、出售重大资产或者担保金额超过公司资产总额30%的等情形。《公司法》第103条和第121条。

③ 《东风电子科技股份有限公司章程》第160条；《上海国际港务(集团)股份有限公司章程》第162条。

④ 《上海航天汽车机电股份有限公司章程》第67条；《上海大众公用事业(集团)股份有限公司章程》第79条。

了董事的任期固定为3年,且限制股东改选董事比例或数量。这和美国划分不同类别董事并设置差异化任期的董事会条款有很大差异。鉴于此,将我国上市公司章程中所谓的“交错董事会条款”称为“类交错董事会条款”似乎更贴和实际。通过表5-3可知,上市公司主要通过限定每年或每届董事会更换人数或比例的方式,防止敌意收购破坏董事会组成的稳定性与延续性;①但是也相应规定了不受上述人数限制的例外事由。

表5-3 部分公司章程关于类交错董事会条款的设置情况

序号	A股代码	公司简称	类交错董事会条款
1	600608	ST沪科	董事任期3年。除了董事会到期换届外,董事会更换和改选的人数每年最多不超过董事会总人数的1/3
2	600619	海立股份	董事任期3年。为确保公司董事会组成的稳定性和延续性,公司每年改选的董事人数应不满4人,但董事根据法律法规的规定不得继续担任董事或由于个人原因自行辞职而需要临时补选董事的,不应受上述人数的限制
3	600628	新世界	董事任期3年。遇特别情况,董事会每年更换或改选的董事人数最多为董事会总人数的1/3
4	600635	大众公用	董事任期3年。每届董事会中除独立董事和职工代表董事以外的其他董事更换比例不得超过董事会中其他董事成员总数的1/5
5	600639	浦东金桥	董事任期3年。为保证公司经营管理的稳定,每届董事会可更换的非独立董事人数不得超过非独立董事总人数的1/3(董事由于个人原因提出辞呈或不能履行职责的除外)

资料来源:巨潮资讯数据库:《公司章程》,http://www.cninfo.com.cn/new/index,2020-02-01。

第二,限制董事资格条款。上海地区的上市A股(上海证券交易所)共有3家上市公司在章程中设置了限制董事资格条款。通过表5-4可知,浦发银行(600000)细化了董事任职资格的积极条件,要求董事具有5年以上法律或其他与董事职责相关的工作经历,并且增加了对董事良好的品行、声

① 《上海宽频科技股份有限公司章程》第82条;《上海海立(集团)股份有限公司章程》第97条;《上海新世界股份有限公司章程》第96条;《上海大众公用事业(集团)股份有限公司章程》第138条;《上海金桥出口加工区开发股份有限公司章程》第84条。

誉要求。[①] 而宏达矿业(600532)和＊ST富控(600634)则针对性地强调收购方选派的董事应至少具有5年业务经验,从而区别于公司前董事的任职要求。[②]

表5－4　部分公司章程关于限制董事资格条款的设置情况

序号	A股代码	公司简称	限制董事资格条款
1	600000	浦发银行	公司董事应具有良好的守法合规记录及良好的品行、声誉;5年以上的法律、经济、金融、财务或其他有利于履行董事职责的工作经历
2	600532	宏达矿业	在发生公司恶意收购的情况下,为保证公司及股东的整体利益以及公司经营的稳定性,收购方及其一致行动人提名的董事候选人应当具有至少5年与公司主营业务相同的业务管理经验,以及与其履行董事职责相适应的专业能力和知识水平
3	600634	＊ST富控	在发生公司恶意收购的情况下,为保证公司及股东的整体利益以及公司经营的稳定性,收购方及其一致行动人提名的董事候选人应当具有至少5年与公司主营业务相同的业务管理经验,以及与其履行董事职责相适应的专业能力和知识水平

资料来源:巨潮资讯数据库:《公司章程》,http://www.cninfo.com.cn/new/index,2020－02－01。

第三,限制股东对董事的提名权条款。上海地区的上市A股(上海证券交易所)共有72家上市公司在章程中设置了限制股东对董事的提名权条款。通过表5－5可知,上市公司主要通过限定股东提名董事的持股比例来防范敌意收购的控制权争夺,且持股比例规定不等。例如,上港集团(600018)和中国联通(600050)规定10%;[③]中船科技(600072)和创兴资源(600193)规定5%;[④]中视传媒(600088)、上海贝岭(600171)、紫江企业

① 《上海浦东发展银行股份有限公司章程》第116条。

② 《山东宏达矿业股份有限公司章程》第96条;《上海富控互动娱乐股份有限公司章程》第96条。

③ 《上海国际港务(集团)股份有限公司章程》第84条;《中国联合网络通信集团有限公司章程》第89条。

④ 《中船科技股份有限公司章程》第86条;《上海创兴资源开发股份有限公司章程》第82条。

(600210)和开开实业(600272)规定3%。[①] 此外,还有公司对提名董事的股东的持股比例和持股期限作出了双重限定,如鹏欣资源(600490)作出了持股180日和占比10%的双重规定。[②]

表5-5 部分公司章程关于限制股东对董事的提名权条款的设置情况

序号	A股代码	公司简称	限制股东对董事的提名权条款
1	600490	鹏欣资源	单独或合并持有公司股份5%至10%的股东只能提名一名董事候选人,连续180日以上单独或合并持有公司10%以上的股东只能提名不超过董事会人数1/3的董事候选人(不包括独立董事),且不得多于拟选人数
2	600018	上港集团	换届选举或增补董事的候选人名单,由现届董事会、单独或者合计持有公司10%以上股份的股东提名产生
3	600050	中国联通	单独或合并持有公司有表决权股份总数的10%或以上的股东有权提名董事候选人及监事候选人
4	600072	中船科技	持有或者合并持有公司发行在外有表决权股份总数的5%以上的股东可以向公司董事会提出董事候选人
5	600088	中视传媒	非独立董事候选人名单可由董事会、单独或者合并持股3%以上的股东以书面形式作出提案
6	600171	上海贝岭	同上
7	600210	紫江企业	同上
8	600272	开开实业	同上
9	600193	创兴资源	公司非独立董事候选人由董事会1/2以上董事提名,或者由持有或合并持有公司发行在外的有表决权股份总数的5%以上股东提名

资料来源:巨潮资讯数据库:《公司章程》,http://www.cninfo.com.cn/new/index,2020-02-01。

① 《中视传媒股份有限公司章程》第82条;《上海贝岭股份有限公司章程》第84条;《上海紫江企业集团股份有限公司章程》第96条;《上海开开实业股份有限公司章程》第84条。

② 《鹏欣环球资源股份有限公司章程》第100条规定:"修改公司章程、增加或者减少注册资本的决议,公司合并、分立、解散或者变更公司形式的决议、上市公司在一年内购买、出售重大资产或者担保金额超过公司资产总额百分之三十的等情形。"

(3)其他条款

由于“焦土计划”严重损害公司和股东利益,国内几乎没有公司采取此种极端手段。此外,也尚未发现有上市公司制定社会和经济问题条款。除控制股东大会条款和控制董事会条款主流类型外,维护既有董事利益的“黄金降落伞”条款亦被一些上市公司采用。上海地区的上市A股(上海证券交易所)共有9家上市公司在章程中设置了“黄金降落伞”条款。

表5-6所列表明了我国部分公司章程设置“黄金降落伞”条款的如下特征:第一,“黄金降落伞”的触发点皆为公司被收购或控制权发生变化之节点。第二,对于公司与董事解除劳动关系的事由,有公司规定应当为董事被动停职且无期限限制,如开开实业(600272)、现代制药(600420)、浦东金桥(600639)等;[①]有的公司规定董事主动离职也包括在内,且应当发生在公司实际控制人产生变化后的90天内,如大众交通(600611)。[②] 第三,关于“黄金降落伞”的补偿数额,各公司规定的计算方式不等。例如,现代制药(600420)要求公司应给予离职董事3倍于其年薪的补偿。[③] 开开实业(600272)规定公司须一次性支付离职董事相当于其前一年年薪总和10倍以上的经济补偿。[④] 而大众交通(600611)甚至在章程中罗列了补偿的具体计算公式。[⑤] 当然,也有公司仅笼统规定在公司将被收购时,董事有权取得因失去职位或者退休而获得的补偿,但缺乏具体的操作条款,如东方航空(600115)、大众公用(600635)、浦东金桥(600639)、上海石化(600688)、东方证券(600958)、上海银行(600229)等。[⑥]

---

① 《上海开开实业股份有限公司章程》第11条;《上海现代制药股份有限公司章程》第100条;《上海金桥出口加工区开发股份有限公司章程》第107条。

② 《大众交通(集团)股份有限公司章程》第192条。

③ 《上海现代制药股份有限公司章程》第100条。

④ 《上海开开实业股份有限公司章程》第11条。

⑤ 《大众交通(集团)股份有限公司章程》第192条。

⑥ 《中国东方航空股份有限公司章程》第142条;《上海大众公用事业(集团)股份有限公司章程》第211条;《上海金桥出口加工区开发股份有限公司章程》第107条;《中国石化上海石油化工股份有限公司章程》第198条;《东方证券股份有限公司章程》第235条;《上海银行股份有限公司章程》第285条。

表 5－6 部分公司章程关于“黄金降落伞”条款的设置情况

序号	A 股代码	公司简称	“黄金降落伞”条款
1	600115	东方航空	公司在与公司董事、监事订立的有关报酬事项的合同中应当规定，当公司将被收购时，公司董事、监事在股东大会事先批准的条件下，有权取得因失去职位或退休而获得的补偿或者其他款项
2	600272	开开实业	当发生公司被并购接管的情形时，在公司董事、监事、经理和其他高级管理人员任期未届满前如确需终止或解除职务，公司须一次性支付其相当于前一年年薪总和 10 倍以上的经济补偿（正常的工作变动或解聘情况除外）
3	600420	现代制药	当出现因本公司控制权可能发生转移，将导致公司不利于股东利益时，且发生董事、监事、高级管理人员被更换的情形，则公司应在被更换的上述人员离职前给予其 3 倍于其年薪的补偿
4	600611	大众交通	额外遣散费用，是指公司实际控制人发生变化后，在 90 天内导致公司中层以上管理人员主动或以任何理由离职，已成为实际控制人的股东或一致行动人应在离职人员离职的 15 日内按下列方式向离职人员支付的一次性补偿。额外遣散费用计算方式如下：$P = S \times A \times (1 + Q1 + Q2 + Q3) \times 300\%$
5	600635	大众公用	公司在与公司董事、监事订立的有关报酬事项的合同中应当规定，当公司将被收购时，公司董事、监事在股东大会事先批准的条件下，有权取得因失去职位或者退休而获得的补偿或者其他款项
6	600639	浦东金桥	行使公司 30% 以上股份表决权的单位发生变更后，公司任一董事、监事、总经理、其他高级管理人员或公司部门助理以上职员在任期内不再担任原职务的（本人同意调整原职务的除外；公司部门助理以上职员由于个人原因的除外），则公司应给予该等人士一定的特别经济补偿
7	600688	上海石化	公司在与公司董事、监事订立的有关报酬事项的合同中应当规定，当公司将被收购时，公司董事、监事在股东大会事先批准的条件下，有权取得因失去职位或退休而获得的补偿或者其他款项
8	600958	东方证券	公司在与公司董事、监事订立的有关报酬事项的合同中应当规定，当公司将被收购时，公司董事、监事在股东大会事先批准的条件下，有权取得因失去职位或者退休而获得的补偿或者其他款项

续表

序号	A股代码	公司简称	"黄金降落伞"条款
9	600229	上海银行	本行在与董事、监事订立的有关报酬事项的合同中应当规定,当本行将被收购时,本行董事、监事在股东大会事先批准的条件下,有权取得因失去职位或者退休而获得的补偿或者其他款项

资料来源:巨潮资讯数据库:《公司章程》,http://www.cninfo.com.cn/new/index,2020-02-01。

2.我国目标公司反收购条款法律规制的现状

第一,监管机构和目标公司对反收购条款的合法性理解不一致。如前所述,对于同类反收购条款,我国目标公司业已发展出内容丰富与多元的具体设计,且对相关条款设计持合规合法的态度。实践中,证券交易所和中证中小投资者服务中心通常通过发关注函、问询函、建议函的方式对目标公司制定的反收购条款进行监管。对于其问询,目标公司的回应不一,有的选择了保留条款,有的选择了放弃条款。比如,2018年2月,面对中证中小投资者服务中心发送的股东建议函,15家违规制定反收购条款的上市公司给出了不同回应:其中8家上市公司依然通过了反收购条款;1家上市公司股东大会拒绝通过反收购条款;3家上市公司对于反收购条款部分修改,部分保留;3家上市公司直接取消了章程修改议案。①

第二,法院对目标公司反收购条款裁判的司法态度有所差异。比如,在我国司法实践中,对于章程自行约定提高特别决议事项法定表决权比例的条款有不同的司法态度。一种观点认为,提高法定表决权比例的条款应判定无效。在"梁某诉成都某管理顾问有限公司案"中,法院直接否定了提高法定表决权比例条款的效力,认为《公司法》规定的2/3特殊决议比例应当为固定设置,不能任意提升比例。② 另一种观点则认可这种提高法定表决权比例条款的效力。在"上海米蓝贸易有限公司与孙某公司决议撤销纠纷案"中,一审法院和二审法院皆认为《公司法》规定的2/3特殊决议比例设

① 参见周芬棉:《投服中心要求公司修改公司章程》,载人民网,http://legal.people.com.cn/n1/2018/0223/c42510-29830181.html,2019-11-02。

② 参见陈畅、晨迪:《公司章程违法无效——该案是我市第一起确认公司章程条款无效的案件》,载《成都日报》2008年11月14日,第13版。

置为最低要求,公司章程对该比例的提升并不违反规定。①

究其原委,正是立法的模糊导致实践中行政机构、自律机构、法院乃至上市公司本身,对目标公司反收购条款设置的合法性问题没有一个明确的标尺,使任意设置和解释反收购条款的现象频发,这为我国立法和监管提出了极大挑战。事实上,只要有新的收购方式出现,新的反收购措施就会被创设,上市公司敌意收购和反收购的赛跑就不会停止。

(二)症结所在:我国目标公司反收购条款法律规制的局限

私法自治原则暗示"凡未经法律禁止的,都是许可的"精神准则。② 依此逻辑,只要在法律允许的范畴内,公司即可自主地创制章程条款。迄今,我国目标公司反收购条款之所以形态各异,不断挑战与冲破法律的权威和底线,归根结底,源于我国立法和具体制度的局限性。

1. 目标公司反收购条款的系统性立法缺失

一方面,与章程制定本身密切相关的立法主要包括法律层面的《证券法》《公司法》以及法规层面由证监会颁布的《上市公司章程指引》和《上市公司股东大会规则》等。但是,上述法律法规对目标公司反收购条款的规制并未发挥实质性作用:其一,我国《证券法》同美国《1933 年证券法》和美国《1934 年证券交易法》类似,多数相关规定主要针对证券收购的披露规则,而很少涉及包括反收购条款在内的反收购规则,指导性较弱;其二,有关公司章程制定的相关规则散见于《公司法》、《上市公司章程指引》和《上市公司股东大会规则》等立法中,不成系统与体系,难以对目标公司反收购条款形成有效指引。更为重要的是,这些规定主要适用于通常情形下的公司治理,而适用于敌意收购场域未必合适。

另一方面,与上市公司敌意收购关联性最强的针对性准则《上市公司收购管理办法》,尽管对反收购进行了原则性的规制,但是相关规定仍有诸多不完善之处。这体现在:其一,关于目标公司反收购条款的决定权,当下我国《上市公司收购管理办法》的规定模糊。如前所述,《上市公司收购管

① 上海市普陀区人民法院民事判决书,(2011)普民二(商)初字第 308 号;上海市第二中级人民法院民事判决书,(2012)沪二中民四(商)终字第 896 号。

② 参见[苏]H. 马穆托夫、陈文:《论"凡未经法律禁止的,都是许可的"原则》,陈文译,载《环球法律评论》1990 年第 1 期。

理办法》第33条规定,股东大会特定事项的反收购决定权仅限于要约收购期间,对于收购开始以前股东大会是否具有决定权,《上市公司收购管理办法》并未作出明确规定。当然,对此我国《公司法》作出了相关回应,根据《公司法》第37条,修改公司章程乃股东会的法定决议事项,从而推定在我国当前立法背景下,股东大会享有反收购条款的决定权。但是,《上市公司收购管理办法》对此应当予以明确,从而形成一个逻辑完整的规制框架。其二,关于目标公司可以设置哪类反收购条款、其相关合法性如何判断等,《上市公司收购管理办法》并未给出回应,从而导致上市公司在制定反收购条款时无法可依,并利用立法漏洞设置损害股东、公司利益的反收购条款,扰乱了上市公司敌意收购的市场秩序。

2. 目标公司反收购条款的类型化法律规制存在诸多弊端

(1)控制股东大会条款的法律规制局限

第一,绝对多数条款。我国《公司法》第103条以及第121条规定了8种特别决议事项。① 绝大多数条款设立的初衷在于维护股东关于重大事项的决定权,因此规定了高于普通决议事项的表决权比例。基于此种逻辑,公司在章程中规定比《公司法》要求更高的表决权比例本来也无问题,但最大的担忧在于表决权比例的过分提高可能会异化为控制股东行使一票否决权的利器,从而侵害中小股东的合法权益。比如,公司章程规定的特殊表决事项为3/4以上表决权通过,在股权较为集中的公司里,如果大股东的持股比例超过1/4,就产生了一票否决权的问题。但是如果在股权较为分散的公司,此种情形鲜少发生,亦不会形成一票否决权的后果。在上市公司敌意收购场域下,目标公司董事为捍卫自己的控制地位,往往在拟定的公司章程中提高更换董事、控制权转移等事项的股东表决权比例。而在事前股东审核通过公司章程时并未预计太多有关未来上市公司敌意收购发生并可能增加股东利益的情形,因而通常情况下绝对多数表决权条款很容易事前通过。对此,我国《公司法》并未对绝对多数条款表决权自治设定的考量因素、条

① 包括修改公司章程、增加或者减少注册资本的决议,公司合并、分立、解散或者变更公司形式的决议、上市公司在1年内购买、出售重大资产或者担保金额超过公司资产总额30%的等情形。

件予以限定，从而有可能为目标公司董事的恶意利己行为披上合法外衣。

第二，限制股东固有权利条款。以限制股东提案权为例，我国《公司法》第102条规定了提案股东的3%股权要求、股东大会召开前10日的期限要求以及提案的实质性内容要求（具有明确议题和具体决议事项）。这一规定过于宽泛笼统且不合理，表现为：一是对提案股东持股比例3%的要求是否符合我国当下实际情况有待商榷。综观其他国家和地区的相关规定，美国、日本对提案股东持股比例要求为1%，美国和德国采取了比例和数值的双重标准，旨在确保中小股东享有向股东大会提案的机会。反观我国，股权结构集中度明显高于上述国家，中小股东持股比例非常低，而对股东提案的持股比例要求却高于上述股权结构较为分散国家的比例，缺乏合理性，不利于对中小股东的权利保护。二是股东提案内容的实质性审查标准缺失，很可能成为目标公司董事反对敌意收购股东提案的合法借口。“明确议题和具体决议事项”究竟包括哪些范围或是否有排除事项，立法并未给出明确回答，这也意味着目标公司董事具有很大的自由裁量权，有机会肆意回绝敌意收购股东的提案，这使股东提案权成了一纸空文。

（2）控制董事会条款的法律规制缺憾

第一，类交错董事会条款。根据我国《公司法》第45条，董事任期由公司章程规定，但每届任期不得超过三年，董事任期届满，可以连选连任。该规定只设置了董事任期的上限，并未要求所有董事任期一定相同。这意味着，美国的交错董事会制度在我国法律框架下具有存在空间。但前文的实证分析显示，我国实践中并未确立真正的交错董事会制度，许多公司章程仅规定限制每届或每年改选董事的比例或数量，没有划分不同类别董事并设置差异化任期，因此属于一种“类交错董事会条款”。事实上，笔者认为，无论是限制每届董事改选比例或数量条款，抑或限制每年董事改选比例或数量条款，其皆不具有正当性和合法性。前者的目的是限制股东的董事选任权，后者的宗旨是限制股东的董事罢免权，而股东对董事的选任权和罢免权是公司法强制性规定赋予的固有权利，非经法律许可不可随意剥夺和限制。鉴于此，限制每届或每年改选董事比例或数量的反收购条款理应无效。然而，我国相关法律法规在实践中并未对上述条款作出明确的否定性评价，行政机构也并未质疑上述条款的合法性，导致实践中许多上市公司纷纷设立此类条款,这增加了上市公司敌意收购的难度,着实有违公平。

第二,限制董事资格条款。我国《公司法》第146条仅对不得担任公司董事的消极条件作了规定,并未提及积极条件。[①]《首次公开发行股票并上市管理办法》第16条与《首次公开发行股票并在创业板上市管理办法》第20条也作了类似规定。[②] 证监会颁布的《上市公司治理准则》第41条虽然规定了如知识技能等简要的积极要件,[③]但此规定过于笼统抽象,目标公司董事具有较大的自由裁量权,该规定为目标公司董事提高收购方董事任职条件提供了解释空间,从而损害了收购方正常选举董事的权利。

第三,限制股东对董事的提名权条款。该条款旨在限制若有更新董事会的需要,收购方向股东大会提名推选董事人选的权利。由于提名为选举的前置要件,因而该权利颇为重要。目前我国仅有关于独立董事提名的相关规则,[④]非独立董事的提名规则缺位。尽管《上市公司章程指引》第82条规定,董事、监事候选人名单以提案的方式提请股东大会表决,同时公司应当在章程中规定董事、监事提名的方式和程序。但总体来看,目前对于上市公司的董事提名缺乏具体法律制度规范和明确立场,从而为目标公司董事加设股东对董事提名权的持股比例、持股期限等限制来巩固自身地位提供了便利。

(3)"黄金降落伞"条款法律规制的不足

无论是作为反收购的手段,抑或是股权激励的方式,目前我国法律对于

---

① 《公司法》第146条第1款规定:"有下列情形之一的,不得担任公司的董事、监事、高级管理人员:(一)无民事行为能力或者限制民事行为能力……(五)个人所负数额较大的债务到期未清偿。"

② 《首次公开发行股票并上市管理办法》第16条规定:"发行人的董事、监事和高级管理人员符合法律、行政法规和规章规定的任职资格,且不得有下列情形……(三)因涉嫌犯罪被司法机关立案侦查或者涉嫌违法违规被中国证监会立案调查,尚未有明确结论意见。"《首次公开发行股票并在创业板上市管理办法》第20条规定:"发行人的董事、监事和高级管理人员应当忠实、勤勉,具备法律、行政法规和规章规定的资格,且不存在下列情形……(三)因涉嫌犯罪被司法机关立案侦查或者涉嫌违法违规被中国证监会立案调查,尚未有明确结论意见的。"

③ 《上市公司治理准则》第41条规定:"董事会应具备合理的专业结构,其成员应具备履行职务所必需的知识、技能和素质。"

④ 《关于在上市公司建立独立董事制度的指导意见》第4条规定:"上市公司董事会、监事会、单独或者合并持有上市公司已发行股份1%以上的股东可以提出独立董事候选人……"

“黄金降落伞”没有明确的禁止性规定,但具体细则亦处于真空状态。[①] 结合“黄金降落伞”条款的控制权变更条款、终止条款和补偿条款等三项条款的构成要素,我国立法尚未明确界定何种情况属于控制权变更情形,在何种情形下董事与目标公司的劳动关系终止,以及补偿期限、补偿金额、补偿方式和抵销条件等。立法的缺位导致实践中“黄金降落伞”条款标准过高,目标公司董事获得巨额补偿的同时损害了收购方、目标公司股东和其他利益相关者的合法权益。

(三)宏观设计:我国目标公司反收购条款法律规制的总体路径

第一,对于上市公司反收购条款的法律规制应采取“硬法”和“软法”相结合的联动路径。从法律的视角观之,“不是所有向往之物都能成为法定权利”。[②] 法律只能选择最为基础的部分进行强制规范,其他内容更适合以软法机制推进。[③] 上市公司敌意收购具有天然的不确定性和复杂性,这对法律规制的立法灵活性提出了较高要求,软法的制定不需要复杂的程序,不以国家强制力为后盾,而依赖共同体成员的自觉遵守,这既能够节约大量的社会成本,也能够灵活地规制不断冲破底线的目标公司反收购条款。由此,目标公司反收购条款的法律规制内含两种并行路径:一方面,“硬法”路径以具有法律强制力的手段为保障,对反收购条款的立法表现更为原则化和抽象化,这为反收购条款的法律规制奠定了总体基调;另一方面,“软法”路径主要通过提供详细的反收购条款示范清单来充实“硬法”规则,建议未来由自律型并购小组作为主要负责部门,根据实践需要创制和修订反收购示范清单,这可以在一定程度上增加反收购条款设置规则的系统性,弥补当下我国立法系统性缺失的弊端。同时提供目标公司创制反收购条款的事前咨询服务,配合声誉机制等配套措施,有目的地激励和规范上市公司创制合理

---

① 根据我国《公司法》第37条,股东大会有权选举和更换非由职工代表担任的董事、监事,决定有关董事、监事的报酬事项;《上市公司收购管理办法》并未明确禁止公司在被收购时不得对高级管理人员进行补偿;《上市公司股权激励管理办法》第8条明确规定了激励对象包括上市公司的董事、高级管理人员、核心技术人员或者核心业务人员。

② [美]E.博登海默:《法理学——法哲学与法律方法》,邓正来译,中国政法大学出版社2004年版,第441页。

③ 参见姜明安:《软法在构建和谐社会中的作用》,载罗豪才等:《软法与公共治理》,北京大学出版社2006年版,第85页。

合法的反收购条款。如是,通过"硬法"与"软法"的有机结合引导目标公司创制良性反收购条款。

第二,目标公司反收购条款选择架构的设计应当以保护中小股东利益为圭臬,同时不应为董事和控制股东谋求自身福利而留下真空地带。如前所述,上市公司发行股票的公众化、社会化与公共利益密切相关,这意味着,目标公司反收购条款的法律空间应受到限制与约束,其自治乃一种相对的自由。但归根结底,法律规制是一种政府干预市民生活的合法形式,若政府的介入无尺度,亦可能影响反收购条款的良好运行效果。对此,有学者通过实证分析,构建模型检验政府介入与交错董事会条款运行效果间的关系,验证了这一观点,并得出如下结论:政府干预程度越低,交错董事会条款对投资效率的促进作用越明显,市场主体的资源配置功能越能得到充分发挥,公司内部治理机制作用的发挥就越有效。[①] 但是,政府诉诸法律对反收购的介入应在保留市场主体自治性的同时,引导市场主体进行规范性选择,此即选择架构的要旨。

随着公司经营权与所有权的日渐分离,公司董事逐渐掌控了公司的决策,利益冲突由此产生。在上市公司敌意收购场域下,利益冲突更为凸显。中小股东涉及的利益冲突主要表现在以下两方面:一是目标公司董事与股东的利益冲突。为夺得控制权,收购方往往会以远高于市场的价格收购目标公司股票,使股东获益,但这对目标公司董事意味着将失去对公司的控制甚至被"扫地出门"。显然,目标公司股东与董事之间因不同的立场形成了不可避免的利益冲突。二是目标公司大股东与中小股东的利益冲突。为获得更高收益,目标公司的大股东通常会通过董事会采取反收购措施不断与收购方"搓价",因此一开始可能对敌意收购持反对态度。中小股东一般因缺失话语权而不愿冒险,往往在一开始就接受收购要约。无疑,在上市公司敌意收购战役中,中小股东的利益始终处于危险边缘而难以得到保障。也正因如此,目标公司反收购条款选择架构的设计应当以保护中小股东利益为圭臬,同时不应为董事和控制股东谋求自身福利而留下真空地带。据此,

---

① 参见徐明亮、袁天荣:《交错董事会条款、制度环境与投资效率》,载《经济管理》2018年第5期。

上市公司反收购条款的选择架构应进行如下设计。

一方面,缺省性规则中只能设置惩罚性规则,即内容设计应偏向中小股东利益。缺省性规则的运作机理为默认推定条款适用于相关公司,除非公司主动选出,这显然具有较为强烈的导向意义。而反收购条款作为防御措施,为收购方增加了收购难度,并非一类完全中性的条款,故而缺省性规则在反收购领域应当慎用,避免政府过度介入市场的正常运行。但是,若能够赋予中小股东强大的保护,则可相对抵销缺省性规则的负面效果,并使其成为中小股东捍卫自身权益的盔甲。因此,惩罚性规则的设置具有一定的正当性。应当清楚,目标公司的董事和大股东等公司权力的掌控者往往控制了公司合同的缔约过程,偏向董事或大股东的缺省性规则从而很难有机会被选出,而偏向中小股东的缺省性规则相对容易被选出。所谓有效的立法安排,并非指依靠立法者作出最高效的安排;而是提供一条途径,使公司能够根据自身情况,筛除无效方案并选入有效方案。[①] 是故,基于策略考虑下的合同漏洞,应设置偏向中小股东的惩罚性规则以及相应更为严格的变更规则,如要求全体股东的绝对多数同意,从而提升此类缺省性规则的选出难度,实现对公司缔约方的有效敦促。

另一方面,赋权性规则为明确保护中小股东以外的其他类型条款,应根据不同措施进行具体标准与范围的厘定,防止其成为董事反收购的强化武器。赋权性规则为传统意义上的示范清单,公司缔约方只有在主动选择的情况下才会适用,相较于缺省性规则而言强制性稍弱。因此,赋权性规则可以设置除明确保护中小股东条款以外的其他类型条款,如针对董事利益的"黄金降落伞"、交错董事会等反收购条款。由于此类条款可以成为董事自身防卫的有力武器,董事往往会选择采用该类赋权性规则。需要注意的是,选择架构的设计旨在影响主体选择,作为选择架构要素之一的赋权性规则的重要使命应是为目标公司董事制定反收购条款予以正确指导,而非仅为其捍卫自身权益提供正当性。是故,反收购赋权性规则应当针对不同类型反收购条款设计具体的范围、标准,确立目标公司董事反收购的合理空间。

---

① 参见潘林:《论公司法任意性规范中的软家长主义——以股东压制问题为例》,载《法制与社会发展》2017 年第 1 期。

（四）微观构造：我国目标公司反收购条款类型化法律规制的优化

如本书第四章所述，目标公司反收购条款的自治并非毫无底线，而是应当限制在符合强制性规范的基本边界和实现宏观、微观价值平衡的价值边界之内。循此逻辑，目标公司反收购条款类型化法律规制的优化进路也愈加清晰。

1. 控制股东大会条款法律规制的完善

第一，绝对多数条款。设立绝对多数条款有助于维护股东关于重大事项的决定权，因此本身并不违法，但在其应用上相关机关应当确立如下自治规则：一是基于股东平等待遇原则，该条款应当平等适用于所有相关主体和相关事项，而不能仅针对特定收购方，否则，将因违反股东平等待遇原则而构成对强制性规范的违反，超出反收购条款自治的边界；二是在章程中提升绝对多数表决权比例和增加绝对多数表决的事项应当与公司产权性质和股权结构紧密相连，以防为大股东提供一票否决的机会。比如，实践证明，绝对多数条款在不同产权公司中发挥的作用不尽相同，其对国有公司中小股东的保护力度有限，但对非国有公司中小股东的保护很有力度。同时，绝对多数条款在控股股东占比较大的公司中发挥的力量更大。①

第二，限制股东固有权利条款。仍以限制股东提案权为例，一是目标公司反收购条款不能任意改变我国《公司法》规定的3%的持股比例，并增设持股时间、增加提案数量、字数等限制，因为提案权乃股东的固有权利，任何人皆无权肆意剥夺。前已述及，契约说强调公司成立和运营的契约自由和意思自治，这就必然推导出一个默示规则，即禁止在未经股东大会批准的前提下，擅自在公司章程的制定和修改中限制股东权利或扩大股东义务。侵害股东固有权利的行为将因违反强制性规范而归于无效，其他侵害股东固有权利的条款同理。二是在未来的规则修订中，建议我国适当降低提案股东的持股比例，经过前期的专家调研设计出符合我国国情的最佳比例，从而确保中小股东享有自主提案的机会。同时，借鉴美国、德国的做法，设立持股比例与持股金额双重标准，使那些比例不够但金额达到的中小股东亦

---

① 参见李善民、许金花、张东、陈玉罡：《公司章程设立的反收购条款能保护中小投资者利益吗——基于我国A股上市公司的经验证据》，载《南开管理评论》2016年第4期。

可为自己发声。三是从反面列举不适当提案的范围,例如,提案违反法律法规,涉及利益冲突,公司已经实质上实施了提案,与相关提案重复,因支持率过低却又被重新提出的提案,包含明显错误的,误导性的说明或侮辱性内容的,同一提案在一定年度内提出一定次数且没有达到最低通过率的,等等。

2. 控制董事会条款法律规制的优化

第一,类交错董事会条款。如前所述,实践中我国上市公司章程中设置的限制每年或每届董事改选数量或比例的反收购条款因限制股东的董事选任权和罢免权等固有权利而应归于无效。建议未来在相关细则中明确规定,限制每年或每届董事改选数量或比例的反收购条款无效。此时,类交错董事会条款的无效加之缺乏真正交错董事会制度的支持,我国当下类交错董事会条款就如一纸空文,难以达到反收购效果。鉴于此,建议我国引导上市公司建立真正的交错董事会制度,在未来出台的细则中采用赋权性规则规定上市公司可将董事会分成任期不同的多个小组,从而真正实现轮流改选规则。如此,可以实现董事的任期交错,并增加收购方掌控董事会的阻力,进而达到一定的反收购效果。

第二,限制董事资格条款。限制董事资格原本是为了公司长远利益和股东利益最大化而对董事设置的硬性条件,但如前所述,我国对于董事任职条件的规定过于笼统抽象。这为目标公司董事提高收购方董事条件提供了解释空间,从而损害了收购方正常选举董事的权利。鉴于此,一是建议我国以硬法罗列董事积极和消极任职条件的原则性清单,软法则进一步细化相关内容,从而规范和引导目标公司董事设置反收购条款的行为;二是贯彻股东平等待遇原则,董事的资格条款应平等适用于所有股东推荐的董事,而不能仅针对收购方推荐的董事。

第三,限制股东对董事的提名权条款。目前,我国对于上市公司的董事提名缺乏具体的法律制度规范和明确立场,导致实践中目标公司董事只能通过加设股东对董事提名权的持股比例、持股期限等限制来巩固自身地位。而此种做法同限制股东固有权利条款一样,皆因侵犯股东固有权利而违反强制性规范归于无效。此种观点已得到司法实践的证实。2017 年 4 月 17 日,原告中证中小投资者服务中心起诉称被告海利生物的公司章程涉嫌损害中小股东合法权益,因为该章程对股东的董事提名权增加持股期限的限制,同《公司法》的规定相背离。对此,法院支持了原告的请求,认为被告的公司章程相关条款因违反《公司法》规定恣意限制股东权利而无效。[①] 建议未来我国《公司法》应结合我国的实际情况增设关于非独立董事提名的股东持股比例等条件要求,为此类反收购条款的设立提供明确指引。

3."黄金降落伞"条款法律规制的细化

目前我国立法并未明确禁止公司设置"黄金降落伞"条款,因此上市公司设立该类反收购条款并不构成违法。但具体细则亦处于真空状态,为避免"黄金降落伞"沦为公司内部人取得不当利益的工具,建议未来我国《公司法》等硬法明确"黄金降落伞"的适用原则和大致要求,并由软法予以细化。具体而言:首先,应明确控制权变更情形,如公司一定比例的股份被他人收购、公司合并、公司出售相当比例资产等。其次,确定终止条款,以界定控制权变更后公司与董事结束雇佣关系的两类情形:一是事实终止,即管理层事实上被公司解雇;二是推定终止,如董事根据薪酬减少、职称下降、工作地点改变等情形善意判断自己与公司终止了雇佣关系。再次,细化补偿条款,包括明确补偿期限、补偿金额、补偿方式、抵销条件等。由于董事薪酬问题原则上属于公司自治事项,只要股东大会通过,其补偿细节均属有效。不过,为警惕董事恶意抵御敌意收购或欲从敌意收购中谋取巨大利益而制定显失公平的补偿条款,在法律法规等硬法层面有必要根据公司规模设定相关上限,为董事自治设定边界。最后,董事设立此类条款时负有举证说明义务。董事在拟定"黄金降落伞"条款后,应当针对股东的疑问予以详细说明,表明设置此条款的宗旨在于使股东利益最大化。

本章小结

本书前面章节无论是理论剖析,抑或域外观察,其终极目的在于解决我国实践中的问题。随着上市公司敌意收购在我国的日益活跃,相关难点问

---

① 上海市奉贤区人民法院民事判决书,(2017)沪0120民初13112号。

题逐渐浮现，亟待回应。

第一，审视我国既有的上市公司敌意收购法律规制模式，当前我国在实践中呈现的“证监会监管，辅之以司法介入”的管制型敌意收购法律规制模式“失灵”。上市公司敌意收购的属性和环境决定了必须由富有灵活性和能动性的回应型法律规制模式予以应对，而无论从行政机关的执法态度和认定结果上审视，还是从司法机关的裁判效率及思维惯性上考察，我国现行管制型法律规制模式皆难言合理，亟待向回应型法律规制模式转型，这也是当前世界的发展趋势。相较之下，作为回应型法律规制模式之一的自律型法律规制模式在改革成本方面占据极大优势。鉴于我国机构投资者力量的薄弱和完全自律型法律规制模式强制力的不足，构建一个由证监会支持和辅助的敌意收购不完全自律型规制范式乃可资讨论的路径。该模式可融合英国和澳大利亚的有益成分，设立权力广泛、程序灵活，涵盖规则委员会、执行委员会、听证委员会、监督委员会等多部门的并购小组。该并购小组应当以促进社会整体福利为共同利益诉求，一方面通过明确职能分配和决定守则来关照实体正义，另一方面诉诸规则制定程序、争议决定程序、听证上诉程序、司法审查程序等多元程序体系的建立来平衡效率与公平价值。

第二，反思我国上市公司敌意收购之收购方的法律规制，其在权益披露和杠杆融资方面面临诸多困境。

一方面，我国收购方违规披露事件屡屡发生，暴露出我国收购方权益披露法律规制的缺陷：一是在立法层面，权益变动报告区分标准存在逻辑缺陷、披露触发线和报告期期限的设定机械化、“慢走规则”的合理性存疑以及违规披露的法律后果不甚明朗；二是在监管层面，我国收购方权益披露的法律规制理路错位，目前发布的相关文件折射出收购方权益披露的监管收紧趋势。对此，我国收购方权益披露法律规制理路的应然转向，确保公平与效率价值的守恒，并且秉持谦抑的规制理念。在此基础上，实现收购方权益披露的制度优化，包括权益变动报告区分标准的重构、披露触发线和报告期期限的合理设定、“慢走规则”的取消以及违规披露法律责任的明确等。

另一方面，我国收购方在适用杠杆融资工具的过程中面临多重难题，而既有法律规制难以有效作出回应，具体表现为：一是传统杠杆融资工具的适用缺乏激励性规制，收购方采用传统杠杆融资工具的空间有限；二是新型杠杆融资工具的适用诱发规制难题，如穿透式监管的研究与适用尚不成熟、资管计划和保险资金参与敌意收购存在法律争议、一致行动人认定标准的复杂性加剧等。改革的路径应当为：一是拓宽传统杠杆融资工具适用的法律空间，二是明确新型杠杆融资工具适用的规制理路，包括细化穿透式监管的具体规则、明确资管计划和保险资金涉入敌意收购的监管细则以及重塑一致行动人的认定标准和督查机制等。

第三，检讨我国上市公司敌意收购之目标公司的法律规制，其在反收购权力配置、董事信义义务判定标准和反收购条款法律规制等方面皆面临局限性诘问。

其一，我国既有的“双层结构”反收购权力配置模式错位，不仅会加剧利益冲突，筑高上市公司敌意收购的樊篱，还会增加配套机制的建设成本。股东大会中心主义的反收购一元决定模式乃我国未来的应然之选，整体思路应当为无论是在事前防御阶段，抑或在应对收购阶段，股东大会皆享有反收购的绝对决定权。在此基础上，应完善配套机制，包括明确股东大会的排他性反收购决定权和细化董事会相应义务、优化内部和外部治理机制等。

其二，我国立法采用“概括—列举”模式规定目标公司董事信义义务，缺乏可操作性，而实践中目标公司董事信义义务判定标准处于缺位状态。我国目标公司董事信义义务判定标准确立的应然理念为，采用严格的模式，内容兼顾对目标公司董事的激励与约束，依据限制在既有立法精神与原则范畴内。在此理念指引下，宏观上构筑以目标公司董事忠实义务为核心的判定标准模式，微观上优化三个层面的内容：一是选择和细化正当目的标准，二是移植与调试商业判断规则标准，三是借鉴与构造主客观相结合标准。

其三，实践中，我国之所以出现行政机构和上市公司对目标公司反收购条款的合法性理解不一致、法院对目标公司反收购条款裁判的司法态度差异等困境，归根结底源于我国立法和具体制度的局限性。具体表现为：一是目标公司反收购条款的系统性立法缺失；二是目标公司反收购条款的类型化规制存在弊端。完善的总体路径为：一是采取“硬法”和“软法”相结合的联动手段；二是目标公司反收购条款选择架构的设计应当以保护中小股东利益为圭臬，同时不应为董事和控制股东谋求自身福利而留下真空地带。此外，还应不断优化目标公司反收购条款的类型化法律规制。

结　语

如今,我们正历经一个社会结构变迁、经济体制转型、法律制度重构的时代,社会观念日新月异,创新事物层出不穷。面对控制权争夺诉讼的日益增加、收购方杠杆融资工具的不断"组合包装"、目标公司反收购条款的反复"加工重塑"等新景象,上市公司敌意收购的法律规制也理应紧跟时代步伐,为回应资本市场的发展需求和优化公司治理而实现革新,此为本书写作的重要旨趣。

上市公司敌意收购的法律规制是一项复杂的法律议题。一方面,源于上市公司敌意收购的"中性"本质和"规制天平中立"的法律立场,相关研究若忽略包括收购方、目标公司、规制机构在内的任何一方主体恐怕都是不周延的,因为这会使上市公司法律规制的整体面貌和联动问题(如法律规制模式)难以呈现;另一方面,上市公司敌意收购以股份收购为表征,以获取控制权为目的,这便要求法律的介入空间必须延展至资本市场和公司内部,故而相关研究须涉及"金融监管"和"公司治理"等问题场域。本书的行文逻辑便在上述考量中得以彰显,即遵循"基础性问题——法律规制模式——对收购方法律规制——对目标公司法律规制——我国相关法律制度的困境与完善”这一逻辑进路展开论述。

应当承认,上市公司敌意收购这一古老而又崭新、利弊互现的中性经济现象,既有其产生的历史必然性,又有其存在的现实需求性。因此,我们理应以开放的态度、包容的理念、宽容的胸怀,正视它、接纳它,通过法律规制实现对上市公司敌意收购的“扬利抑弊”,发挥上市公司敌意收购的优化公司治理和活跃资本市场之最大功效。

当然,冰冻三尺非一日之寒,罗马也并非一天建成。我国《上市公司收购管理办法》自颁布实施至今不到 20 年,其未能对上市公司敌意收购作出明确、合理的规定乃常理。加之社会迅猛发展、各方认识不一、经济主体逐利、制度路径依赖等因素,决定了系统化构建完善的上市公司敌意收购法律规制体系之路道远且长。因此,持续探索符合我国国情的上市公司敌意收购法律规制之优化路径,使上市公司敌意收购真正承担起切实激发市场活力、优化公司治理的规范功能,理应成为我国学术界和实务界专家肩负的时代任务和学术使命。